中国文化产品
国际竞争力提升研究
——基于文化企业与政府的视角

刘 杨◎著

中国社会科学出版社

图书在版编目(CIP)数据

中国文化产品国际竞争力提升研究：基于文化企业与政府的视角 / 刘杨著 .
—北京：中国社会科学出版社，2017.10
ISBN 978-7-5203-1354-4

Ⅰ. ①中… Ⅱ. ①刘… Ⅲ. ①文化产品-国际竞争力-研究-中国 Ⅳ. ①G124

中国版本图书馆 CIP 数据核字(2017)第 273251 号

出 版 人	赵剑英
责任编辑	任 明
责任校对	郝阳洋
责任印制	李寡寡

出 版	中国社会科学出版社
社 址	北京鼓楼西大街甲 158 号
邮 编	100720
网 址	http://www.csspw.cn
发 行 部	010-84083685
门 市 部	010-84029450
经 销	新华书店及其他书店

印刷装订	北京君升印刷有限公司
版 次	2017 年 10 月第 1 版
印 次	2017 年 10 月第 1 次印刷

开 本	710×1000 1/16
印 张	13.75
插 页	2
字 数	227 千字
定 价	75.00 元

摘　　要

　　当前，文化正以前所未有的影响力渗入整个经济社会的发展过程，文化产业无可比拟的经济驱动力促进了经济和文化的互动与融合，是全球化国际大背景下发展起来的新兴产业，也凸显了我国在经济结构转型发展过程中的新特征。随着我国综合国力的提高和文化领域改革开放步伐的加快，文化产品走向国际市场不仅可以取得社会效应和经济效益，同时也助推了中国文化的海外传播，扩大国际影响力，符合"提高国家软实力"的战略要求。文化产品国际竞争力已经逐渐成长为国家竞争力的重要一极，那么，通过研究来回答"我国文化产品竞争力的现状究竟如何？竞争力的影响因素和影响主体又是哪些？我们如何通过影响主体，去提升文化产品竞争力？"等问题，便具有理论价值和现实意义。

　　众所周知，文化产品竞争力的提升对于当前的中国来讲有着诸多现实意义，文化产品在国外市场的生产与销售带来的不仅仅是经济利益，也促进了中国文化价值观的海外传播，是文化"走出去"的必然载体。然而，中国文化产品的竞争力似乎并没有带给我们太多的欣喜，图书、影视、演艺等产品国际市场表现乏力，并且更多地局限在东亚地区和欧美的"华人圈"，处于一种文化资源"大国"、文化输出"小国"的尴尬地位。

　　文化产品竞争力不等同于文化贸易竞争力。竞争力是指一国文化产品能够持续、有效地占有市场，并获得盈利和自身发展的综合素质，其内涵不仅包含分配环节的竞争能力，也体现为生产环节的竞争能力，因此，一个合理的多维度评价指标体系是必要的。首先，本书构建 6 个准则层、27个子准则层指标的评价体系，结合 AHP 层次分析法，对 2008—2012 年包括中国在内的 17 个主要国家（地区）的文化产品竞争力进行综合评价。结果表明，中国文化产品竞争力在主要国家之间处于中下水平，并且在近五年的发展中，与第一集团国家间的差距并没有有效收敛。从 6 个准则层的比较来看，除文化产品出口能力和基础竞争能力表现较为突出外，对外开放能力、企业创新能力、金融支持能力、政府扶持力均低于样本平均水平。

在明确了中国文化产品竞争力现状后，有必要对竞争力的影响因素和影响主体进行探讨。首先，本书利用 AHP 灵敏度分析对竞争力评价值与准则层的敏感度进行检验，进而判断提升竞争力的主要影响因素；其次，为了保证结论的稳健性，本书通过计量分析进一步提供了跨国数据的经验证据，表明国家间的文化距离、文化产品的成瘾性、国内文化市场规模是影响文化产品竞争力的主要因素；与之相对应，文化企业和政府是最为关键的影响主体。

具体来讲，以技术进步和艺术内涵创新为体现的文化企业高生产率，可以有效地提高国外消费者消费本国文化产品的成瘾性，同时，有效的目标国市场选择和国际化发展，能够在很大程度上降低国家间的文化距离，减少文化折扣的影响。对此，本书以中国文化上市企业为样本，对全要素生产率以及技术进步效率进行了测算，并结合异质性随机前沿模型对融资约束导致的投资效率损失进行实证研究，描述现状，分析不足。进一步，本书构建了企业目标国市场选择的直觉模糊算子模型，并以中国对外文化集团公司为典型案例，介绍和分析了模糊算子选择模型的使用。

再来看政府行为，政府通过公共文化财政支出来扶持文化产业发展，并配合有效的管理政策体系以及法律规制体系，来鼓励文化产品的研发和生产，刺激公众对于文化产品的消费需求，从而扩大国内文化市场规模；同时，合理的贸易政策和文化政策，可以有效地保护本国的文化多样性，并能够促使本土文化吸收、融合外来文化，进而降低国家间的文化距离。对此，本书就省级政府公共文化支出的经验数据展开计量分析，探讨政府利用财政扶持文化发展的内生动力和现有不足；进一步，就政府与文化市场各自的角色、职能定位进行评价和对比分析，并针对配套政策设计、法律法规体系完善、融资平台的引导以及文化产权交易平台的构建展开细致的探讨。

有了前文定量研究给出的经验证据之后，本书结合中韩之间影视产品竞争力发展比较的案例评价，从这个典型案例入手，有比较、有分析地梳理前文的研究结论。最后，是整个研究的政策建议及结论启示部分，我们从文化企业和政府的角度出发，从贸易结构、融资约束、对外交流渠道、品牌培养、文化创新、人力资本累积6个层面提出了相关的政策建议。

Abstract

Enhancing the competitiveness of cultural products has lots of realistic meanings for China currently. Productions and sales of cultural products in foreign markets not only bring economic benefits, but also promote the spread of Chinese cultural values overseas, which is the inevitable carrier of the "Going-out" of culture. However, competitiveness of China's cultural products does not seem to bring us a lot of joy. The performance of books, films, performing arts and other products is weak, and is more confined toEast Asia and the "Chinese Circle" in the United States. So what is the present situation of the competitiveness of China's cultural products? What are the factors and main parts that affect the competitiveness? How shall we enhance the competitiveness of cultural products? These questions are real problems we face, which will be answered in the study.

Cultural product competitiveness is not equivalent to cultural trade. Competitiveness is the overall quality of a country's cultural products, which have sustained and effective market shares, gain profits and achieve self-development. Its connotation not only includes the competitive power of the distribution chain, but also is the reflection of the competitive power of the production chain. Therefore, a reasonable multidimensional evaluation system is necessary. This paper builds an evaluation system that contains 6 criterion layers and 27 sub-criterion layers, combined with Analytic Hierarchy Process, to comprehensively evaluate the competitiveness of cultural products of 17 major countries, including China, from 2008 to 2012. The result shows that the competitiveness of China's cultural products is at a lower level among major countries, and the gap between China and the first group of countries has not converged in the last 5 years. From the perspective of the comparison among 6 criterion layers, we find that besides the export capacity and basic competition capacity are prominent, opening up capacity, innovation capacity of enterprises, financial support capacity, and government support capacity are all below the average level.

After defining the present situation of the competitiveness of China's cultural products, it is necessary for us to discuss the factors and main parts that affect the competitiveness. First, we use AHP sensitivity analysis to test the sensitivity between competitiveness evaluation value and criterion layer, thereby to determine the main factors to improve competitiveness. In order to ensure the robustness of the conclusion, this paper provides further empirical evidence of cross – national data through quantitative analysis. According to the study, culture distance between countries, addiction of cultural products and domestic cultural market size are the main factors that affect the competitiveness of cultural products, cultural enterprise and government behavior are the most critical influencing parts.

Specifically, the high productivity of cultural enterprises, represented by technical progress and artistic content innovation, is an effective way to improve the addition of foreign consumers' consumptions on domestic cultural products. Moreover, valid target market selection and internationalized development can largely lessen the culture distance between countries and reduce the impact of cultural discount. In this regard, this paper considers listed cultural enterprises in China as samples, estimates the total factor productivity and the efficiency of technical progress, and makes empirical study on investment efficiency loss caused by financing constraints with the heteroscedastic stochastic frontier model, in which we describe the present situation and analyze shortcomings. Furthermore, this paper builds an IFHA blurring operator model of target market selection of enterprises, and uses China Arts and Entertainment Group as the typical case to introduce and analyze how to use the blurring operator selection model.

Then we discuss government behavior. Government supports the development of cultural industries through public cultural finance expenditure, with effective management policies and legal regulatory system to encourage the development and production of cultural products and to stimulate public consumer demand of cultural products, thereby expanding the size of the domestic cultural market. Moreover, reasonable trade policies and cultural policies can effectively protect the country's cultural diversity, and promote local culture to absorb of and integrate with foreign culture, thereby reducing the culture distance between countries. In this regard, this paper launches econometric analysis on the empirical data of public cultural expenditure of the provincial government, and explores the endogenous power and existing shortcomings that government uses finance expenditure to support the development of culture. Furthermore, this paper evaluates and does comparative analysis of the respective role and function orientation of government and cultural market, and launches detailed investigations on the design of supporting policies, the improvement of legal system, the guidance of financing platform and the building of trading platform of cultural property.

Finally, this paper presents the evaluation of the case that comparison of the development of competitiveness of film and television products between Korea and China. Beginning with this typical case, this paper comparatively and analytically hackles the above conclusions and summarizes the main research contents at the same time.

目　　录

第一章　导言及综述

> 我们观察到，如今"文化"引起了政治人士的关注：并不是说政治家常常是"文化人"，而是说"文化"不仅被当作了一种政策工具，而且还成为值得国家大力推动的社会事业。
>
> ——艾略特（T. S. Eliot）

2013 年末，一部韩剧《来自星星的你》风靡整个中国，收视率指标远远超过同时期的国产电视剧作品，人们在记住"都教授"和"炸鸡啤酒"的同时，也记住了韩国料理和泡菜。再想想每年都吸引无数眼球的美国大制作电影，带给观众的是一张张走出影院后惊讶的大嘴，以及美国价值观中的英雄主义、平等自由、博爱的文化感触。就像那个"邻居家的孩子"一样，面对韩美文化产品如此强势的表现，人们总是会产生这样的疑问：相比其他国家，我国文化产品在国际市场表现如何？我国文化产品有竞争优势吗？这种竞争优势又受到哪些因素的影响？是否存在着提升竞争优势的有效路径？

在经济学的规范分析下回答上述问题，构成了本书的主要内容。首先，我们规范了研究中文化产品的概念界定，以及跨国数据获取时选择的文化统计框架。在此基础上，对中国与 16 个主要国家（地区）间的文化产品竞争力进行定量测度与评价。其次，针对横向比较和细化准则层的比较结果，分析影响文化产品竞争力的主要因素，并利用不同的技术方法来验证结论的稳健性。最后，通过梳理文化产业发展的微观主体——企业、宏观主体——政府与影响因素之间的作用机制，将提升竞争力的路径归结到文化企业和政府行为这两个具备可操作性的主体上来，描述现状不足，探讨针对性的改进思路。当然，我们也给出一个典型的案例分析，来具体地阐述提升路径的研究结论。

本书共分为八个章节，将对上述研究内容依次展开，整体结构演进为：概念界定（第二章）——→评价竞争力现状（第三章）——→分析竞争力影响因素以及影响的经济主体（第四章）——→探讨经济主体现状、分析不足以及探讨如何提升竞争力（第五、六章）——→案例分析及政策建议（第七、八章）。本章为导论及综述部分，主要探讨所关心问题的背景和现实意义，并对已有文献的研究进行归纳和述评。

第一节　为什么要关心文化产品竞争力？

一　世界范围内文化的迅猛发展

思罗斯比认为，在日益全球化的世界里，经济驱动力和文化驱动力可以被视为影响人类行为的两个重要力量。[①] 文化与经济、政治相互交融，文化与科技结合日益紧密，在很多发达国家，文化产业正逐步成为经济活动的核心。对于转型发展中的中国而言，文化的重要性已成为政府和社会的共识：一方面，文化产业在承接经济结构转型过程中潜力巨大，在改变经济增长的价值含量的同时，也为经济增长方式的转变提供了巨大的创造性空间；另一方面，通过制定、运用和实施国家文化战略去获得本国战略利益的最大化，是国家与国家之间战略竞争的重要手段。

20世纪80年代以来，文化在经济领域内经历了显著的转变。曾几何时，人们认为只有生产耐久而"有用的"商品才是"真正的"经济活动，可如今，文化产品不再被视为与"真正的"经济活动隔着一层的次级品。随之而来的，是文化企业的所有权与组织形式的剧烈变化，大型企业不再专注于某个特定的文化产业门类，如电影、出版、电视或唱片；相反，它们开始跨行业运作，公司与公司之间的兼并重组程度空前激烈，也形成了类似迪士尼（Disney）和新闻集团（News Corporation）这样跻身于世界最

[①]　［澳］戴维·思罗斯比：《经济学与文化》，王志标、张峥嵘译，中国人民大学出版社2011年版。

有价值的公司之列的文化企业。在政府层面，文化政策和文化规制也经历着重大改变，长期存在的公共所有制及规制传统已被摒弃，重要决策的制定日益在国际层面上执行。

在上述的转变过程中，具备先行优势的国家逐步形成了对世界文化发展的垄断地位。以 2008 年数据为例，2008 年世界文化产业规模达 1.70 万亿美元，但如此庞大的文化产品供给规模仅由少数国家垄断，其中，美国占据规模最大达到 36.6%，以下依次为日本、英国、德国和法国，如图 1-1 所示。市场规模前 10 位的国家中除去中国均为发达国家，规模总

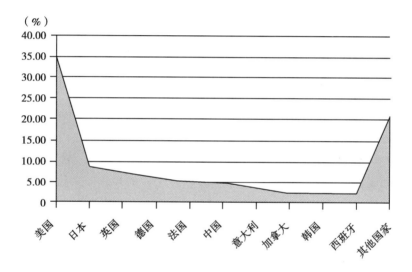

图 1-1　主要国家文化产业市场规模面积

资料来源：《2008 年韩国文化产业白皮书》，韩国文化体育观光部，2008 年。

占比为 73.9%，文化产品国际市场中的"南—北"差异十分显著。发达国家文化产品输出的比较优势格局对发展中国家文化多样性形成重大威胁，一国思想、信仰、传统和价值观的多样性是文化资本的重要属性，它具有促使新资本形成的能力，文化产品的创新在某种程度上受到现有文化资源的启发，而更多样化的资源会在将来产生更多样性和更有文化价值的艺术作品。

可见，注重文化的发展，特别是文化产品在国际市场的竞争力表现，对中国而言不仅有战略层面的意义，也有着现实的经济意义。

二　文化产品竞争力与中国文化的对外传播

文化产品凝结了一国价值观、信仰和行为准则等文化内涵，文化产品的输出，可以最大限度地增加进口国对本国文化的认知和理解，从某些方面来讲，文化产品的社会价值输出超过其商品价值。文化如水，具有独特的渗透力，文化产品承载着价值观念和生活方式，与其他商品相比，文化产品在文化特征上会对消费者潜移默化地产生持续影响。

无疑，中国是一个资源大国，但在文化产品输出能力上却是一个小国。在整个国际文化市场中，中国所占份额不及 6%，而这个比例更多的是由低附加值、高劳动密集度的文化硬件产品所贡献。"十一五"期间，中国核心文化产品出口占中国货物贸易出口的比重仅为 0.74%，如电影、电视、演出、动漫、游戏等体现核心文化内容的文化产品，出口能力极其薄弱，这表明中国文化在世界范围内传播被动、文化影响力效率低下、文化软实力"软弱"。

一直以来，中国文化的对外传播主要基于"送出去"的形态，也从一定程度上导致了部分国家对"中国威胁论"的炒作，文化发展空间长期受到压制。必须改变这种被动的思维模式，将文化"送出去"改变为"卖出去""走出去"，通过文化产品在国际市场的竞争力表现，将中国文化形象化、具体化，这不仅有利于吸引更多的贸易伙伴并获得经济利益，同时也能够让世界更好地了解逐步开放的中国，带来外交和文化传播的辐射效果。可以说，通过提升文化产品竞争力去建设和加强国家软实力，是当前不可替代的最现实手段和最有效路径。

第二节　已有文献综述与评价

与传统的一般物质产品相比，文化产品在生产、流通、分配和消费等方面，与普通商品有着并不完全等同的经济规律。然而，在文化的经济学领域并未建立起一个成熟的、经过大量经验检验的理论模型框架，这也导致在很长一段时间内，对于文化产业以及文化产品的研究更多的是由文化学和传媒学者来完成。虽然经济学向文化领域的渗透进展缓慢，但是可以看到，全世界范围内对经济和文化现象之间关系的研究兴趣越来越浓。特别是近年来，文化的经济地位逐渐凸显，新闻、出版、广播、影视、艺术欣赏、广告、动漫等形式的文化产业，在使国民获取信息、学习、享受娱乐的同时，也创造出了巨大的社会产出，成为国民经济的一个重要组成部分。作为文化产业发展的必然落脚点，文化产品竞争力就体现了宏观层次比较优势的微观细致化，一国文化实力的最终体现即为其文化产品竞争力的强弱。

　　基于以上考虑，本书从经济学视角出发，对文化产品、文化产品竞争力以及文化产品竞争力的提升路径等相关文献进行归纳述评。在对相关研究做出阐述和评价的同时，也为后文的研究和对比进行铺垫。

一　文化产品的定义及属性特征

（一）关于文化产品定义的相关研究

　　早在18、19世纪经济学家就开始从艺术和文化部门中举例探讨经济问题，亚当·斯密（Adam Smith）对于"歌剧歌唱家和舞蹈家"的举例，杰文斯（Jevons）对于"公共博物馆"的分析等都从供给面的角度初步探讨了文化产品的问题。对于文化产品本身的定义，文献中并未形成一个统一的范畴，科拉尔和普桑（2000）的定义是凡是表达思想、价值符号和生活方式的商品和服务可以称为文化产品，譬如视听影视、唱片、书籍、杂志、多媒体产品和时尚设计等。

　　归纳来看，不同的学者从不同的立足点出发，其界定方式也存在差别，研究结果大致可以分为三类。一是从文化产品的载体属性来定义，例如王立凤等（2007）认为文化产品是指那些带有文化意义的产品，其中文化意义是指产品使用价值中或使用价值以外所包含的象征性含义；李东华（2006）的观点是文化产品是指由文化人和文化行业生产出来的含有文化性、艺术性或文化含量高的文化载体和服务。二是从其商品属性来定义，例如文化产品是由相关人士或者部门创作的，以文化或艺术为主要内容，能够满足人类精神需求，反映社会意识形态，满足大众娱乐的文化载体（臧秀清等，2011）。三是从文化活动领域的区别来定义，联合国教科文组织（2009）在其文化统计框架中将文化产品定义为传递思想符号、生活方式的消费品，比如书籍、杂志、软件、唱片、电影、音像节目、手工艺品和时装等；认为文化产品在生产和消费的领域主要包括文化和自然遗产、表演和庆祝活动、视觉艺术品和手工艺品、书籍和报刊、音像和交互媒体产品、设计产品和创意服务；并鼓励各国在这些领域类收集可比数据。

从文化产品的形态划分上，又表现为有形文化产品、无形文化产品以及文化服务三类。区别在于有形文化产品以实物的形态存在；无形文化产品则主要表现为意识形态的一种集合，如信仰、经验、文化传统等；文化服务是由文化供给主体提供的满足人们文化需求的服务行为，一般以有形或无形的文化产品为载体。

尽管对于文化产品的定义和具体所指在文献中存在着大量的、差异化的界定，但这主要是由学科特点和研究出发点不同所造成的，大多的定义并无太大的差异。其中，联合国教科文组织（2009）的定义在经济学领域的研究中得到了较多的认可。

（二）文化产品的属性及特征

所有的文化产品和服务的共性是它们都含有创造性和艺术成分，这也使得文化产品的体验来源于消费者差异性的感知、情绪和主观经验。可以讲，文化产品是凝结文化艺术内涵的载体，就载体形式而言，可以是有形的，也可以是无形的；可以是最终消费产品，也可以是中间投入品；可以是耐用消费品，也可以是即时消费品。文化产品的生产过程也区别于普通产品，具备独特艺术价值、无法复制的文化产品通过仅有的一次创造性步骤完成生产，不具有规模经济；有些可复制的文化产品其生产经过创意和复制两个阶段。

文化产品和普通产品一样也具有经济属性，它们的生产都要使用土地、劳动力、资本等投入要素，尤其是人类的智力活动。但更值得关注的是文化产品的特殊性，即文化产品的外部性特征和公共物品属性。文化产品的外部性是指某一个体对文化产品的消费活动对其他个体的消费集所施加的间接影响，并且这种影响使得对其他个体所造成的损失或收益均不能通过市场交易价格来反映，这种外部性特征表现为正外部性和负外部性。

当然，依据文化产品的消费属性不同，也可将其分为公共品、准公共品和私人品，以非排他性和非竞争性为依据对这些属性的文化产品剖析，是阐述政府干预文化产品供给的重要理论基础。

二　文化产品的分类和统计

从已有文献来看，不同的文化产品定义、不同的研究出发视角点，对文化产品的分类就并不相同。总体上，从以下几种思路对文化产品进行分类。第一，从产品性质和文化的相关程度上划分。联合国教科文组织划分为核心文化产品和相关文化产品，两者的区分在于产品本身是否有着文化、艺术特征的组成部分。核心文化产品主要包括书籍、记录媒介、文化遗产、视听产品等，而相关文化产品则主要指支撑创意、生产、销售核心文化内容的设备、材料等，如手工艺品、空白胶片、录影带等。第二，从产品的产权归属关系以及排他性角度划分，将文化产品划分为私人品、准公共品和公共品。第三，从文化产业形式来划分，可以分为生产型文化产品和服务型文化产品，也就是通常所讲的文化商品和文化服务。第四，从物理形态角度来划分，分为有形文化产品和无形文化产品，即文化硬件和文化软件。

有了界定清晰的文化产品分类，才可以构建文化统计的基本框架。从目前来讲，并不存在一个统一的统计框架，各国主要根据本国实际情况从相关产业指标中，按照一定的原则建立起有机组合的指标体系来作为文化统计框架。以加拿大为例，其文化产品统计包括"以经济、文化为主题的产品主体（广播、电影、电视、音像、图书、出版、杂志等）的印刷、生产、制作、广告和发行；还包括诸如博物馆、图书馆、档案馆、书店、表演艺术、可视艺术在内的服务"[1]。近年来又增加了多媒体和信息网络等内容。另一个典型国家是英国，英国政府将"那些出自个人的创造性、技能及智慧和通过对知识产权的开发生产可创造潜在财富和就业机会的活动"[2]，均列入文化产业的统计范围，可见英国对于文化统计的界定范围

---

① 参见联合国教科文组织《2009年联合国教科文组织文化统计框架》，第三部分，第29—39页。

② 同上。

比较宽泛。

相比来讲，联合国教科文组织与联合国贸易和发展会议（UNCTAD）这两大国际组织的文化统计框架有着更为广泛的应用。联合国教科文组织对于文化的定义较为宽泛，其文化统计框架涵盖了诸如运动、旅游、游戏产业等方面的内容，并按照文化相关性分为核心文化产品与相关文化产品。它的分类依据 1986 年教科文组织文化统计框架划分，并反映在《1994—2003 年文化商品和文化服务的国际流动》（UNESCO，2005）中，该报告分类与联合国国际贸易标准分类（第三版）相对应，并精确到三级编码。随后的 2011 年，联合国教科文组织在 1986 年文化统计框架的基础上进行了修订，并公布了最新的文化统计框架即《2009 年联合国教科文组织文化统计框架》，该框架对文化产品和服务的国际贸易进行了考察，文化产品的流动数据是利用世界海关组织提供的海关统计数据，并借助 2007 年版商品名称及协调编码制度（HS）整编而成，文化服务则采用扩大的国际收支服务分类（EBOPS）获取，以跨境交付统计为主。[①]

另一个权威的国际贸易组织——联合国贸易和发展会议近年来通过一系列《创意经济报告》的形式，发布了 2003 年以来创意经济的贸易数据。尽管从范围所指上来看，创意产品是区别于文化产品的，但两者的界定还是有着较多的重叠部分。

作为目前世界范围最主要的文化统计框架，联合国教科文组织与联合国贸易和发展会议的分类均涵盖了广泛领域，以便获得普适性，二者均包含核心产品和相关产品，而且界定核心和相关产品的原则也基本相同。[②]

三　竞争力和文化产品竞争力

（一）竞争力的相关概念及评价

竞争力是一个十分复杂的概念，其内涵具有多角度、多层次的解释，可以体现为宏观、中观和微观三个层面上。宏观层面是指一个国家在世界

---

① 参见联合国教科文组织《2009 年联合国教科文组织文化统计框架》，第三部分，第 29—39 页。

② 杨京英、王金萍：《中国与世界主要国家文化产品进出口统计比较研究》，《统计研究》2007 年第 1 期。

经济的大环境下创造增加值和国民财富可持续增长的综合能力；中观层面是指吸引资源、争夺市场，并能更有效地提供市场所需产品和服务的能力；微观层面是指在竞争市场中，一个企业或产品能够持续、有效地占有市场，并获得盈利和自身发展的综合素质。竞争力评价方法和技术发展至今，大体上可以分为专家评价法、经济指标法、数学分析法和混合分析法，每一类由多种方法组成。其中，专家评价法是以专家的主观判断为基础，通常用"分数""指数""序数""评语"等作为评价的标值，然后再做出总的评价；经济指标法是以事先确定好的竞争力的某个指标来评价不同的对象；数学分析法种类方法较多，评价更为详尽，常用的有"多目标层次决策法""数据包络（DEA）方法""层次分析法（AHP）""模糊评价方法""可能满意度方法"等；混合分析法是将专家评价法、经济指标法和数学分析法混合应用，如"杠杆测定法"等。

1978 年美国技术评价局（Office of Technology Assessment）率先开始了竞争力研究，随后，大多数发达国家政府层面建立了自己的竞争力促进和协调机构。其中，世界经济论坛（WEF）从 1985 年开始和瑞士洛桑国际管理发展学院（IMD）合作每年出版《世界竞争力年鉴》，对工业化国家和重要发展中国家的竞争力进行综合评价。英国经济和社会研究理事会（ESRC）于 1983 年开始组织了 20 多个项目的竞争力研究。欧洲其他国家也建立了政府或准政府的研究机构，开始进行国家竞争力研究，并且每年就某一专题提出报告。与此同时，欧盟于 1995 年成立了"竞争力咨询小组（CAG）"，专门负责向欧洲议会提供提高欧洲竞争力的政策建议。综合国外研究可以发现，关于竞争力的研究主要集中在对生产率、价格、成本、技术创新角度进行的实证研究以及企业层次上的调查和案例研究，以波特的"钻石理论"为代表的相关竞争力研究成果丰富，建立的评价体系其评价原则、方法和指标体系等，已经得到普遍认可。

（二）文化产品竞争力

国内外关于文化产品竞争力的研究并不多见，部分涉及文化领域竞争力的研究，也只是止步于中观层次的文化产业。少数关于文化产品竞争力的研究，主要使用的是进出口贸易额、国际市场占有率、TC 指数、RCA 指数等，而这些指标只能反映文化产品的贸易能力，贸易的良好表现并非强有力的竞争力的充要条件。在相关的文化领域竞争力研究中，祁述裕（2004）在《中国文化产业国际竞争力报告》中，以五大基本要素、17个竞争面、67个竞争力评价指标为基本内容，采取多指标综合评价方法，对我国文化产业竞争力进行分析和评价；花建（2002）从战略投资角度对文化产业进行了研究；胡惠林（2003）从文化经济一体化发展角度探讨了文化产业的生成与发展；王颖（2007）在全球化背景下构建文化产业"3×3模型"来进行分析评价；赵彦云（2006）、李宜春（2006）、王岚和赵国杰（2009）则通过指标体系的构建对我国地区文化产业竞争力进行了分析评价。

四　文化产品竞争力的影响因素

从我们掌握的文献来看，关于文化产品竞争力影响因素的研究并不多见，并且基本上停留在定性讨论的阶段。一个主要的原因在于定量研究中，文化产品竞争力变量测度的困难以及直接数据的无法获得，因此，相关的文献研究主要集中于文化产品贸易的影响因素分析。基于此，本书主要对文化产品贸易影响因素的相关研究进行梳理。

文化产品不同于普通的商品，其本身具有"双重属性"特征——即商品属性和文化属性的统一，因此对于文化产品贸易而言，除了传统的地理距离、国家规模效应、共同边界等因素外，一些反映文化属性、文化差异的变量对贸易额的影响更应该值得关注。

早期文献将文化差异作为一种宽泛意义上的交易成本直接引入引力模型框架进行研究，即除了地理距离体现的贸易成本外，利用共同语言与殖民联系的虚拟变量来反映贸易国间的文化差异。但塔德塞和怀特（Tadesse and White，2010）通过对美国和加拿大、墨西哥间的贸易关系分析发现，上述这些所谓的交易成本变量并不能完全解释文化差异所带来的影响。正如迪尔多夫（Deardorff，2004）所说，区别于传统的可观测变量，一些无法直接观测的"文化因素"变量同样对贸易产生了抑制效应。而这些无法直接观测的影响因素中，霍夫斯泰德和舒尔茨发现反映两国间文化差异的文化距离（Hofstede，2001）和一国消费者对于他国文化产品的消费成瘾性特征（Schulze，1999）对文化产品贸易有着显著作用。

前期文献中对于影响贸易的一些无形距离因素（intangible distance barriers）的忽视逐渐引起了学者们的关注（Grossman，1998；Frankel，1997），格罗斯曼和弗兰克尔认为贸易国间对于彼此文化的不熟悉以及不完全信息都会增强距离因素对于贸易的抑制效应。较大的文化差异会增加彼此间了解对方市场、预测对方行为的难度（Elsass and Veiga，1994），从而使得彼此间的经济往来更为复杂化（Neal，1998）。因此，一些文献开始利用不同的代理指标来研究文化差异与贸易间的关系：吉索等学者（Guiso et al.，2009）使用双边信任变量，迪斯迪耶和梅耶（Disdier and Mayer，2007）使用双边共同观点变量，梅利兹（Melitz，2008）使用语言近似度，瓦格纳（Wagner，2002）使用移民变量，罗斯（Rose，2000）使用过去的殖民联系，等等。但对于类似研究普遍存在着一个疑问，就是这种单维度的指标能否如实"体现"文化这种多维度概念？因此，近年来部分学者通过使用文化距离来反映贸易国间的文化差异，进而引入计量模型进行实证研究。文化距离指标的构造通常有三种思路：一是利用世界价值观（WVS）或欧洲价值观（EVS）调查数据，选取价值准则、行为准则、服从性等指标维度，配以不同的权重来构造文化距离指标（Tadesse and White，2010；Maystre and Olivier，2005）；二是英格哈特和贝克（Inglehart and Baker，2000）通过传统与世俗行为、自我生存与自我表现两个综合维度，构造的文化距离指数；三是霍夫斯泰德（2010）利用横跨50个国家的117000名IBM员工调查数据，从权力距离、不确定规避、个人与集体主义、男性气质、长期取向、放纵与克制六个文化维度构造的文化距离指数。这些文化距离指标的构造，尽可能地体现了样本国居民所共享的传统习惯、信仰、风俗、行为准则以及价值观，更好地反映了国家间的文化差异。

但值得注意的是，在利用文化距离进行的具体实证研究中，却有着不一致的结论：塔德塞和怀特（Tadesse and White，2007）、林德斯等（Linders et al.，2005）、博伊索和弗兰蒂诺（Boisso and Ferrantino，1997）发现较大的文化距离对贸易存在着抑制效应，增加贸易成本，双边文化贸易额减少；而吉索等（Guiso et al.，2005）利用16个欧洲国家1970—1996年的数据，从企业角度研究发现较大的文化距离反而会促进贸易的发生。出现这一结果的一个重要原因就是对文化距离变量内生性问题的忽视，就目前文献来看，并没有一个恰当的、构造合理的文化距离工具变量出现。梅斯垂等（Maystre et al.，2008）依据世界经济概览（World Economic Survey）数据构造了用以反映国家间文化相似度的指标，但后来的研究发现该指标消除文化变量内生性影响的效果并不十分有效；迪斯迪耶和梅耶（Disdier and Mayer，2010）在对商品总贸易的研究中使用已发生的文化贸易额作为双边文化距离的工具变量，发现文化贸易额用以反映双边文化距离是一种有效的手段，但遗憾的是这种方法显然不适用于本书针对文化产品贸易本身的研究。无法取得一致研究结论的另一个重要原因在于样本数据结构的差异。部分研究使用单一国家对其主要贸易伙伴国的数据用以实证分析，其潜在的必然前提就是这些主要贸易伙伴国与该国间已经具有较好的贸易往来和较近的文化距离，最终结果必然会低估文化距离的影响，而高估语言、共同边界、殖民联系等国家特征的影响，此结果只能用以解释针对该国文化产品贸易的影响因素。

另一个影响文化产品贸易的主要因素就是文化产品消费具有的成瘾性特征，即消费者对于某种文化产品产生的依赖性和消费持续性，比如对于某类音乐的偏爱、某种风格电影的欣赏、某类艺术品的鉴赏等，不仅会持续增加这种所熟知的文化产品的消费，而且会排斥其他替代性的文化产品，这也是文化产品拥有的重要特质之一。经济学中对于消费成瘾性特征的研究由来已久，贝克和墨菲（Becker and Murphy，1988）利用需求函数分析了香烟的成瘾性与香烟消费间的关系，并解释了吸烟所带来的成瘾性特征；查鲁普卡（Chaloupka，1991）使用年度贴现因子，将成瘾性量化为过去消费对当前所累积的"消费资本存量"（stock consumption）；舒尔茨（Schulze，1999）在新贸易理论框架下研究了贸易国间艺术品消费的成瘾性特征，发现艺术品如同意大利托斯卡纳的红酒、法国的奶酪一样会由于消费习惯而产生依赖效应，进而引致增加了下期艺术品贸易额。因此，那些文化贸易额有限的国家之间由于不能积累足够的"文化消费资本"（cultural consumption capital），而无法提升对于彼此产品的"鉴赏"能力，进而又抑制了未来期文化产品贸易的发生。

五 文献综述小结

对本章所述的理论和研究进行总结归纳，比较本书想要完成的研究目标，现有文献在以下几点尚存在阐释不清和不完善的地方。

第一，对于文化产品界定和文化统计使用的混乱。什么样的文化产品界定决定了什么样的文化产品分类，进而决定了文化统计框架。而部分涉及定量研究的文献对于文化产品的界定和文化统计框架并不"配套"，前后的不统一导致研究的规范性受到质疑。

第二，局限于使用单个的贸易竞争力指标来描述文化产品竞争力。产品的竞争力是指能够持续、有效地占有市场，并获得盈利和自身发展的综合素质，可见产品竞争力是对产品在国际市场上表现的一个综合评价。而诸如比较优势指数、贸易竞争力指数、国际市场占有率等单个指标的使用，有着严格的前提假定，即自由贸易的背景、各国对同一产品有相同的需求偏好、产品进口结构取决于产品成本比较优势等。并且，不同时期贸易政策的变化、贸易条件的改变都会影响评价结论的稳健性。因此，单个贸易测度指标并不能全面、准确地描述文化产品竞争力。

第三，对文化产品竞争力的提升研究更多地局限在定性的分析和讨论上，缺乏定量的分析和经验证据的佐证。当然，这在一定程度上与文化领域数据的可获取性差有关。

第三节 本书的技术路线图及贡献与不足

梳理本书的主要工作，具体的研究技术路线图如图 1-2 所示。

与现有文献相比，本书的贡献主要表现在以下几个方面。

在观点上：（1）本书认为，文化产品的竞争力是指一国文化产品能够持续、有效地占有市场，并获得盈利和自身发展的综合素质。对于文化产品竞争力的评价需要一套完整的指标体系去完成，单一的贸易指标指数都存在着先天的不足，这些不足会导致结论与事实发生较大的背离。诸如比较优势指数、贸易竞争力指数、国际市场占有率等指标与使用的前提假定、进口国需求函数、贸易政策等因素之间密切相关，存在着很大的局限

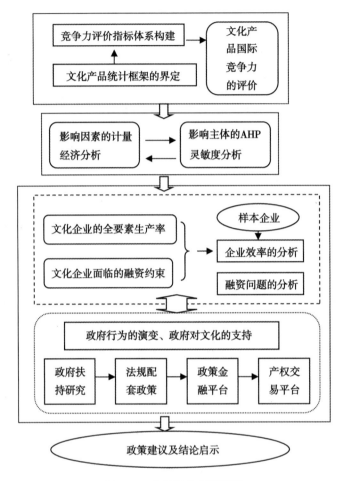

图1-2　本书的技术路线图

性。因此，本书从一国文化基础竞争能力、对外开放能力、企业创新能力、金融支持能力、文化产品出口能力、政府扶持六个准则层全面考察，构建多维指标体系并进行综合评价，其结论不仅反映了当前的竞争力表现，也包含了对于竞争力的可持续性、有效性的度量。（2）对于影响因素的分析，本书并没有就事论事地只关注影响因素本身，而是更关心这些影响因素是否存在经济主体去"落实"，以及通过何种机制去作用于影响因素。不同的技术方法以及相互匹配佐证的分析，为我们清晰梳理了"经济主体——影响因素——竞争力提升"的脉络（参见后文图4-2）。（3）已有文献的关注点在很大程度上将文化企业放在一个从属的地位。

事实上，文化企业自身的完善和发展对于文化产品竞争力的提升至关重要，政府的角色定位应该是更多地去"配合"企业的发展。就政府本身而言，无论是机构还是官员其最大化目标函数和文化市场的发展并不一致，基于经验数据的计量分析也验证了这一观点。因此，政府的定位是监督者和旁观者，去通过政策"协助"文化市场运行，而不是直接的干预。

在方法上：（1）出于经济学研究规范性的考虑，本书并没有停留在定性分析的层面，而是结合计量分析、多元统计分析进行了大量的实证研究，很多定量方法的使用在文化领域的研究中尚属首次。当然，为了避免技术方法的选择对于研究的错误引导，本书在关键的结论上利用定量研究和统计描述相结合，抑或是计量分析与多元统计分析相佐证，保证结论的稳健性。（2）文化产品竞争力的测度指标和数据很难直接获取，这在很大程度上制约了计量分析方法的有效使用。因此，本书利用 AHP 层次分析方法的灵敏度分析来解决这一技术问题，通过竞争力评价值与相关准则层的敏感度检验，有效地选择出了对于竞争力提升起到显著作用的影响因素。（3）内生性是经济学研究最不愿面对的问题，而文化变量与经济、制度变量间有着很强的因果关系，导致无法从理论上消除的内生性问题出现。为了克服内生性问题带来的估计偏误，本书灵活地使用工具变量估计、异质性随机边界模型等技术手段来消除影响。

尽管存在上述可能的贡献，但是本书涉及经济学、统计学和社会学等多个学科，囿于时间关系，本书在一些方面仍有不足。首先，数据的可获取问题依然困扰着我们，尽管本书做了大量的实证工作，但如果能够取得更为优质的数据，那么对于研究方法的选择以及结论会更加有效和稳健，这也是未来值得期待的工作。其次，本书提供的路径探讨和政策建议还有待进一步的市场检验，我们只是提出一个可能的方向，具体的细化操作还需要制定者和执行者们在更细致的层面上探讨。

第二章 概念界定及文化统计框架

竞争主要是一个形成意见的过程：通过传播信息，它带来了经济体系的统一和连贯，而这是我们把它作为一个市场的先决条件；它创造出人们对于什么是最好的和最便宜的看法；而正是由于它，人们所了解的可能性和机会至少像现在了解的那样多。所以，竞争是一个涉及数据不断变化的过程，它的重要性也就必然完全被任何视这些数据为恒定的理论所忽视。

——哈耶克（A. Hayek）

对于文化产品不同的定义，决定了产品分类的差异。而当研究界定的文化产品定义、分类，与定量研究使用的数据所依赖的文化统计框架不匹配时，研究的规范性便受到了质疑。因此，统一文化产品的定义、分类以及文化统计框架是后续研究的重要保证。本章将就本书所使用的文化产品、核心文化产品、相关文化产品的概念进行界定，并列示跨国文化产品数据获取所使用的文化统计框架。本章的内容也是对前文综述研究的一个延伸。

第一节 文化产品的属性特征

文化产品本身具有双重属性特征，即商品的经济属性和凝结了文化内涵特征的艺术属性。就文化产品的艺术属性而言，所有的文化产品和服务都含有创造性和艺术成分。文化产品的属性特征决定了形态的复杂性，有的文化产品是有形的，有的是无形的；有的是最终消费产品，有的是中间投入品；有的是耐用消费品，有的是即时消费品。同时，有些是独一无二的文化产品，它们通过仅有的一次创造性步骤完成生产，不具有规模经济；有些是可复制的文化产品，它们的生产经过创意和复制两个阶段。当然，文化产品也有着外部性特征和公共物品属性，文化产品的外部性是指某一个体的文化产品消费活动对其他个体的消费集所施加的间接影响，并且这种影响对其他个体所造成的损失或收益均不能通过市场交易价格来反映，表现为公共产品的外部效应。根据文化产品不同的消费属性又可将其分为公共品、准公共品和私人品，以非排他性和非竞争性为依据对文化产品剖析，是阐述政府干预文化产品供给的重要理论基础。

同时，文化产品的形态也有着一定的复杂性。格拉斯泰克等学者（Grasstek and Sauve，2006）认为，"文化的'实体'可被定义为能生产或分配物质资源的产品和服务，这些产品和服务能通过音乐、文学、戏剧、喜剧、文档、舞蹈、绘画、摄像和雕塑等艺术形式娱乐大众或激发人们思考。这些艺术形式，有的能以现场表演的方式（如音乐厅和舞台剧）展示给大众，有的却是先被存储记录下来（如在压缩光盘里）再进行传播"。也有的学者认为，文化产品的形态存在着"硬件"与"软件"之分：文化硬件主要是指一些器物工具和物态载体，主要用来生产、储存、传播文化内容，如艺术创造和表达的工具、娱乐器材、摄影器材、游戏等；文化软件则指的是包含具体的、凝结了艺术创造性的内容产品和服务，诸如广电节目、电影和动画片等视听节目、印刷出版物、表演艺术、娱乐、会展等。

第二节　文化产品的定义和范围

在已有文献中，从经济学视角下对于文化产品的研究并不丰富。尽管思罗斯比（2011）、赫斯蒙德夫（2007）分别对这一领域进行了较为全面的探讨，但其重点在于对文化经济学框架的研究以及对文化产业的分析，对微观层面的文化产品并未进行过多的论述。

事实上，对于文化产品本身的定义，文献中尚未形成一个统一的范畴，不同的学者从不同的立足点出发，其界定方式也存在差别，甚至在不同的国家和地区，对于文化产业的称呼定义也并不相同。欧盟称之为内容产业，英国、澳大利亚等地区称之为创意产业，美国称之为版权产业，等等，特别是近年来文化创意产业的提法也较为常见。实际上，许多国家提及的"创意"产业，其产业创意"领域"中并不一定都具有创造性，创意的定义和测量本身就存在着巨大争议。通常，创意产业涵盖的范围比传统的艺术领域更广，比如，它还包括所有的信息和通信技术行业或者研发活动。对此，本书将统一使用文化产业以及文化产品这一定义。①

　　对于文化产品不同的定义方式，是由于学者们研究的视角不同而形成的，本身并无"孰优孰劣"之分。但从经济学规范研究的需要来讲，一个合适的文化产品的定义应该能够用于统计目的，便于数据的采集并具有可比性，能够使其应用于直接计量系统。因此，目前学术界普遍接受的一个定义来自联合国教科文组织发布的《1994—2003 年文化商品和文化服务的国际流动》，在这一框架性文件中，文化产品被定义为"传播思想、符号和生活方式，并能够提供信息和娱乐进而形成群体认同、影响文化行为的消费品"。在 2005 年，联合国教科文组织对文化产品的种类进行了划分，并以文化内容的概念为标准区分了核心文化产品和相关文化产品。在本书中，也将以联合国教科文组织的定义作为文化产品及相关概念的界定，见表 2-1。

表 2-1　　　　　　　　　　　相关概念的界定

联合国教科文组织针对文化产业、文化产品、文化商品、文化服务的定义
文化产业（Cultural Industries） 对本质上无形并具有文化含量的创意内容进行创作、生产，并使之商业化的产业称为文化产业
文化产品（Cultural Products） 文化产业活动所提供的产品称为文化产品，文化产品分为文化商品和文化服务两大类

---

　　① 联合国教科文组织统计研究所对世界各地主要的一些文化统计框架进行了研究，结果表明，各框架一致认为文化是由"一系列可识别的活动"构成的。然而，在对于如何将上述活动归入更高层次的不同领域，以及文化部分分析应该包括哪些功能的问题上却没有达成一致。上述分歧存在的很大一个原因在于文化的地区差异。

续表

文化商品（Cultural Goods）

文化商品指的是那些能够传达生活理念、表现生活方式的消费品，它具有传递信息或娱乐的作用，有助于建立集体认同感，并能影响文化实践活动。在取得版权后，文化商品能够通过工业过程大量生产并在全球广泛传播。它包括图书、杂志、多媒体产品、软件、唱片、电影、录像、视听节目、工艺品和设计。文化商品包括核心文化商品（即传统的文化商品）和相关文化商品两大类。文化商品主要以有偿形式提供

文化服务（Cultural Services）

文化服务指的是政府、私人、半公立机构或公司取得文化利益或满足文化需求的活动。文化服务不包括其服务所借助的物质形态，只包括艺术表演和其他文化活动，以及为提供和保存文化信息而进行的活动（包括图书馆、档案馆和博物馆等机构的活动）。文化服务包括核心文化服务（即传统的文化服务）和相关文化服务两大类。文化服务以有偿服务或免费服务的形式提供

资料来源：联合国教科文组织：《1994—2003 年文化商品和文化服务的国际流动》，2005 年。

第三节　文化周期

文化周期囊括了文化创造、生产和传播的不同阶段，这些活动可以是制度化的，也可以是非制度化的；可以是国家管控范围之内的，也可以是这一范围之外的；即使一个部门包含非正规的、业余的以及与市场无关的活动，也可以将其统称为一个"领域"。这一概念既涵盖了与市场无关的社会性活动，又包含了与市场有关的经济性活动。联合国教科文组织在1986 年的文化统计框架中给出了一个五阶段组成的文化周期循环模型，见图 2-1。

一　创造

产生并创造想法和内容（如雕刻家、作家、设计公司）以及非重复性产品（如手工艺品、美术作品）的制作。

二　生产

可重复生产的文化形式（如电视节目），以及实现重复生产所需的专业工具、基础设施和流程（如乐器生产、报纸印刷）。

三　传播

让消费者和展览者接触到批量生产的文化产品（如批发、零售或出

租音乐唱片及电脑游戏，发行电影）。通过数字化传播手段，有些产品或服务可以直接由创作者传递给消费者。

四 展览/接受/传递

指消费场所以及通过授权或售票方式向观众提供直播的或是直接的文化体验，让消费/参与按时间付费的文化活动（如组织并举办节日庆典歌剧院、剧场、博物馆）。传递是指传递那些不涉及商业交易且通常产生于非正式场合的知识和技能，这其中包括非物质文化遗产的世代相传。

五 消费/参与

指消费者和参与者消费文化产品、参与文化活动和体验的活动（如阅读、跳舞、参加狂欢节、听收音机、参观画廊）。

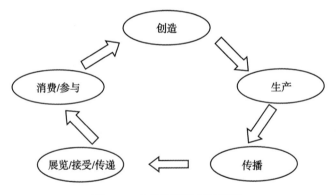

图 2-1　文化周期的循环图示

文化周期的概念阐明了文化活动之间的相互关系，也表明了文化活动（消费）刺激新的文化产品和艺术品生产这样的反作用流程。在实际中，这些阶段也可以是合并的，比如音乐家也许既可以作曲（创作），又可以演唱（生产/传播）；而剧作家会写剧本（创作），却很少会去亲自表演（生产/传播）。同时我们也会观察到这样的现象，比如单独的一位工艺品生产者因为同时涉及收集原材料（非正规的资源输入）、使用传统技术（非正规训练）以及在路边摊上销售产品（非正规的传播和零售）等多个阶段，以非正规的形式参与了整个文化周期。

对于有的文化活动而言，其流程可以将文化周期的任何一个阶段作为起点，而且有的阶段还可以合并或者不存在。例如，文化遗产的创造就可以说是发生在过去，大多数跟它相关的活动都发生在"展览/传递"和"消费/参与"阶段。特别是随着新技术的产生，新的生产形式也随之出现，新技术在不同的功能之间建立了相互联系，最终，新型的文化流程可能导致这些功能的合并，例如通过网络视频或者博客等手段，人们可以同时进行创造和消费。

针对文化周期的探讨告诉我们，在制度涉及文化生产的公共政策时，很重要的一点就是明白政策要针对的是整个流程的哪一个阶段。尽管一项特定的文化政策并不需要考虑整个文化周期，但是政策制定者必须清楚，小范围的干预也可能会在整个文化周期中产生比较广泛的影响。

第四节　文化产品的分类及统计指标体系

一　文化产品分类原则

文化产品的定义和分类直接影响文化产品的统计，由于关于文化产品的定义和分类很多，所以，统计指标也有很多差异。要有效地测量文化领域，并确定哪些范畴属于文化领域以及哪些不属于文化领域，就必须首先规定文化领域的范围，也就是说必须以文化表现形式作为划分领域的基础，这样才能较为有效地衡量产业和非产业流程中生产的文化活动、产品和服务。原因在于，文化产品和服务具有艺术价值、审美价值、象征价值和精神价值。思罗斯比（2011）认为文化产品和服务的特征不同于其他产品，因为它们的价格体系与欣赏价值或娱乐价值是紧密联系的，而且它还具有不可复制性。文化产品传递着思想、象征意义和生活方式，有些产品还受到版权限制。文化服务本身并不代表物质文化产品，却能促进它们的生产和分配。例如，文化服务包括授权活动和其他与版权相关的服务，如音像产品销售活动，艺术和文化演出宣传，以及文化信息服务和（图书馆、文献中心、博物馆）收藏书籍、唱片、艺术品的活动。文化活动的表现形式或传递文化的方式，与它们可能存在的商业价值无关，这些活动本身就是终点，也可能继续推动文化产品和服务的生产（UNESCO，2005）。

就目前而言，世界范围内并无统一的文化统计框架，无论是联合国教科文组织、联合国贸易和发展会议等国际组织，还是加拿大、英国、澳大利亚等文化产业发达国家，其制定和执行的统计框架之间也无法确保文化产品数据的可比性和统一性。究其原因，主要有以下三个方面。

一是文化的生产和分配同时存在于正规和非正规的经济领域和社会领域，发达国家和发展中国家都有着非正规的文化生产。

二是文化生产和传播的资金和管理存在三个来源：（1）公共资金，主要来自政府和公共机构，包括直接（补贴和拨款）或间接（免税）两种形式；（2）私人来源，来自资本市场的融资；（3）非营利性组织和捐赠。由于各国的公共财政结构（集中化和分散化）和采用的方法不尽一致，导致数据对比极其困难。①

三是文化同经济和社会的关系是很难割裂的，许多文化要素，包括那些市场范围之外的要素，只能依靠参与度、时间的使用或者社会资本等指标进行追踪和测度。

二　本书所界定的文化产品分类及统计

可见，不同的文化统计框架、不同的文化产品分类，会导致文化产业在各国、各部门的统计口径和方法不一致，在数据来源方面容易出现统计上的缺失，从而在进行国家间文化产品国际竞争力的比较时就会出现较大的偏差。基于此，本书将以联合国教科文组织制定的相关文化统计框架及分类作为依据标准。联合国教科文组织于 2005 年公布的《1994—2003 年文化商品和文化服务的国际流动》将文化产品从文化商品和文化服务两个大类层面进行了统计，并且将每一大类又划分为核心

---

① 联合国教科文组织文化支出和财政特别工作组承认，获取有关欧洲国家在文化上的公共支出数据，并确保数据的可比性和统一性的确非常困难。

层与相关层，而核心层与相关层进一步将文化产品划分为核心文化产品和相关文化产品。

直观来讲，核心文化产品是指凝结了创造性和艺术特质在其中的产品；而相关文化产品是指为核心文化产品生产、传播提供介质的可重复性生产，比如艺术创作所需的专业工具、基础设施和流程（如乐器生产、报纸印刷等）。对于相关文化产品而言，区别于核心文化产品，它们主要参与文化内容产品的生产和传播。核心文化产品主要与文化内容、艺术的创作有关，而相关文化产品的生产则仅需要运用半工业化或非工业化的方法。例如，电视节目的制作是基于文化传播意图的行为，几乎所有的文化产品统计都会将电视内容节目囊括其中，电视节目本身属于核心文化产品；而电视机的制作却是相关文化产品范围，消费类电子产业研发技术并制造机器，使得我们可以体验和消费核心文化产品，因为它们提供了文化内容得以复制和传输的硬件（电视机、个人音响、放映机等）。[①] 从这个角度来讲，本书所关心的文化产品主要是指核心文化产品，因为核心文化产品更加体现了一国文化资本存量、文化创造性和文化竞争力的水平；而相关文化产品的生产只不过是国际化生产背景下专业化分工的结果。这一点，也将在后文的研究中进行佐证和引用。

在《1994—2003 年文化商品和文化服务的国际流动》中，联合国教科文组织给出了文化商品核心层和相关层（见表 2-2）、文化服务核心层和相关层（见表 2-3），以及对应的 SITC3 分类（见表 2-4）。

表 2-2　　　　　　　　　　文化商品统计指标体系

文化商品核心层		
大类	中类	小类
一、文化遗产	（一）古董	1. 100 年以上的古董

[①] 尽管这些相关文化产品本身也可能存在着"设计"因素，但这并不是设计师工作的核心，其主要的使用功能才是这类产品价值的体现。

文化商品核心层		
大类	中类	小类
二、印刷品	（一）图书	1. 印刷读物、小册子和传单等
		2. 儿童图片、图画和彩色书籍等
	（二）报纸和期刊	1. 报纸、杂志和期刊，不论是否装订或带插图
	（三）其他印刷品	1. 音乐，不论印刷品还是手稿，是否装订或带插图
		2. 地图、水文图或其他类似制图
		3. 明信片和问候卡
		4. 日历
		5. 图画、设计图和照片
		6. 邮票
三、音乐和艺术表演	（一）录音媒介	1. 留声机唱片
		2. 激光唱片
		3. 宽度大于 4 毫米的磁带
		4. 宽度介于 4 毫米到 6.5 毫米之间的磁带
		5. 宽度大于 6.5 毫米的磁带
		6. 其他录音媒介
四、视觉艺术	（一）绘画	1. 绘画、图画、彩色蜡笔画和平贴画等
	（二）其他视觉艺术	1. 原创雕刻品、普通印刷物和平板印刷物
		2. 原创雕塑和雕像
		3. 小型雕像和其他装饰物
		4. 小型雕像和其他木制装饰物
		5. 小型雕像和其他陶制装饰物
		6. 小型雕像和其他镀金装饰物
		7. 其他金属制小型雕像和装饰物
		8. 经加工的动物的骨头、角、壳等及其加工而成的产品
五、视听媒介	（一）摄影	1. 摄像带和胶卷
	（二）电影	1. 电影胶片
	（三）新型媒介	1. 电视机用录像带或光盘
文化产品相关层		
一、音乐	（一）乐器	1. 乐器及其零部件
	（二）声音播放或录音设备	1. 电子声音生成设备
		2. 电子录音设备
		3. 录像及其生产设备
	（三）录音媒介	1. 空白录音带

续表

文化产品相关层

大类	中类	小类
二、影院和摄影	（一）照相机	1. 照相机及其附属设备
	（二）电影摄影机	1. 电影摄影机及放映机
		2. 图像放映机、照相放大器或缩小器
		3. 照相馆所用设备
	（三）照相馆和电影院使用的产品	1. 感光板，已曝光的胶片
		2. 未曝光的胶卷
		3. 易于感光但未曝光的照相纸和照相板
		4. 已曝光但未冲洗的感光板、胶片和照相纸
		5. 已曝光但未冲洗的感觉板和胶片
		6. 缩影胶片
三、电视和收音机	（一）电视机	1. 电视机、录像监控器和放映机
	（二）收音机	1. 收音机、收音电话两用机
四、建筑和设计		1. 建筑、工程、工业、商业、地形规划和制图
五、广告		1. 广告材料、广告目录及相关产品
六、新型媒介	（一）软件	1. 用于复制的磁带
		2. 已录制的激光磁盘
		3. 其他已录制的激光磁盘
		4. 其他用于生产目的已录制的媒介

注：一些商品可能不具有文化性质，此分类只考虑具有文化性质的商品。

表 2-3   **文化服务统计指标体系**

文化服务核心层

大类	中类	小类
一、试听及相关服务	（一）试听及相关服务	1. 录音服务
		2. 声音后期处理服务
		3. 动作片、录像磁带和电视节目生产服务
		4. 收音机节目生产服务
		5. 试听生产支持服务
		6. 动作片和电视节目的发行服务
		7. 胶片和磁带的后期制作服务
		8. 其他与行为片、电视节目和收音机节目生产相关的服务
		9. 动作片放映服务
		10. 录像带放映服务
		11. 广播（规划和时间安排）服务
	（二）租赁服务	1. 电视机、收音机、录像机以及相关设备和附件的租赁服务
		2. 录像带的租赁服务

续表

文化服务核心层		
大类	中类	小类
二、特许使用税和许可费		1. 计算机软件使用权的许可服务
		2. 娱乐设施、文学作品和听觉原著使用权的许可服务
		3. 其他非经济的无形资产使用权的许可服务
三、娱乐、文化和运动服务		1. 表演艺术活动的推广和组织服务
		2. 表演艺术活动的生产和表演服务
		3. 表演艺术活动设施的运转服务
		4. 其他表演艺术和现场娱乐服务
		5. 表演艺术家提供的服务
		6. 作者、作曲家、雕塑家和其他艺术家提供的服务
四、个人服务		1. 图书馆服务
		2. 档案馆服务
		3. 不包括历史遗址和建筑物在内的博物馆服务
		4. 对历史遗址和建筑物进行的保存服务
文化服务相关层		
一、广告、市场研究和民意调查		1. 广告的规划、创造和布置服务
		2. 其他广告服务
		3. 交易会和博览会的组织服务
二、建筑、工程和其他技术服务		1. 建筑咨询和设计前服务
		2. 建筑设计和合同管理服务
		3. 其他建筑服务
三、新闻机构服务		1. 新闻机构对报纸和期刊提供的服务
		2. 新闻机构对视听媒介提供的服务

注：部分文化服务内容尚未在国际上达成共识。

表 2-4　　　　　UNESCO 分类下的核心文化商品和相关文化
商品及对应的 SITC 编码

核心文化商品（Core Cultural Goods）	相关文化商品（Related Cultural Goods）
文化遗产（SITC3：8965-8966） ——收集品和收藏家的珍藏品 ——超过百年的古董 书籍（SITC3：8921） ——印刷的书、小册子、传单和类似的印刷品等 ——儿童图画书、绘画书/涂色书 报纸和期刊（SITC3：8922） 其他印刷品（SITC3：8924） ——乐谱 ——地图 ——明信片 ——图片、设计图纸和照片 记录媒介（SITC3：8986-8987） ——唱片 ——预先录制的激光唱片，用于生产唱片 ——录制好的磁带 ——未另列明的已记录声音的媒介 视觉艺术（SITC3：8961-8964） ——绘画作品 ——其他视觉艺术（雕像、原始刻版书画、平板书画） 视听媒介（SITC3：8826/883/89431） ——带有电视接收机的视频游戏机 ——照相和电影胶片，已曝光和显影	设备/支持材料（SITC3-761-762/882/898） ——乐器 ——声音播放器和已记录声音的媒介 ——电影摄录机和照相物资 ——电视和收音机 建筑图纸贸易和贸易广告材料（SITC3-89282/89286）

第三章 中国文化产品竞争力的
现状描述及评价

文化"帝国主义"不断延伸的全球触角意味着它将其他声音从文化市场中排除出去，居于文化生产"核心"之外的文化生产者能有多大机会进入文化生产及消费的全球新网络？

——赫斯蒙德夫（D. Hesmondhalgh）

在明确界定了文化产品的定义和分类后，本章将就中国文化产品的竞争力表现进行现实描述，以期对竞争力现状有一个准确的定位，为后文的影响因素分析和进一步路径研究奠定基础。首先，本章从世界文化贸易的发展和中国文化产品贸易入手，分析中国文化产品的海外市场地位和出口结构；其次，通过多维评价指标体系的构建，利用层次分析法（AHP）对中国及主要国家文化产品从总体竞争力、准则层竞争力两个层面进行测度与评价。

第一节 中国文化产品贸易现状

文化贸易是国家之间、经济体之间的文化交换行为，既包括有形的商品形态，也包括无形的服务形态。文化贸易不同于普通商品贸易，带给一国的福利不仅体现在市场份额的占有和利润的获得上，更体现在文化产品出口国对进口国产生的文化影响力上，具体指进口国对出口国文化的接受和认知程度。因此，文化贸易的优势是文化产品竞争力提升的必要条件，也是国家间文化产品竞争力的现实表现。

一 文化产品贸易的全球现状

随着经济全球化的推进，国家和地区间的文化产品贸易发展迅速，并在全球贸易中显现出勃勃生机。来自联合国贸易和发展会议的数据表明，文化商品的贸易出口总额从 2002 年的 1982 亿美元增长到 2010 年的 3832 亿美元，年均增长率 8.7%，与同时期商品贸易出口增幅持平；而文化服务贸易出口以高于同期国际服务贸易 3.2 个百分点的年均增速发展（达到 14.4%，），从 2002 年的 496 亿美元增长到 1450 亿美元。① 特别是在 2009 年，世界贸易在金融危机的冲击下整体萎缩时，文化产品贸易的降幅远低于商品贸易，体现出文化贸易较强的抗经济波动的能力。图 3-1 直观地描述了这一变动过程。

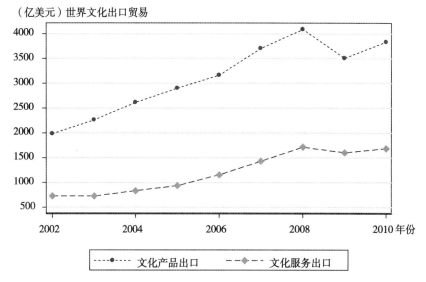

图 3-1　世界文化产品出口和服务出口（2002—2010 年）

资料来源：联合国商品贸易统计数据库（UN Comtrade）。

从目前的文化统计框架的划分来看，文化贸易中文化商品贸易的比重近 10 年来一直保持在 75% 以上，加之当前文化服务贸易统计只涵盖了个人娱乐文化服务的统计，而对于涉及版权交易以及商业存在形式的服务贸易形式却没有包括。统计上的局限性，再加之文化服务贸易原本所占比重并不高，故

---

① 从理论划分上，版权转让贸易应该属于文化服务贸易的组成部分，但由于数据的搜集上存在很大困难，所以在联合国贸易和发展会议的文化服务贸易数据库中并没有列出版权转让的内容，上述列出的数据存在着一定向下偏误，当然，这没有影响我们的基本判定。

下文的探讨并不将文化服务贸易作为重点。数据主要来源于联合国商品贸易统计数据库（UN Comtrade）和联合国贸易和发展会议（UNCATD）。区别于核心文化产品，相关文化产品贸易也受到世界文化贸易发展趋势的带动。从2000—2010年，世界相关文化产品贸易的年均增长速度约为8.6%，到2011年时，相关文化产品出口比重达到世界商品总贸易的7.3%。

　　从全球范围的文化产品出口贸易来看，发达国家占据传统的主导地位，但是近年来发展中国家增长态势迅猛。在2002年文化产品出口市场上，发达国家所占比重达到了62.1%，而发展中国家仅为37.3%；但到了2010年，发达国家和发展中国家所占比重各自为51.2%和48.0%，分别下降了10.9个和增长了10.7个百分点。此消彼长之间，发达国家和发展中国家在贸易量上"平分秋色"。但这仅仅是表象，通过研究出口产品的结构我们发现，发达国家在视觉艺术、视听产品、新兴媒体、表演艺术等"文化艺术"含量更高、意识形态更强的核心文化产品贸易方面占有绝对优势；而发展中国家则更依赖于乐器制造、视听设备、手工艺品等劳动密集型的相关文化产品出口。

　　从文化产品进口贸易来看，发达国家占据商品进口的70.0%以上，居于主导地位，并且这一现状并没有因为发展中国家出口贸易的发展而改变。到2010年时，发达国家的文化产品进口总额占全部进口贸易的75.2%，而发展中国家仅为22.5%，并且这一比重自2002年以来上升十分有限。较高的经济发展水平和消费结构，决定了发达国家对文化产品更大的消费需求。就世界文化产品贸易的实际来看，发达国家既是核心文化产品的主要出口国，也是核心文化产品的主要进口国和消费国。

　　近10年来文化产品贸易的一个突出现象是跨国公司越来越成为主导全球文化贸易的重要载体。自2000年以来，随着诸如时代华纳、美国电讯公司、新闻集团、美国国家广播环球公司、哥伦比亚广播公司、贝塔斯曼、迪士尼集团、默多克、威望迪、维亚康姆、索尼、威廉希尔等跨国传媒集团的并购重组，全球文化产业格局也随之调整，来自西欧、日本、美国的跨国公司涵盖了全球文化贸易量的2/3。国际文化贸易由政府主导逐渐转变为跨国公司主导的模式。

二　中国文化产品出口贸易结构[①]

一个国家、地区的产品进出口贸易结构，可以很好地反映该国在相关产业方向的优势与劣势所在，进而反映出相关产业的结构特点以及产品在国际市场上的竞争力表现。自 2000 年以来，中国政府提出推动文化产业成为支柱性产业，逐步提高了对于文化贸易的重视程度，加之中国市场在国际分工中处的有利地位，使中国文化产品贸易得到了迅猛发展。

（一）中国文化产品贸易整体现状

从统计数据来看，2002 年至 2011 年这 10 年间，中国的文化产品贸易总额增长了 2.9 倍，且保持持续的顺差，从 2002 年的 349.86 亿美元发展到 2011 年的 1352.24 亿美元。其中，文化产品出口总额远远大于进口总额，存在着大额的贸易顺差，除去 2009 年左右的次贷金融危机导致的波动外，其他年份均表现出稳定的上升趋势。但中国文化产品的竞争力表现真的如此吗？考虑到中国的文化产品出口中，乐器制造、胶片录影带、手工艺品等低文化含量的劳动密集型产品占据主要成分，因此，仅仅通过文化产品贸易来判定有失偏颇，有必要对有更高文化含量的核心文化产品进行分析。图 3-2、图 3-3、图 3-4 直观地给出这一结论。

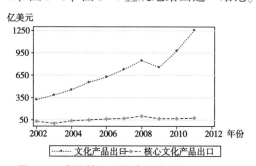

图 3-2　中国核心文化产品贸易概况（一）

[①]　分析涉及的数据并未包括文化服务贸易，除了前文提及的原因外，一是联合国贸易和发展会议等组织的服务贸易数据库在很多项目上都存在着数据收集不完全的问题，比如大都只涵盖了市场调查服务、建筑工程和技术服务、文化娱乐休闲服务等内容，而对于较为重要的版权贸易由于数据获得性而并未列入；二是中国的文化服务贸易所占份额很低，2002 年至 2011 年，这个份额仅为 5.0%、1.3%、1.9%、2.1%、2.5%、3.0%、3.0%、3.1%、3.0%、2.9%，并不会影响本书的分析结论。

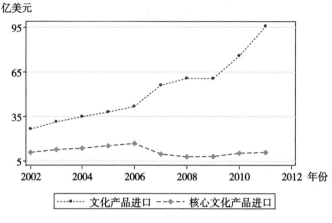

图 3-3　中国核心文化产品贸易概况（二）

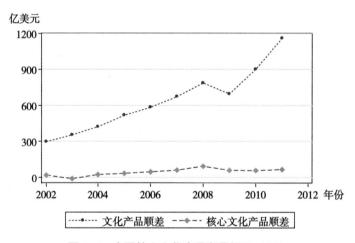

图 3-4　中国核心文化产品贸易概况（三）

资料来源：联合国商品贸易和统计数据库（UN Comtrade）。

　　从以上图示可以看出，无论是出口贸易还是进口贸易，中国文化贸易产品结构中相关文化产品占据着主导地位，文化贸易的迅猛增长态势实际上是由相关文化产品贸易的增长所贡献，而更能体现中国文化内涵及价值观的核心文化产品贸易却一直处于低位的发展态势。可以断定，仅仅以文化产品贸易数据进行分析，而不具体区分核心文化产品以及相关文化产品的话，得到的关于竞争力的结论是存在较大偏误的。

（二）中国文化产品出口贸易现状

表3-1报告了2002—2011年中国文化产品分类别的出口贸易额和占总贸易额之比。可以看到，设计类产品占据了主要的份额，持续的时间段内每年所占文化产品出口总额的比重达到70.0%以上。但需要明晰的一点是，设计类产品在联合国教科文组织的统计分类是指"设计类的物品，如珠宝、玩具、玻璃器皿等，主要为一些工业制成品"。第二位的是手工艺品的出口贸易，如各种织物、挂毯、刺绣、加工首饰等，占比在10%左右。接着是新媒体产品和视觉艺术产品，所占份额基本保持在5%—11%。而上述四类出口产品均属于低附加值、低文化内容的劳动密集型产品，其比较优势的根源在于中国低廉的制造成本，而并非是与中国深厚的文化底蕴和文化资源的结合。而包含较高文化创意水平和艺术含量的核心文化产品如表演艺术、影视媒介以及出版物品等所占比重极小，三者之和不足3%，表现出明显的竞争力弱势，从而决定了中国文化产业结构是以生产低附加值的低端产品为主，文化产品贸易的发展层次偏低，这将必然影响到中国文化产品竞争力的有效、持续提升。

针对中国文化产品出口结构的分析发现，设计类产品的出口优势是促使中国成为第一大文化产品出口国的主要原因。一方面，与中国以加工制造业为主导的贸易结构有关；另一方面，联合国教科文组织的统计框架也决定了设计类产品数据的统计收集无法将设计附加产值从附着物上分离出来。联合国教科文组织的统计将文化产品的设计成分价值都包含在内，而中国的设计类产品出口，实际上大多是加工贸易的形式，中间设计环节的费用并没有赚取却依然被纳入了统计之中，这大大夸大了设计类产品的出口额。以玩具的出口为例，"中国制造"的玩具遍布全球，但其中的大部分采取的是来料加工的方式，福利的增进只来自微薄的加工费用。因此，中国作为文化产品第一出口大国的真相需要得到清楚的认识，真正意识到"文化产品出口大国"的强大在于其核心文化产品的竞争力表现。

表 3-1　　中国文化产品出口分类结构（2002—2011年）

单位：百万美元，%

年份	手工艺品		影视媒介		设计类		新媒体		表演艺术		出版		视觉艺术	
	贸易额	份额	贸易额	份额	贸易额	份额	贸易额	份额	贸易额	份额	贸易额	份额	贸易额	份额
2002	3569	11.04	0	0	23529	72.79	2505	7.75	17	0.05	535	1.66	2169	6.71
2003	4394	11.40	0	0	28280	73.36	2821	7.32	19	0.05	651	1.69	2384	6.18
2004	5041	11.05	0	0	33893	74.31	3046	6.68	20	0.04	853	1.87	2759	6.05
2005	6206	11.18	0	0	41167	74.16	4068	7.33	15	0.03	1031	1.86	3022	5.44
2006	7591	12.11	0	0	45010	71.77	5282	8.42	12	0.02	1451	2.31	3368	5.37
2007	9364	12.83	0	0	51859	71.04	6370	8.73	1	0.00	2044	2.80	3361	4.60
2008	10722	12.64	0	0	58848	69.39	9100	10.73	1	0.00	2421	2.85	3715	4.38
2009	8980	11.86	0	0	55070	72.71	5959	7.87	0	0.00	2126	2.81	3605	4.76
2010	10615	10.86	0	0	74082	75.78	5655	5.78	1	0.00	2391	2.45	5011	5.13
2011	12867	10.24	0	0	96672	76.94	6219	4.95	—	—	2661	2.11	7226	5.75

资料来源：联合国商品贸易和统计数据库（UN Comtrade），其中"—"表示数据未登录。

第二节　文化产品竞争力的理论框架和评价体系构建

在经济全球化的条件下，单独地探讨一国或地区的文化产业和文化产品的发展并无实际价值，必须把中国文化产品竞争力问题放在国际大背景下进行国别之间的横向比较，通过比较才能对中国文化产品竞争力的各个方面给出准确的分析和判断。

理论界对国别之间竞争力的研究主要分为三个层次：一是宏观层面上的国家竞争力研究；二是中观层面上的产业竞争力研究；三是微观层面上企业和产品的竞争力研究。就针对文化领域的竞争力评价而言，正如文献综述部分总结，大多集中于国家层面的宏观比较以及产业层面的中观比较，而涉及文化产品这一微观层面竞争力的国际比较却鲜有研究。多数文献利用出口贸易类的相关指数来反映文化产品的国际竞争力，尽管有着一定的代表性，但并不能涵盖我们所关心的问题以及竞争力实质的全部。诚然，国家竞争力和产业竞争力直接影响着产品竞争力的表现，但毕竟产品竞争力和国家、产业竞争力的侧重点不同。

就国际竞争力的评价方法而言，世界经济论坛和瑞士国际发展管理学院均采用多指标综合评价的方法。这种评价方法具有一般的指导性，即将国际竞争力的评价指标划分为硬性指标和软性指标（专家意向、打分指标）后，对这些数据进行分类、整理、计算，如标准化处理、加权汇总等，再结合有效的多元统计技术手段来进行测算评价，并得到评价结果的指数或分值，就此进行国别之间的综合排名和分项排名，进而对一国或地区的国际竞争力水平、竞争力格局和竞争力发展趋势进行准确的定量描述。

一　文化产品竞争力评价的理论框架

任何一个针对某种社会经济现象设计的评价指标体系，必须具有理论性和逻辑性，也就是说，评价指标体系的构建需要一个具体的理论框架，即对应于特定的研究对象而建立的理论解释系统。结合已有文献的研究，本书试图从基础要素、对外经济表现、企业创新和金融服务、政府行为这四个因素出发构建评价指标体系的框架，其主要内容如下。

一是基础要素因素。诸如人力资源、资本资源、文化资源、基础设施等要素是任何产业组织和生产的基础，决定了产品供给面的竞争能力。同时，国内市场对文化产品的需求会促使生产规模的扩大，促进技术创新，产业结构升级，决定了产品需求面的竞争能力。上述生产要素以及国内市场需求因素构成了文化产品国际竞争力的基础要素。

二是对外经济表现因素。产品的国际竞争力表现与一国或地区的对外经济表现能力息息相关，良好的商品出口贸易必然建立在广阔的海外市场基础上，已有的海外市场会为国内文化企业的产品生产和销售，甚至海外投资进行铺垫。同时，与其他国家的信息化联系、便利的航运条件等，也有利于本国文化的传播，当本国文化在海外国家和地区存在更多的受众时，那么对于本国文化产品的需求自然会得到提升。

三是企业创新和金融服务因素。文化企业是文化产品和服务的具体提供者，企业的经营战略、治理结构、营销方式等决定了文化企业的竞争力，进而也直接影响着文化产品的竞争力状况。其中，市场创新能力和政府对创新及产权的保护至关重要，原因是文化企业的核心竞争力在于知识产权和无形资产，一个尊重创新、充满"艺术特质"的经济环境，必然会生产出更具竞争力的文化产品。同时，文化类企业普遍属于"轻资产"型企业，缺乏足够的固定资产进而影响融资。无论是金融机构借贷还是民间借贷，一般均要求有形资产为抵押或者第三方提供相应担保，而文化企业通常以人力资源、版权、著作权等知识产权和无形资产作为核心资产，这与传统的市场融资模式明显不符。特别是对于中国不完善的资本市场而言，文化企业总是很难通过正规渠道获得融资，这无疑掣肘了文化产品竞争力的提升。

四是政府行为因素。对于市场经济还不成熟的转型期国家而言，政府行为的作用对于任何产业的发展，以及产品竞争力的提升都尤为重要。就文化领域而言，政府政策制定的合理性、及时性及法律法规的健全程度，对文化产业的扶持程度、文化市场的规范程度等作用明显。但是，值得重点指出的是，合理的政府行为并非是指对某个产业的大力扶持即可，而在于扶持方式的合理有效。一个十分普遍的现象是，政府大力扶持的产业往往并没有多少国际竞争力优势，相反，那些存在较少垄断的、在市场中发展的产业反而表现得更好。

二 评价指标体系的构建

（一）指标体系的选取及准则层构建

本书界定的文化产品竞争力内涵是指：与其他国家相比，一国或地区生产与销售的文化产品、提供的相关服务，占有市场和获取利润，并创造出比其他国家更多的有效财富增加值的能力和潜力。相比较利用单个指标来描述的文化产品竞争力，本书的内涵界定认为，只有综合考虑文化产品的海外市场现状、文化企业的生产和发展能力、文化产品竞争力的提升潜力，才能更为全面地阐释一国文化产品竞争力的真实水平。

基于此，本书评价指标的选取尽可能从全方位、多角度的考虑出发，指标体系既要包括定量的测度和打分，也要通过专家综合评价来合理地设定准则层与准则层、指标与指标间的相关权重，尽可能避免主观判定导致的偏误。同时，在指标选取中，突出了文化产业发展和文化产品竞争力提升的可持续性，突出技术、制度、人力资本、相关金融服务等因素。当然，指标数据收集的可操作性也至关重要，本书评价体系中的数据均采用最近年份（2008—2012 年）官方的同口径统计数据，对无法量化的指标，则尽可能以权威组织的评分为准，以专家问卷评分作为补充。

根据在研究过程中所选择的评价指标数据来源的不同，我们把文化产品竞争力评价指标分为具有数值测度的定量指标和需要评判打分的主观指标。定量指标数据来源于 2012 年世界银行组织（World Development Indicators）数据、联合国商品贸易统计数据库以及《全球竞争力报告》（2008—2012 年）；主观指标数据来源于《全球竞争力报告》的主观评分数据以及专家问卷调查。具体指标及数据说明见表 3-2。

表 3-2　　　　　　　　　文化产品竞争力的二、三级准则指标体系

中间层指标（6个）	准则层评价指标（27个）	备注
1. 基础竞争能力	1 城镇人口比重（%）	数值数据
	2 国内生产总值 GDP（购买力平价，美元）	数值数据
	3 人均 GDP（购买力平价，美元）	数值数据
	4 人均 GDP 年增长率（%）	数值数据
	5 国内市场规模，1—7（最大）	评分数据※
	6 集群发展的状态	排名数据※
2. 对外开放能力	1 互联网用户接入数（户/百人）	数值数据
	2 现有航线座位公路/星期，百万	数值数据※
	3 FDI 占 GDP 比重（%）	数值数据
	4 出口总额占 GDP 比重（%）	数值数据
	5 进口总额占 GDP 比重（%）	数值数据
	6 国家信用评级，0—100（最好）	评分数据※
3. 企业创新能力	1 知识产权保护	评分数据
	2 专利申请数/百万人	数值数据
	3 企业层面的技术消化	排名数据※
	4 商学院的质量	排名数据※
	5 创业的手续数目（个）	数值数据
4. 金融支持能力	1 金融服务的普及程度	评分数据
	2 通过当地股票市场的融资	排名数据
	3 获得贷款的容易程度	排名数据
	4 风险资本的供给程度	评分数据
5. 文化产品出口能力	1 RCA 指数	数值数据
	2 外国市场规模指数，1—7（最大）	评分数据※
6. 政府扶持力	1 政府消费支出占 GDP 比重（%）	数值数据
	2 政府改善企业表现提供的服务	评分数据※
	3 总税率，利润的百分比（%）	数值数据※
	4 市场垄断程度	评分数据※

注：1. 数值数据来源于世界银行发展数据库、联合国统计司、联合国贸易和发展会议数据库。

2. ※表示数据来源于世界经济论坛相对应年份的《全球竞争力报告》。

3. 未标示※号的评分数据来源于专家咨询问卷。

（二）指标数据的无量纲化处理

社会经济指标数据大多带有不同的量纲，就本书的研究而言，既有百分比的数值也有评分的数值，既有货币单位的数值也有排名位次数值。因此有必要对原始数据从以下三个方面进行调整：一是无量纲化以消除量纲的影响；二是使评价指标数据尽可能呈正态分布；三是将变量间的非线性关系变换为线性关系。按照客观、简单和可行性原则，本书主要对原始数据进行了如下调整。

1. 对于定量指标数据进行极差变换

$$Y_i = \frac{X_i - \min(X)}{\max(X) - \min(X)}$$

其中，X_i 为某一评价指标的原始数值，$\min(X)$ 表示该指标原始数值数据中的最小值，$\max(X)$ 表示该指标原始数值数据中的最大值，Y_i 为经调整后测算数值。经极差化处理后，数据的取值范围为 0—1，几何意义是将坐标原点移动到最小值的位置，而并未影响变量间的相关程度。

2. 对于主观指标数据进行初值化变换

$$Y_i = \frac{X_i}{\max(X)}$$

其中，X_i 为某一评价指标的原始数值，$\max(X)$ 表示该指标原始数值数据中的最大值，Y_i 为经调整后测算数值。初值化处理后，所有主观指标数据将在 0—1 变动，各数值均为初值的倍数，便于分析主观评价的强弱关系。

3. 排名位次数据的百分比变换

$$Y_i = 100 - \frac{100}{N}(\text{排名位次值 } X_i - 0.5)$$

其中，X_i 为某一评价指标的原始数值，N 为参评对象的个数，Y_i 为经调整后测算百分数值，范围在（0，100），对于得到的存在量纲的百分数据，继续利用极差变换进行调整。

（三）国别间横向比较的国家（地区）选择

在进行国别间的横向比较时，选择的典型国家（地区）应该满足以下条件：一是与中国之间要存在良好的经济往来和贸易往来；二是具有一定的地域涵盖面和代表性；三是互相之间存在着一定可比性。经过前期研究和专家咨询，最后选定中国、中国香港、日本、韩国、印度、新加坡、美国、加拿大、巴西、法国、德国、意大利、英国、俄罗斯、荷兰、南非、澳大利亚 17 个国家或地区作为中国文化产品国际竞争力比较的研究对象。原因是：上述 16 个国家（地区）和中国之间有着良好的经济文化往来，中国 80%以上的文化产品贸易发生在与这 16 个国家（地区）之间；选取的国家（地区）涵盖了亚洲、北美洲、南美洲、欧洲、非洲、大洋洲等世界主要区域，具有相当的代表性；同时，从社会经济发展程度上来讲，既有发达国家，也有新兴国家和发展中国家，在制度和发展模式上具有多样性的特点；另外，这些国家（地区）地域面积、文化资源、政府产业制度、经济水平、社会背景、人口存量等均具有横向可比性和比较价值。

第三节　中国文化产品国际竞争力的实证结果

数学工具在决策中起着重要作用。在复杂的决策问题面前，人们往往需要利用数学模型对实际问题进行抽象和简化，进而对实际问题进行系统分析。在决策过程中利用数学模型的优点在于，分析问题容易，目的性强，可以进行模拟计算。良好的决策方法的选择对于分析问题的准确性和有效性起到至关重要的作用，本书对于文化产品国际竞争力的比较主要使用层次分析法（The Analytic Hierarchy Process，AHP，具体描述见本章附录）。

根据前文设定的评价指标体系，结合 AHP 方法，对国际上文化市场发展较为成熟，与中国经济文化往来紧密的 16 个主要国家（地区）及中国的文化产品竞争力进行量化评估。同时，为了反映出每个对象文化产品竞争力变动的动态化特征，本书同时在 2008—2012 年这 5 个年度分别进行了评估测算，具体的结果和分析如下。

一　17 个主要国家（地区）间文化产品竞争力的综合评价

图 3-5 给出了 17 个主要国家（地区）5 个年度得分均值的图示，可

以看到，各地文化产品竞争力指数数值差异显著。排名前五位的国家（地区）分别是美国（0.116）、英国（0.112）、加拿大（0.087）、中国香港（0.082）、日本（0.082），平均竞争力指数得分0.096；其余12个国家分别是荷兰（0.056）、法国（0.055）、德国（0.055）、中国（0.050）、新加坡（0.048）、澳大利亚（0.046）、意大利（0.045）、韩国（0.040）、印度（0.038）、南非（0.033）、俄罗斯（0.028）、巴西（0.028），平均竞争力指数得分为0.040，不及前五位得分的一半。这17个国家（地区）文化产品竞争力得分均值为0.059，标准差0.028，变异系数达到了2.16。

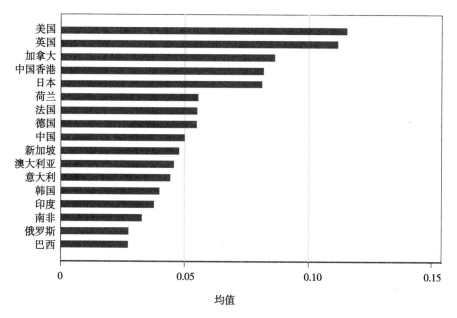

图3-5 17个主要国家（地区）文化产品竞争力
指数五年均值（2008—2012年）

美、英两国表现出了文化产品在全球的绝对优势地位，相比较新兴市场国家而言，这种优势地位更加明显。尽管文化产业在世界范围内仍属于新兴产业，但对于美、英等发达国家而言却是传统优势产业。为了能够在一定程度上反映文化产品竞争力的动态特征，本书在表3-3中报告了2008—2012年这五个年度17个国家（地区）的竞争力评价得分。可以看

表 3-3　　2008—2012 年 17 个国家（地区）总体竞争力排名

位次	2008 年		2009 年		2010 年		2011 年		2012 年	
	国家（地区）	权值	国家（地区）	权值	国家（地区）	权值	国家（地区）	权值	国家（地区）	权值
1	美国	0.130	美国	0.115	英国	0.134	英国	0.106	英国	0.118
2	英国	0.113	加拿大	0.096	美国	0.124	美国	0.105	美国	0.105
3	日本	0.090	英国	0.090	加拿大	0.092	加拿大	0.095	加拿大	0.090
4	中国香港	0.088	日本	0.083	中国香港	0.088	日本	0.082	日本	0.075
5	加拿大	0.060	中国香港	0.081	日本	0.078	中国香港	0.079	中国香港	0.075
6	荷兰	0.058	荷兰	0.058	荷兰	0.056	法国	0.057	法国	0.058
7	德国	0.054	德国	0.056	法国	0.054	德国	0.056	德国	0.056
8	法国	0.054	法国	0.054	德国	0.054	荷兰	0.053	荷兰	0.054
9	中国	0.054	新加坡	0.051	中国	0.047	新加坡	0.051	中国	0.053
10	澳大利亚	0.051	中国	0.049	新加坡	0.046	中国	0.049	澳大利亚	0.047
11	新加坡	0.048	澳大利亚	0.046	意大利	0.046	意大利	0.047	新加坡	0.045
12	意大利	0.041	意大利	0.045	澳大利亚	0.041	澳大利亚	0.045	意大利	0.044
13	韩国	0.040	韩国	0.042	韩国	0.034	韩国	0.041	韩国	0.044
14	印度	0.039	印度	0.041	印度	0.033	印度	0.039	印度	0.038
15	南非	0.032	南非	0.034	南非	0.030	南非	0.035	南非	0.035
16	俄罗斯	0.025	俄罗斯	0.031	巴西	0.023	巴西	0.031	俄罗斯	0.032
17	巴西	0.023	巴西	0.030	俄罗斯	0.022	俄罗斯	0.029	巴西	0.031

到，尽管在具体的年份个别国家的位次略有变动，但整体而言，美国、英国、加拿大、中国香港、日本五国（地区）始终位于前五的领跑者地位。而对于竞争力相对较弱的新兴市场国家，除中国外，印度、南非、俄罗斯和巴西的提升并不明显。近年来，特别是在 2008 年次贷金融危机后，文化产业增长空间大，逆经济周期的特点受到了很多国家的关注，纷纷加大了对文化产业的扶持力度。尽管新兴市场国家在这段时间内发展迅速，但与文化发达国家（地区）的差距并未得到有效收敛。可见，文化产品竞争力的提升并非一朝一夕可以完成，而是需要较长的时间在各个方面加以完善，并实现持续的增长。

有必要考察中国文化产品竞争力的变动特征，见图 3-6。相比较而言，利用贸易竞争力指数、国际市场占有率指数等指标测度的结果，通常表现为中国文化产品竞争力的较高水平，以及持续的提升。但通过构建指标体系进行更全面的综合考量可发现，中国文化产品竞争力保持在一个较为稳定的水平，并且与美、英等发达国家（地区）相比劣势明显。① 这是需要明确界定的一点，即一国或地区的文化产品竞争力并非像文化贸易带来的市场占有率体现得那么简单。竞争力是一种更为全面、更深层次的考量，它在很大程度上取决于一国或地区的产业发展水平、要素禀赋、文化资源禀赋等一系列变量；而市场占有率等贸易竞争力指标更容易受到国际经济形势、国家间的文化贸易政策、相关贸易协定、汇率波动等的影响，直接用来衡量文化产品竞争力的强弱必然会出现较大的偏误。

二　6 个准则层面的竞争力评价

在对文化产品竞争力整体研究的基础上，本书进一步就基础竞争能力、对外开放能力、企业创新能力、金融支持能力、文化产品出口能力、政府扶持力六个方面，对 17 个国家（地区）间的竞争力位次进行评价和分析。17 个国家（地区）2008—2012 年在每个准则层的竞争力评价得分

---

① 以中美两国影视产品的贸易竞争力指数为例，2005—2008 年中国的指数（0.39、0.66、0.41、0.41）高于美国的指数（0.07、0.19、0.22、0.33），2008 年后也仅是略低于美国水平。但实际上，就世界范围内影视产业和影视产品而言，中国与美国不可等量齐观。

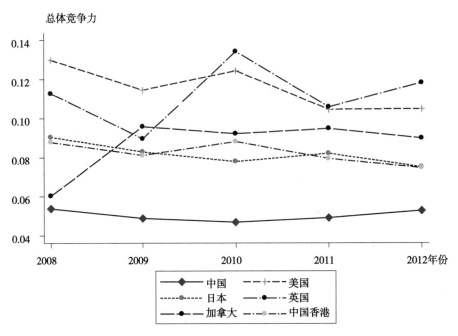

图 3-6 中国与排名前五国家（地区）竞争力波动图示

注：考虑到图形的视觉效果，除中国外只列示前五位国家地区。具体数值见表 3-3。

报告见本章附录表 3-5 至表 3-10。为了更直观地反映中国文化产品竞争力在各个准则层的动态变化和比较特征，图 3-7 列示了中国与典型国家（地区）间的评价得分图，本章末表 3-4 为评价指标数据的统计性描述。

从基础竞争能力来看，中国香港、日本、美国、英国、德国处于领先地位，经济水平、城镇化水平和集群发展水平较高是这五国（地区）的一个普遍特征，且居民消费能力强，文化产品消费层次高，相关产业集群效应突出，为其文化产业的发展提供了良好的经济基础和市场环境。中国在基础竞争能力的位次上处于中间水平，并且和领先集团的差距在 2012 年时呈现出缩小的态势。中国香港稳定地保持在第一位的水平，这与其极高的经济发展水平、高度集约化的转港生产形态、内地庞大的市场和自由贸易港地位有关，同时，文化产业的生产并不需要庞大的物质资源和劳动力资源，其生产形态很适宜中国香港的经济结构。从对外开放能力来看，除去新加坡和中国香港特殊的区位原因外，美国、日本、荷兰表现出了良

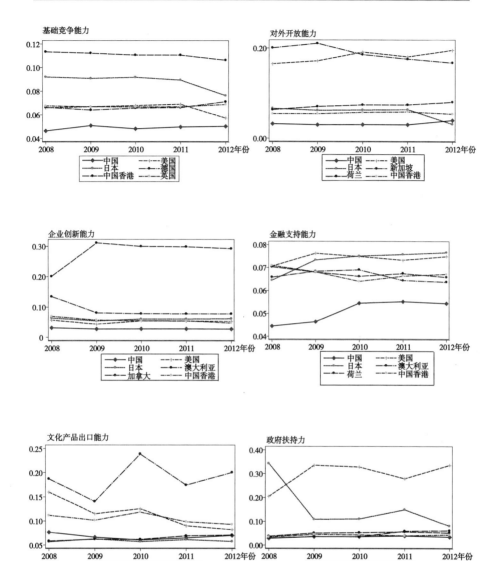

图3-7 中国与各中间准则层五位典型国家（地区）竞争力波动图示

好的对外交流和开放的竞争力水平。对外开放的程度越高，不同文化间的
交流和分享程度也越高，相比较那些经济上较为封闭的国家，开放国家更
易于累积文化资本，包容并蓄的特征也有利于文化产品的创新和生产。中
国转型期的市场经济结构导致其对外开放能力准则排名较低，但可喜的是

其评价得分有着缓慢的上升趋势。

从企业创新能力来看，加拿大、澳大利亚、日本、美国等鼓励民间创新、产权保护体系完备的国家（地区）处于领先地位。上述对象无论是专利申请数量、创业手续的繁简程度，还是商学院培养质量，都优于其他国家。文化企业的生产依赖于知识资本的积累和知识产权的保护，良好的创新环境和社会对于知识产权的重视，会极大地促进文化企业进行创新和研发，进而提高其产品的竞争能力。在这一点上，中国始终处于较低的水平，"山寨化"现象在各个市场上愈演愈烈。当企业的创新无法得到鼓励和保护时，追求眼前利润的经营模式会让中国的文化产品彻底丧失竞争能力，这需要得到中国政府和全社会的重视。

从金融支持能力来看，美国、日本、加拿大等金融体系发展成熟的国家（地区）优势明显。文化产业表现出知识和资金的高度密集，充足的资金是所有文化企业持续发展的基础和保障。然而，文化类企业普遍属于"轻资产"型企业，缺乏足够的固定资产进而影响融资，所以，一个完备的金融服务和金融支持就显得格外重要。综观世界文化产业强国（地区），无一例外都有着一整套科学合理的金融支撑文化发展的框架设计，这点上也恰恰是中国的不足——转型期的资本市场不完善，银行系统缺乏支持文化企业的内生动力，最终导致在该准则层上的较低位次。

从文化产品的对外出口能力来看，中国体现出了预期的优势，与美、英、德、法等文化产业大国（地区）相比处于较为明显的优势地位。尽管中国在国外市场规模上并不具备优势，但文化产品强有力的进出口规模为该准则层评价得分的提升贡献不少。可这些并不值得格外的惊喜，前文的文化贸易结构分析告诉我们，中国文化产品强有力的进出口能力更多地体现在并无多少设计与艺术内涵、附加值低的劳动密集型产品上，而最能反映一国文化实力的核心文化产品进出口能力却表现得很一般。那么，随着全球经济形势的转变和产业分工的转移，逐步丧失人口红利，以及产业结构迫切需要转型的中国市场，还能够占有这一优势吗？

从政府扶持能力来看，美国、英国、加拿大、日本、韩国等文化政策体系较为完备的国家（地区）位于领先集团，这并没有出乎我们的预期，美、英、加三国早在 20 世纪五六十年代就开始了文化产业扶持政策体系的建立，目前三国的文化产业发展中政府与市场各自职能分工明确，边界清晰，也是后起国家应该学习的典范。日、韩两国自从确立"文化立国"的方针以来，政府依靠有效的法律框架和配套方针，快速地推动了文化产业的发展。最为重要的是，上述国家都采用"强市场、弱政府"的经济发展模式，企业税率结构合理，政府导致的垄断和市场无效率并不多见，这也为文化产业的发展提供了良好的环境。

本章小结

在现有的文化统计框架下，文化产品的总体增加值中同时包括了设计创意的价值和产品载体的价值，而现行统计无法将设计类产品、手工品的设计创意增加值剥离出来，所以，以加工贸易为主的中国文化产品出口总额被虚高，文化创造能力被夸大。实际上，在诸如影视产品、出版物、表演艺术等体现一国价值观、核心文化内涵的文化产品上，中国并不具备任何优势。

近年来，中国的文化产业发展迅猛，在世界文化市场已具备一定的规模。但是需要清醒地认识到，这主要是由低端人力资源和文化资源的生产所贡献。从本节的分析可以发现，中国文化产品的产业结构依旧表现为以生产附加值低、艺术内涵低的低端文化产品为主导，而以创意能力为核心的文化产品竞争力表现偏弱，这也决定了中国文化产品总体竞争力目前的现实状况。

附录

AHP 是一种实用的多准则决策方法。它把一个复杂问题表示为有序的递阶层次结构，通过人们的判断对决策方案的优劣进行排序，这种方法能够统一处理决策中的定性与定量因素，从这个角度来讲，AHP 用来评价文化产品竞争力是合适的。从思路上看，AHP 把复杂问题分解为各个组成因素，将这些因素按支配关系分组形成有序的递阶层次结构，通过两两比较的方式确定层次中诸因素的相对重要性，然后综合人的判断来决定决策诸因素相对重要性总的顺序。

运用 AHP 解决问题大体上可以分为四个步骤：第一，建立问题的递阶层次结构；第二，构造两两比较判断矩阵；第三，由判断矩阵计算被比较元素的相对权重；第四，计算各层元素的组合权重。[①] 对于四个步骤的过程简要描述如下：

（1）建立递阶层次结构

这是 AHP 中最重要的一步。把复杂问题分解为称为元素的各组成部分，把这些元素按属性不同分成若干组，以形成不同的层次。同一层次的元素作为准则，对下一层的某些元素起支配作用，同时它又受上一层元素的支配。这种由上至下的支配关系形成一个递阶层次。

目标层（最高层）：指问题的预定目标；

准则层（中间层）：指影响目标实现的准则；

措施层（最低层）：指促使目标实现的措施。

首先，明确决策的目标，将该目标作为目标层（最高层）的元素，这个目标要求是唯一的，即目标层只有一个元素。其次，找出影响目标实现的准则，作为目标层下的准则层因素。在复杂问题中，影响目标实现的准则可能有很多，这时要详细分析各准则因素间的相互关系，即有些是主要的准则，有些是隶属于主要准则的次准则。最后，分析为了解决决策问题（实现决策目标），在上述准则下，有哪些最终解决方案（措施），并将它们作为措施层因素，放在递阶层次结构的最下面（最低层）。示意图见图 3-8。

（2）构造判断矩阵并赋值

构造判断矩阵的方法是，将每一个具有向下隶属关系的元素（被称作准则）作为判断矩阵的第一个元素（位于左上角），把隶属于它的各个元素依次排列在其后的第一行和第一列。重要的是填写判断矩阵。填写判断矩阵的方法为向填写人（专家）反复询问：针对判断矩阵的准则，其中两个元素两两比较哪个重要？重要多少？并对重要性程度按 1—9 赋值。

设填写后的判断矩阵为 $A = (a_{ij})_{n \cdot n}$，判断矩阵具有如下性质：

$$a_{ij} > 0; \ a_{ji} = \frac{1}{a_{ji}}; \ a_{ij} = 1$$

---

① 关于 AHP 的详细过程本书将不再展开论述，可参见王莲芬、许树柏《层次分析法引论》，中国人民大学出版社 1990 年版。

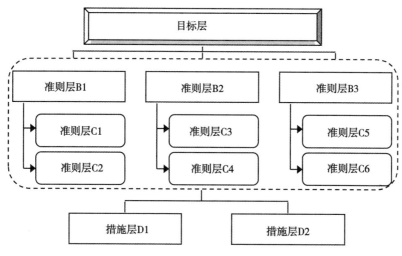

图 3-8　递阶层次结构示意图

判断矩阵可以具有传递性，即满足等式：$a_{ij} \cdot a_{jk} = a_{ik}$。当上式对判断矩阵所有元素都成立时，则称该判断矩阵为一致性矩阵。

（3）计算单一准则下元素的相对权重

这一步要解决在某一准则下，n 个元素 A_1，A_2，$\cdots$，A_n 排序权重的计算问题，并进行一致性检验。计算权向量的方法有特征根法、和法、根法、幂法等。对判断矩阵进行一致性检验的原因在于，一个正确的判断矩阵其重要性排序是有一定逻辑规律的，若产生逆反的排序结果，在逻辑上是不合理的，该判断矩阵则违背了一致性准则。

（4）AHP 的总排序与检验

总排序是指每一个判断矩阵各因素针对目标层（最上层）的相对权重。这一权重的计算采用从上而下的方法，逐层合成。假定已经算出第 $k-1$ 层 m 个元素相对于总目标的权重，$w^{(k-1)} = (w_1^{(k-1)}, w_2^{(k-1)}, \cdots, w_m^{(k-1)})^T$，第 k 层 n 个元素对于上一层第 j 个元素的单排序权重是 $p_j^{(k)} = (p_{1j}^{(k)}, p_{2j}^{(k)}, \cdots, p_{nj}^{(k)})^T$，其中不受 j 支配的元素的权重为零。令 $p^{(k)} = (p_1^{(k)}, p_2^{(k)}, \cdots, p_n^{(k)})$，表示第 k 层元素对第 $k-1$ 层个元素的排序，则第 k 层元素对于总目标的总排序为：

$$w^{(k)} = (w_1^{(k)}, w_2^{(k)}, \cdots, w_n^{(k)})^T = p^{(k)} w^{(k-1)} \qquad （式3-1）$$

AHP 的最终结果是得到相对于总的目标，各决策方案的优先顺序权重，并给出这一组合排序权重所依据的整个递阶层次结构所有判断的总的一致性指标，据此做出最终决策。

表 3-4　评价指标数据的统计描述和中国数值对比（2008—2012 年均值）

评价指标	中国	平均值	最优值
1.1 城镇人口比重（%）	49.19	77.29	100.00
1.2 国内生产总值 GDP（购买力平价，美元）	339000.00	201541.88	1280000.00
1.3 人均 GDP（购买力平价，美元）	2531.06	21568.08	39032.58
1.4 人均 GDP 年增长率（%）	8.72	1.28	8.72
1.5 国内市场规模，1—7（最大）	6.60	5.49	7.00
1.6 集群发展的状态	4.66	4.66	5.38
2.1 互联网用户接入数（户/百人）	22.10	39.67	56.56
2.2 现有航线座位公路/星期，百万	9248.04	5105.57	31966.06
2.3 FDI 占 GDP 比重（%）	3.32	4.63	31.75
2.4 出口总额占 GDP 比重（%）	30.20	52.88	216.59
2.5 进口总额占 GDP 比重（%）	25.62	50.42	208.10
2.6 国家信用评级，0—100（最好）	29.70	66.91	182.16
3.1 知识产权保护	3.96	4.88	6.16
3.2 专利申请数/百万人	2.24	84.60	273.20
3.3 企业层面的技术消化	4.94	5.53	6.42
3.4 商学院的质量	4.12	5.01	5.88
3.5 创业的手续数目（个）	13.80	7.21	16.00
4.1 金融服务的普及程度	4.34	5.57	6.34
4.2 通过当地股票市场的融资	3.42	4.11	5.10
4.3 获得贷款的容易程度	3.14	3.44	4.50
4.4 风险资本的供给程度	3.34	3.89	5.28
5.1 RCA 指数	9.08	7.89	35.26
5.2 外国市场规模指数，1—7（最大）	7.00	6.04	7.00
6.1 政府消费支出占 GDP 比重（%）	30.05	34.28	40.45
6.2 政府改善企业表现提供的服务	5.06	5.02	5.92
6.3 总税率，利润的百分比（%）	68.92	47.94	71.00
6.4 市场垄断程度	4.68	4.81	5.90

表 3-5　2008—2012 年 17 个国家（地区）基础竞争能力准则排名

位次	2008 年		2009 年		2010 年		2011 年		2012 年	
	国家（地区）	权值	国家（地区）	权值	国家（地区）	权值	国家（地区）	权值	国家（地区）	权值
1	中国香港	0.113	中国香港	0.112	中国香港	0.111	中国香港	0.111	中国香港	0.106
2	日本	0.092	日本	0.091	日本	0.092	日本	0.089	日本	0.076
3	英国	0.068	英国	0.067	美国	0.068	美国	0.069	德国	0.071
4	德国	0.066	美国	0.067	英国	0.067	英国	0.067	英国	0.069
5	美国	0.066	德国	0.064	德国	0.066	德国	0.066	法国	0.065
6	法国	0.061	加拿大	0.061	新加坡	0.065	新加坡	0.064	荷兰	0.064
7	加拿大	0.061	法国	0.060	加拿大	0.061	加拿大	0.061	加拿大	0.063
8	荷兰	0.060	新加坡	0.060	法国	0.059	法国	0.060	澳大利亚	0.062
9	新加坡	0.059	澳大利亚	0.059	荷兰	0.058	荷兰	0.058	意大利	0.059
10	澳大利亚	0.058	荷兰	0.058	澳大利亚	0.057	澳大利亚	0.057	美国	0.057
11	意大利	0.056	意大利	0.055	意大利	0.056	意大利	0.055	新加坡	0.057
12	韩国	0.051	韩国	0.051	韩国	0.051	韩国	0.051	韩国	0.052
13	中国	0.046	中国	0.051	中国	0.048	中国	0.050	中国	0.050
14	巴西	0.040	巴西	0.040	巴西	0.041	巴西	0.041	巴西	0.040
15	俄罗斯	0.035	印度	0.040	印度	0.036	印度	0.036	俄罗斯	0.038
16	印度	0.035	南非	0.032	俄罗斯	0.034	俄罗斯	0.035	印度	0.037
17	南非	0.032	俄罗斯	0.032	南非	0.032	南非	0.032	南非	0.034

表3-6　2008—2012年17个国家（地区）对外开放能力准则排名

位次	2008年		2009年		2010年		2011年		2012年	
	国家（地区）	权值	国家（地区）	权值	国家（地区）	权值	国家（地区）	权值	国家（地区）	权值
1	日本	0.201	日本	0.211	美国	0.191	美国	0.181	美国	0.196
2	美国	0.165	美国	0.172	日本	0.186	日本	0.176	日本	0.168
3	新加坡	0.067	荷兰	0.071	荷兰	0.074	荷兰	0.075	荷兰	0.081
4	荷兰	0.064	新加坡	0.062	新加坡	0.063	新加坡	0.064	韩国	0.057
5	中国香港	0.055	中国香港	0.054	中国香港	0.057	中国香港	0.058	德国	0.057
6	加拿大	0.051	德国	0.052	德国	0.054	德国	0.057	中国香港	0.054
7	德国	0.049	意大利	0.047	韩国	0.049	韩国	0.049	英国	0.047
8	意大利	0.047	韩国	0.044	英国	0.047	英国	0.048	加拿大	0.044
9	韩国	0.043	加拿大	0.041	意大利	0.046	意大利	0.048	法国	0.041
10	英国	0.042	英国	0.041	加拿大	0.045	加拿大	0.046	中国	0.040
11	印度	0.040	印度	0.039	法国	0.041	法国	0.043	澳大利亚	0.039
12	法国	0.038	法国	0.038	中国	0.030	印度	0.030	意大利	0.033
13	南非	0.035	中国	0.030	印度	0.029	中国	0.030	俄罗斯	0.032
14	中国	0.032	南非	0.030	澳大利亚	0.024	澳大利亚	0.026	新加坡	0.031
15	澳大利亚	0.027	澳大利亚	0.024	俄罗斯	0.021	巴西	0.025	印度	0.029
16	俄罗斯	0.023	俄罗斯	0.022	南非	0.021	南非	0.024	南非	0.029
17	巴西	0.023	巴西	0.022	巴西	0.021	俄罗斯	0.021	巴西	0.024

表 3-7　　2008—2012 年 17 个国家（地区）企业创新能力准则排名

位次	2008 年		2009 年		2010 年		2011 年		2012 年	
	国家（地区）	权值	国家（地区）	权值	国家（地区）	权值	国家（地区）	权值	国家（地区）	权值
1	加拿大	0.137	加拿大	0.311	加拿大	0.300	加拿大	0.299	加拿大	0.293
2	澳大利亚	0.135	澳大利亚	0.081	澳大利亚	0.078	澳大利亚	0.078	澳大利亚	0.078
3	中国香港	0.070	中国香港	0.057	日本	0.061	日本	0.061	日本	0.062
4	日本	0.064	日本	0.055	中国香港	0.055	中国香港	0.055	美国	0.053
5	法国	0.061	新加坡	0.051	美国	0.055	美国	0.054	法国	0.049
6	新加坡	0.058	法国	0.047	新加坡	0.051	新加坡	0.051	德国	0.048
7	美国	0.057	荷兰	0.046	法国	0.047	法国	0.047	英国	0.048
8	荷兰	0.057	美国	0.044	荷兰	0.045	荷兰	0.046	新加坡	0.047
9	英国	0.054	德国	0.043	英国	0.043	英国	0.045	中国香港	0.047
10	德国	0.051	英国	0.043	韩国	0.043	韩国	0.043	韩国	0.047
11	韩国	0.047	韩国	0.041	德国	0.043	德国	0.043	荷兰	0.045
12	南非	0.044	南非	0.038	南非	0.038	南非	0.039	南非	0.041
13	意大利	0.038	意大利	0.035	意大利	0.034	意大利	0.035	意大利	0.036
14	印度	0.035	印度	0.030	印度	0.029	印度	0.029	印度	0.029
15	俄罗斯	0.034	中国	0.027	中国	0.028	中国	0.028	巴西	0.028
16	中国	0.031	俄罗斯	0.026	巴西	0.025	巴西	0.026	中国	0.027
17	巴西	0.028	巴西	0.025	俄罗斯	0.025	俄罗斯	0.024	俄罗斯	0.024

表 3-8　　2008—2012 年 17 个国家（地区）金融支持能力准则排名

位次	2008 年		2009 年		2010 年		2011 年		2012 年	
	国家（地区）	权值	国家（地区）	权值	国家（地区）	权值	国家（地区）	权值	国家（地区）	权值
1	中国香港	0.071	美国	0.076	日本	0.075	日本	0.076	日本	0.077
2	美国	0.071	日本	0.073	美国	0.075	美国	0.073	美国	0.075
3	荷兰	0.070	澳大利亚	0.068	澳大利亚	0.069	荷兰	0.067	中国香港	0.067
4	英国	0.069	中国香港	0.068	加拿大	0.067	加拿大	0.067	加拿大	0.067
5	澳大利亚	0.066	荷兰	0.068	荷兰	0.066	中国香港	0.066	荷兰	0.066
6	日本	0.065	加拿大	0.066	中国香港	0.064	澳大利亚	0.064	澳大利亚	0.064
7	加拿大	0.064	法国	0.063	法国	0.063	南非	0.061	南非	0.064
8	南非	0.062	英国	0.061	南非	0.061	印度	0.060	英国	0.061
9	德国	0.061	南非	0.058	印度	0.059	英国	0.059	德国	0.058
10	韩国	0.060	新加坡	0.055	新加坡	0.057	法国	0.059	印度	0.058
11	法国	0.060	德国	0.055	英国	0.056	巴西	0.056	新加坡	0.055
12	印度	0.057	印度	0.054	德国	0.055	德国	0.056	巴西	0.055
13	新加坡	0.051	巴西	0.050	中国	0.055	新加坡	0.056	法国	0.055
14	巴西	0.048	韩国	0.050	巴西	0.054	中国	0.055	中国	0.054
15	中国	0.045	中国	0.046	意大利	0.043	意大利	0.043	俄罗斯	0.043
16	俄罗斯	0.042	俄罗斯	0.043	俄罗斯	0.042	俄罗斯	0.042	韩国	0.041
17	意大利	0.041	意大利	0.042	韩国	0.041	韩国	0.040	意大利	0.040

表3-9　2008—2012年17个国家（地区）文化产品出口能力准则排名

位次	2008年 国家（地区）	权值	2009年 国家（地区）	权值	2010年 国家（地区）	权值	2011年 国家（地区）	权值	2012年 国家（地区）	权值
1	英国	0.187	英国	0.140	英国	0.239	英国	0.174	英国	0.200
2	美国	0.160	美国	0.115	美国	0.125	中国香港	0.098	中国香港	0.093
3	中国香港	0.112	中国香港	0.101	中国香港	0.118	美国	0.090	美国	0.082
4	中国	0.077	中国	0.066	法国	0.062	法国	0.069	法国	0.071
5	法国	0.058	德国	0.063	中国	0.061	中国	0.065	中国	0.070
6	德国	0.057	法国	0.062	德国	0.057	德国	0.061	德国	0.058
7	荷兰	0.055	荷兰	0.058	荷兰	0.053	意大利	0.053	意大利	0.051
8	日本	0.045	加拿大	0.050	意大利	0.050	日本	0.052	新加坡	0.047
9	意大利	0.039	意大利	0.049	加拿大	0.045	加拿大	0.048	日本	0.043
10	印度	0.037	日本	0.048	日本	0.042	荷兰	0.047	荷兰	0.043
11	加拿大	0.036	印度	0.043	印度	0.029	印度	0.042	印度	0.043
12	韩国	0.031	新加坡	0.041	新加坡	0.028	新加坡	0.040	加拿大	0.040
13	新加坡	0.029	韩国	0.037	澳大利亚	0.024	澳大利亚	0.035	韩国	0.036
14	澳大利亚	0.027	澳大利亚	0.035	南非	0.021	韩国	0.034	澳大利亚	0.035
15	南非	0.021	俄罗斯	0.034	韩国	0.018	南非	0.032	俄罗斯	0.031
16	俄罗斯	0.017	南非	0.030	俄罗斯	0.015	俄罗斯	0.031	南非	0.030
17	巴西	0.014	巴西	0.029	巴西	0.014	巴西	0.029	巴西	0.029

表 3–10　　2008—2012 年 17 个国家（地区）政府扶持能力准则排名

位次	2008 年		2009 年		2010 年		2011 年		2012 年	
	国家（地区）	权值	国家（地区）	权值	国家（地区）	权值	国家（地区）	权值	国家（地区）	权值
1	日本	0.343	美国	0.335	美国	0.328	美国	0.279	美国	0.335
2	美国	0.205	日本	0.109	日本	0.110	日本	0.149	日本	0.080
3	印度	0.047	韩国	0.051	南非	0.059	加拿大	0.059	加拿大	0.061
4	韩国	0.038	印度	0.046	韩国	0.053	韩国	0.056	韩国	0.052
5	英国	0.034	英国	0.045	英国	0.043	南非	0.052	南非	0.043
6	中国香港	0.032	南非	0.043	印度	0.043	印度	0.043	英国	0.043
7	德国	0.031	中国香港	0.041	德国	0.038	英国	0.039	荷兰	0.043
8	荷兰	0.030	荷兰	0.041	荷兰	0.038	中国	0.039	德国	0.041
9	南非	0.030	德国	0.037	澳大利亚	0.036	荷兰	0.036	中国香港	0.038
10	澳大利亚	0.030	澳大利亚	0.037	中国	0.036	德国	0.035	新加坡	0.037
11	新加坡	0.030	加拿大	0.036	中国香港	0.036	新加坡	0.034	澳大利亚	0.035
12	加拿大	0.030	中国	0.036	加拿大	0.035	中国香港	0.034	中国	0.034
13	中国	0.029	新加坡	0.035	新加坡	0.033	澳大利亚	0.033	俄罗斯	0.032
14	法国	0.025	俄罗斯	0.030	俄罗斯	0.031	俄罗斯	0.030	意大利	0.032
15	俄罗斯	0.024	法国	0.028	意大利	0.028	意大利	0.029	印度	0.032
16	巴西	0.023	意大利	0.027	法国	0.027	巴西	0.027	巴西	0.032
17	意大利	0.022	巴西	0.026	巴西	0.027	法国	0.026	法国	0.031

第四章　文化产品竞争力的影响
因素及影响主体分析

> 我们谈论经济时使用"强劲"还是"疲软","繁荣"抑或"萧条"
> 等词汇,当它生病时需要治疗,需要政府对症下药,以促其恢复健康。
>
> ——思罗斯比（D. Throsby）

第三章给出了主要国家文化产品竞争力的评价数值及排序,但结论只告诉我们"是怎样",却没有说明"为什么"。由于文化产品竞争力的测度数据无法直接获得,而直接使用评分数值作为被解释变量,则会不可避免地出现内生性问题。因此,本章将在两种不同的实证技术框架下对文化产品竞争力的影响因素进行探讨,两种实证结果之间存在着互相匹配与佐证的关系。在第一节中,我们延续层次分析法的思路,利用多元统计技术的灵敏度分析,定量测度竞争力的综合评价结果与相关准则层（即影响因素）间的敏感性,进而判定哪些影响因素对产品竞争力的提升起到了关键作用。第二节中,我们以文化产品进出口贸易作为文化产品竞争力的一个主要体现,利用跨国面板数据在迪克西特—斯蒂格利茨（Dixit - Stiglitz）垄断竞争模型（以下简称 D-S 模型）框架下进行计量实证研究。本节内容考虑了更一般的情形,也进　步强化了第一节的基本结论。

第一节　文化产品竞争力的主要影响因素:
灵敏度分析

在通过层次分析法得到中国和相关国家（地区）文化产品竞争力的综合评价值及排序后,一个技术上的优势在于可以继续进行的灵敏度分析（What-

If 实验），即对影响文化产品竞争力综合评价结果的相关准则层及指标值进行灵敏度测试，得到导致排序结果变化的灵敏度权重和相关临界值。就本书所关心的问题而言，灵敏度分析可以使我们了解文化产品竞争力对哪些准则层或指标权重比较"敏感"，准则层或指标权重的变化会导致文化产品竞争力如何变化。那么，我们就可以针对文化产品竞争力评价指标体系中的相关准则层进行调整，并观察中国的综合评价值变动的特征。当某一准则层在有限范围内的调整会导致中国综合评价值的变动显著时，可以认为，该准则层所代表的相关因素是中国文化产品竞争力提升的主要影响因素。

一　灵敏度分析①

令 $\bar{w}_j(j=1,\ 2,\ \cdots,\ n)$ 为原始权重系数，$\sum_{j=1}^{n}\bar{w}_j=1$，$\bar{x}_{ij}$ 为方案 i 在权重 j 上原始归一化后的评价值。假设 $\bar{w}_r$ 变为 w_r 时，只引起 $\bar{w}_s$ 变为 w_s，而其他 $\bar{w}_j$ 均不变，则 $w_r+w_s=\bar{w}_r+\bar{w}_s$。当 w_r 和 w_s 取值使方案 S_p 和 S_q 的综合评价值正好相等，这时的权重称为边际权重，边际权重 w'_r 和 w'_s 可通过下式得到：

$$w'_r=\bar{w}_r-\frac{f(\bar{S}_p)-f(\bar{S}_q)}{\bar{x}_{pr}-\bar{x}_{qr}-(\bar{x}_{ps}-\bar{x}_{qs})}\qquad\text{（式 4-1）}$$

$$w'_s=\bar{w}_s-\frac{f(\bar{S}_p)-f(\bar{S}_q)}{\bar{x}_{ps}-\bar{x}_{qs}-(\bar{x}_{pr}-\bar{x}_{qr})}\qquad\text{（式 4-2）}$$

上式中 $f(\bar{S}_p)$ 和 $f(\bar{S}_q)$ 分别为方案 S_p 和 S_q 的原始综合评价值。考虑到本书关于文化产品竞争力评价的层次结构模型框架中，每个准则层相对总目标层还有一个权重，因此，在对相对准则层权重进行灵敏度分析时，其边际权重的计算式应进行适当调整：

$$w'_r=\bar{w}_r-\frac{f(\bar{S}_p)-f(\bar{S}_q)}{\left[\bar{x}_{pr}-\bar{x}_{qr}-(\bar{x}_{ps}-\bar{x}_{qs})\right]W_{Bk}}\qquad\text{（式 4-3）}$$

---

① 关于灵敏度分析本书只介绍了思路细节，详细的介绍可参见徐玖平、吴巍《多属性决策的理论与方法》，清华大学出版社 2006 年版。

$$w'_s = \bar{w}_s - \frac{f(\bar{S}_p) - f(\bar{S}_q)}{\left[\bar{x}_{ps} - \bar{x}_{qs} - (\bar{x}_{pr} - \bar{x}_{qr})\right]W_{Bk}} \qquad (式 4\text{-}4)$$

其中，W_{Bk} 为准则层 Bk 相对于最终目标层的权重系数。

通过计算得到相关边际权重后，对于敏感程度的判定结果如下：

（1）当 w'_r 和 $w'_s \notin [0, \bar{w}_r + \bar{w}_s]$ 时，不敏感；

（2）当 $w'_r > \bar{w}_r$，$w_r \in [0, w'_r]$ 时，排序不受影响；

（3）当 $w'_r < \bar{w}_r$，$w_r \in [w'_r, \bar{w}_r + \bar{w}_s]$ 时，排序不受影响；

（4）$|\bar{w}_r - w'_r| = \delta$，$\delta$ 越大则该权重鲁棒性越好，当 δ 小于某容差，则是一个敏感权重。

在本书的评价体系框架中，需要各归一化的指标值满足 $\sum_{i=1}^{m} x_{ij} = 1$，当某个方案 S_i 的某一个指标值 Z_{ij} 发生变化，必然引起所有方案的同一指标归一化后的指标值 x_{ij} 发生变化。令各指标对于最终目标的权重系数为 w_j，且第 r 个指标下的方案 S_p 和 S_q 的原始指标值为 $\bar{z}_{pr}$ 以及 $\bar{z}_{qr}$，当方案 S_p 的 r 指标变动为 $z_{pr}^{(q)}$ 使得其综合评价值等于 S_q，那么，$z_{pr}^{(q)}$ 为边际指标值。

经推导可得成本型指标的边际指标值：

$$z_{pr}^{(q)} = \frac{w_r - b}{b \displaystyle\sum_{i=1, i\neq p}^{m} \frac{1}{\bar{z}_{ir}} + \frac{1}{\bar{z}_{qr}} wr} \qquad (式 4\text{-}5)$$

相应地，与成本型指标互为倒数的效益型指标为：

$$z_{pr}^{(q)} = \frac{b \displaystyle\sum_{i=1, i\neq p}^{m} \frac{1}{\bar{z}_{ir}} + \frac{1}{\bar{z}_{qr}} w_r}{w_r - b} \qquad (式 4\text{-}6)$$

上两式中，$b = f(\bar{S}_p) - f(\bar{S}_q) + (\bar{x}_{pr} - \bar{x}_{qr})w_r$。

在获得相对的指标边界值后，具体的判别如下：若 z_{pr} 越接近于 $z_{pr}^{(q)}$ 表明原排序越不稳定，相应的准则或指标对于排序结果越敏感，当 z_{pr} 从 $z_{pr}^{(q)}$ 一侧区间变化到另一侧区间时，则使原方案的综合评价值发生变化。

二 实证分析及结论

考虑到2008—2012年这五个年度的灵敏度分析结论并无明显差异,本书将以2012年层次分析法的结论作为进一步灵敏度分析的指标来源。从前文的评价可知,中国文化产品竞争力的综合评价值为0.053,位于中等偏下水平。我们依次将六个准则层指标的权重值进行相同比例的调整,并观察中国综合评价指标值的变动,继而判断出导致评价值发生显著变化的敏感准则层。当然,这同时也告诉我们,在目前的中国经济结构和文化产业发展现实下,能够促进中国文化产品竞争力提升的主要影响因素是什么。

图4-1报告了灵敏度分析的主要结果。考虑到篇幅以及图形的可识别,这里只列示了分析结果为敏感准则层的、权重值上调20%条件下、中国及四个典型代表国家的权重变化曲线(即某要素权重从0到1变化时备选方案权重的变化曲线),以及权重变化对比图(即备选方案对选定决策目标及其直接影响因素的权重对比变化图)。可以看到,企业创新能力、政府扶持力和金融支持能力三个准则层属于敏感准则,而基础竞争能力、对外开放能力、文化产品出口能力对中国文化产品竞争力综合评价值的变动影响并不显著。我们在表4-1中报告了综合的灵敏度分析结果。

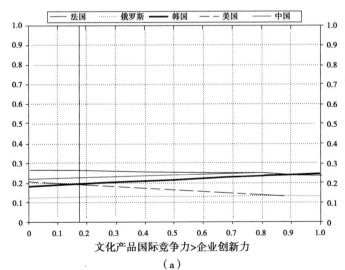

文化产品国际竞争力>企业创新力

(a)

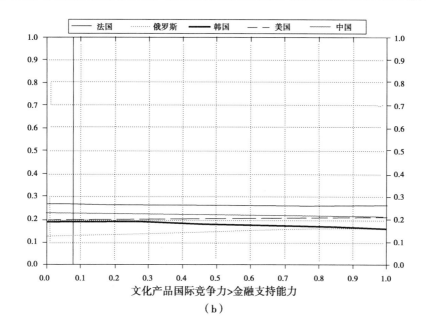

（b）

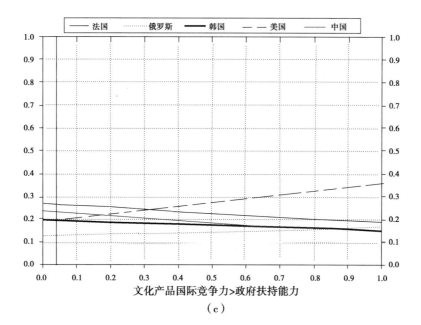

（c）

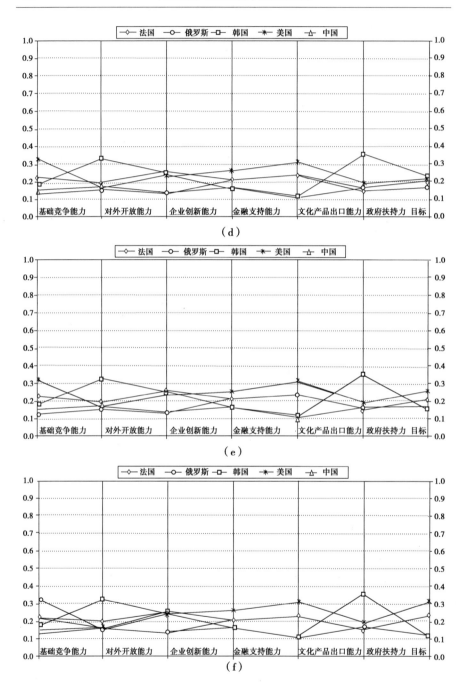

图4-1　敏感准则层20%调整比例下中国及典型国家灵敏度分析的权重变化曲线

和权重变化对比图（2012年度；中国、美国、法国、韩国、俄罗斯）

表 4-1　　　敏感准则层不同调整比例下中国文化产品竞争力评价值

企业创新能力		政府扶持力		金融支持能力	
调整比例	评价值	调整比例	评价值	调整比例	评价值
上调20%	0.2330	上调20%	0.1873	上调20%	0.1365
上调30%	0.2399	上调30%	0.1974	上调30%	0.1421
上调50%	0.2564	上调50%	0.2185	上调50%	0.1998

注：中国文化产品竞争力综合评价初始值为 0.053（2012 年度）。

相关结果表明，文化企业的创新和产权市场的保护、政府扶植文化产业的政策和法律体系以及文化企业受到的融资约束，是目前中国文化产业发展的短板，也是文化产品竞争力提升的关键点，这也是对现阶段文化产业发展所存在问题的一个现实描述。分析结果显示，其他国家文化产品竞争力主要依赖于自身经济发展和文化产品出口能力的提升，而中国的文化市场发展与之不同，自身有着良好的宏观经济和对外贸易背景，但在企业主体、政府主体的发展上存在着滞后和严重的不足。因此，现阶段中国文化产品竞争力提升的关键着力点在于文化企业和政府行为。

第二节　文化产品竞争力的主要影响因素：来自 OECD 国家的经验证据

前文对于文化产品竞争力的分析主要基于评价体系和统计方法的应用，作为呼应和进一步的佐证，本节将就影响文化产品竞争力的主要因素从经济学实证的角度进行经验研究。更进一步地，本节研究将就文化企业主体、政府主体与主要影响因素间的作用关系进行梳理，为后文的研究铺垫理论依据以及经验证据。

针对文化产品竞争力的相关研究中，一个普遍的难点在于如何寻找竞争力的有效代理变量并加以测度。虽然前文给出了主要国家文化产品竞争力的评价指标值，但该指标值是由人均 GDP、进出口、国家规模等一系列变量综合得到的，作为被解释变量进行实证分析就无法消除内生性问题。基于此，本书借鉴已有文献的做法，利用一国文化产品的进出口贸易来从一个主要面上反映文化产品竞争力。在实证研究的样本国选择上，我们选定了 11 个 OECD 国家而并没有纳入中国和其他发展中国家，主要是基于以下几点考虑。第一，我们更关心的是具有普遍性的、文化产品竞争力的影响因素，而并非针对具体国家而言；① 第二，没有考虑发展中国家是因为我们试图排除制度差异与政治壁垒对研究结论的影响，政治体制和政治制度对每个国家而言是内生给定的，本身具有不易改变性，其对文化产品竞争力的影响并无有效的提升路径可言，更为重要的是，政治制度、文化距离、经济发展间的强内生性很难有效消除，导致估计的偏误问题；第三，发展中国家跨国数据可获得性差，很多指标无法获得有效的测度数据。

一　理论模型框架

我们研究的理论基础是标准的 D–S 模型。假定文化产品消费者的效用方程满足常替代弹性（CES）形式，j 国消费者的效用取决于 i 国生产并出口到 j 国的文化产品 h 的数量 $x_{ij}(h)$，其中 $i = 1, 2, \cdots, s$，表示所有参与文化产品贸易的国家，并且每个国家是在递增的规模报酬下生产差异化的文化产品。假定不同文化产品间的替代弹性为常数 δ，且 $\delta > 1$。考虑到不同国家间存在着的文化差异性，我们用 a_{ij} 表示 i 国对 j 国文化产品出口的折扣关系，用以描述 j 国消费者对于 i 国生产的文化产品的"接受"程度。n_i 表示 i 国生产并用以出口的文化产品的种类数量，则相应的效用方程为：

$$U_j = \Big[\sum_{i=1}^{s} \int_{n_i} \big(a_{ij} \cdot x_{ij}(h) \big)^{\frac{\delta-1}{\delta}} dh \Big]^{\frac{\delta}{\delta-1}} \qquad (式 4-7)$$

在均衡时，i 国生产并出口到 j 国的文化产品将具有相同的数量，② 则上式可以从积分形式写为：

---

① 就本书实证数据的面板结构而言，假如将 A 国和其主要文化贸易伙伴国作为样本对象，一个潜在的前提是这些贸易伙伴国必然和 A 国之间有着可以观测到的文化产品贸易数据，也就是相比而言有着更近的文化距离，而那些观测不到贸易数据的国家自然被剔除掉，存在着样本选择偏误的问题。产生的结果一是会低估文化距离的边际影响，二是结论只能适用于 A 国个例问题的研究。

② Redding, S. and Venables, A. J., "Economic Geography and International Inequality", *Journal of International Economics*, Vol. 62, Issue 1, January 2004.

$$U_j = \left[\sum_{i=1}^{s} n_i \cdot (a_{ij} x_{ij})^{\frac{\delta-1}{\delta}} \right]^{\frac{\delta}{\delta-1}} \qquad (式4-8)$$

定义 i 国生产并出口到 j 国的文化产品价格为 p_{ij}，若 i 国文化产品的离岸价格为 p_i，则有 $p_{ij} = (1 + \tau_{ij}) p_i = T_{ij} \cdot p_i$，其中 τ_{ij} 表示 i 国和 j 国间的"冰山成本"等从价税形式的贸易成本。

在完成上述设定后，我们考虑 j 国消费者的效用最大化，令 $\rho = \delta - 1/\delta$。

$$U_j = \left[\sum_{i=1}^{s} n_i \cdot (a_{ij} x_{ij})^{\rho} \right]^{1/\rho}$$

$$\max U_j \qquad s.t \ \sum_{i=1}^{s} p_{ij} n_i x_{ij} = I$$

则 $F.o.C$ 为 $\qquad 1/\rho \left[\sum_{i=1}^{s} n_i \cdot (a_{ij} x_{ij})^{\rho} \right]^{1/\rho} \cdot n_i \rho (a_{ij} x_{ij})^{\rho-1} \cdot a_{ij} = \lambda n_i p_{ij}$

解得：$\lambda = \left[\sum_{i=1}^{s} n_i \cdot (a_{ij} x_{ij})^{\rho} \right]^{1/\rho} / I$

设数量指数为：$Q = \left[\sum_{i=1}^{s} n_i \cdot (a_{ij} x_{ij})^{\rho} \right]^{1/\rho}$

则 $\lambda = Q/I$，代回 $F.o.C$ 并化简整理可有：

$$x_{ij} = Q^{\frac{\rho}{\rho-1}} \cdot p_{ij}^{\frac{1}{\rho-1}} / I^{\frac{1}{\rho-1}} \cdot a_{ij}^{\frac{\rho}{\rho-1}} \qquad (式4-9)$$

引入价格指数 G_j，使得 $G_j Q = I$ 成立，并代回 δ，则（式4-9）可整理为：

$$x_{ij} = Q \cdot \left(\frac{p_{ij}}{G_j} \right)^{-\delta} \cdot a_{ij}^{\delta-1} \qquad (式4-10)$$

进而 $\quad G_j Q = I = \sum_{i=1}^{s} p_{ij} n_i x_{ij} = \sum_{i=1}^{s} p_{ij} n_j Q \cdot \left(\frac{p_{ij}}{G_j} \right)^{-\delta} \cdot a_{ij}^{\delta-1}$

化简归并可有，j 国对于文化产品消费的价格指数：

$$G_j = \left[\sum_{i=1}^{s} a_{ij}^{\delta-1} n_j p_{ij}^{1-\delta} \right]^{1/1-\delta} \qquad (式4-11)$$

同时定义 E_j 为 j 国对于 i 国生产并出口的文化产品的总支出，则 j 国进口的 i 国文化产品总量为：

$$n_j x_{ij} = \frac{E_j}{p_{ij}} \qquad (式4-12)$$

联立（式4-11）（式4-12）并化简：

$$n_j x_{ij} = E_j G_j^{\delta-1} \cdot n_j a_{ij}^{\delta-1} \cdot T_{ij}^{-\delta} p_i^{-\delta}$$

则 i 国对 j 国的文化产品出口总额为：

$$n_j p_i x_{ij} = \underbrace{(E_j G_j^{\delta-1})}_{j\text{国购买力}} \underbrace{(n_j p_i^{1-\delta})}_{i\text{国生产能力}} \underbrace{(T_{ij}^{-\delta})}_{\text{冰山成本}} \underbrace{(a_{ij}^{\delta-1})}_{\text{文化差异因素}} \qquad (式4-13)$$

可以看出 i 国对 j 国的文化产品出口额取决于四个部分：一是 j 国总支出和价格水平的函数所反映的 j 国文化产品购买力；二是 i 国生产的文化产品种类和价格的函数反映的 i 国文化产品生产能力；三是传统文献中的"冰山成本"，包括共同边界、地理距离、殖民联系；四是我们所关心的造成文化差异的相关因素，包括文化距离、语言距离。考虑到 $\delta > 1$，直观地看，文化距离增大会减少 j 国对 i 国文化产品的"接受"程度，进而 a_{ij} 减小，降低 i 对 j 的文化产品出口。

二 计量模型设定和内生性问题

(一) 计量模型及其相关设定

对于（式4-13），我们惯例地对其进行对数线性化处理，并考虑时间因素：

$$Ln(Exp_{ijt}) = Ln(E_{jt} G_{jt}^{\delta-1}) + Ln(n_{jt} p_{it}^{1-\delta}) - \delta Ln T_{ij} + (\delta - 1) Ln a_{ij} \qquad (式4-14)$$

其中，$Exp_{ijt} = n_{jt} p_{it} x_{ijt}$，表示 i 对 j 在 t 时刻的文化产品出口额。等式右端第一部分与第二部分分别表示了进口国的购买能力与出口国的生产能力，传统文献通过使用各自的 GDP 变量和人均 GDP 变量对其进行反映，并且大部分实证研究的结果也是统计显著的，但仅仅使用 GDP 变量和人均 GDP 变量却无法对一些不可观测的、时变或非时变的以及进出口国间的个体效应进行控制，进而导致估计的有偏。我们借鉴胡梅尔斯（Hummels，1999）的思路，分别对进口国和出口国固定效应[①]进行控制，个体固定效应不仅包括进口国的需求规模、价格指数，出口国的生产价格、产品种类等因素，还控制了贸易国的规模效应。值得注意的是，费基

---

① 贸易研究中个体效应的控制有三种思路：一是分别对进口国、出口国进行控制；二是进口—出口国成对控制；三是对进口—时间、出口—时间进行控制。但第一种思路更符合本书中的理论模型设定。

（Fieler，2008）认为使用个体固定效应并不能很好地解释非位似偏好（non-homothetic preferences）的变化，即经济增长导致的各种产品边际效用不成比例变动，进而导致产品消费量的非平衡变动。因此，我们也将对包含 GDP 变量、人均 GDP 变量的模型进行回归，结果表明我们使用个体固定效应的回归结论是稳健的。

（式 4-14）右端第三部分表示了传统文献中的贸易成本因素 T_{ij}，包含了共同边界 $bord_{ij}$、地理距离 dis_{ij} 和殖民关系 $colony_{ij}$ 三个变量，我们有：

$$T_{ij} = dis_{ij} \cdot \exp(\alpha_1 bord_{ij} + \alpha_2 colony_{ij}) \cdot e^{\varepsilon_1} \qquad （式 4-15）$$

（式 4-14）右端第四部分包括了所关注的核心变量文化距离 $culdis_{ij}$、语言距离 $lang_{ij}$，这些变量反映了进出口国之间的价值观、行为准则、语言沟通程度等文化差异性。已有文献中常使用共同语言虚拟变量进行回归，但我们认为仅仅使用虚拟变量来反映语言差异过于粗糙。比如瑞典和挪威的共同语言虚拟变量为 0，但它们同属于印欧语系日耳曼语族北支，在后文提到的语言距离指标显示它们的语言相似度高达 0.8 （ = 1-0.2），因此本书将使用一种语言距离指标进行回归，类似地，我们有：

$$a_{ij} = \exp(\gamma_1 culdis_{ij} + \gamma_2 lang_{ij}) \cdot e^{\varepsilon_2} \qquad （式 4-16）$$

（二）文化距离的内生性问题

在文化、制度等变量的实证分析中，内生性问题是不可避免的，文化变量的影响渗透于经济社会发展中的各个方面，内生性会导致估计结果的有偏和非一致。在本书中，我们将从以下两个方面对文化距离内生性问题进行阐释。

1. 遗漏的共同影响因素

文化距离与文化产品贸易的共同影响因素包括非时变（包含微弱变动）因素和时变因素。对于非时变因素主要是指不可观测的反映国家特征的个体效应，我们通过前文设定的进口国固定效应 fe_j 以及出口国固定效应 fe_i 加以控制。对于时变的共同影响因素，首先，我们引入时间固定效应 fe_t 来控制世界范围内的文化贸易发展和文化演变带来的整体影响。其次，我们对同时影响文化贸易与文化距离的路径加以控制。

（1）贸易国间的信息化联系程度。信息化联系程度的提高无疑会促进贸易国居民间对于彼此价值观、行为准则的了解，进而减小文化差异带来的文化距离；同时，信息化联系减少了贸易过程中的搜寻成本，在彼此的经济往来中，对对方信息的查询更为便捷，增进双方互信，减少潜在的违约成本，从而促进了双边贸易的发展；诸如互联网、手机等技术手段的革新，使得一国对他国文化产品的了解和需求更为直观，并且可以带动影视周边、动漫周边等他国文化产品的消费。① 在这里，我们引入信息化水平变量 tel_{ijt}（两国每百人移动电话接入量的均值）加以控制。

（2）两国间收入水平差异。经济发展与文化价值观的转变一直是社会学研究的对象，从马克思、韦伯到亨廷顿对此都有过论著，马克思就曾指出发达国家为欠发达国家呈现了社会和文明的"未来"，后来者不自然地会朝着"目标"前进。英格哈特和贝克（Inglehart and Baker, 2000）在关于现代化和文化变迁的研究中，利用三轮世界价值观（WVS）调查数据（涵盖了 65 个社会和 75% 的全球人口），发现经济发展和文化价值观的趋同是相联系的：相互隔绝的行为准则和价值观在经济发展过程中，会朝着包含更多理性、忍耐、信任、分享的价值观衍进，即传统价值观向现代主义价值观的转变。经济发展水平相近的国家，不仅对文化产品的需求结构相似，而且也会有着更为相近的行为准则和价值观，即有着更小的文化距离。我们引入反映两国间收入水平差异的变量 $Lndiff_{ijt} = Ln \left| perGDP_{it} - perGDP_{jt} \right|$，即两国人均 GDP 之差的对数。

2. 文化产品贸易对文化距离的反向影响

无疑文化距离的变动会直接影响到双边文化产品贸易，而两国间文化产品的贸易往来也会促进两国民众间对彼此文化的接受，进而缩小文化距离，这种反向作用成为内生性的来源之一。我们通过构造合理的工具变量

---

① 法尔金格（Falkinger, 2007）在动态均衡框架下研究了信息流对于国家文化多样性的影响；迪斯迪耶、海德和梅耶（Disdier, Head and Mayer, 2009）使用法国的经验数据，考察了视听信息服务（audio-visual information service）对于双方文化以及媒体贸易的影响；汤尼戈等（Thoenig et al. , 2009）在对贸易开放是否减少了文化距离的研究中，控制了双方的有线电视接入（cable TV access）来控制信息流对贸易开放和文化距离的共同影响。

来解决，当然，工具变量的使用也会消除掉其他不可观测的遗漏变量所带来的影响。

一般来讲，较大的文化贸易流量说明两国间具备较近的文化距离，我们借鉴多元统计分析中聚类判别的思想，选取第三方国家作为"参照国"，以 i 国、j 国与"参照国"的文化贸易流量来反映 i 国、j 国与"参照国"间的文化距离，再结合欧式（Eculid）距离的方法，来体现 i 国、j 国间的文化距离。具体的工具变量构造是，选取 1998 年 i 国对希腊、冰岛两国的文化贸易值 $cultra_{i,\ gec}$ 和 $cultra_{i,\ ice}$，及 j 国对希腊、冰岛两国的文化贸易值 $cultra_{j,\ gec}$ 和 $cultra_{j,\ ice}$，构造欧式（Eculid）距离式：

$$IV_{ij} = Ln\left[\left(\mid cultra_{i,\ gec} - cultra_{j,\ gec}\mid^2 + \mid cultra_{i,\ ice} - cultra_{j,\ ice}\mid^2\right)^{\frac{1}{2}}\right]$$

（式 4-17）

理论上讲，穷举所有"参照国"自然会对两国间文化距离有更准确的刻画，但数据搜集处理的成本问题限制了我们这么去做，当然，这两个"参照国"满足了我们分析的基本要求。选取希腊与冰岛作为"参照国"的原因在于：首先，它们都是 OECD 国家，与我们选取的样本处于同一整群；其次，希腊、冰岛与我们的 11 个样本国家间不存在共同边界、殖民关系、共同语言的联系，使得构造的工具变量尽可能捕获了 i 国、j 国间价值观、信仰、行为准则等文化差异信息；关键的是，地理上外生因素保证了工具变量的外生。同时，选取 1998 年数据是由于其是一种"历史事件因素"，显然也是外生的。

伍德里奇指出在大样本的条件下增加工具变量通常会得到更加有效的估计结果（Wooldrige，2002），因此我们选取两国间宗教距离指数作为另一个工具变量。宗教间的共性会促使两国了解并分享彼此的价值观、行为准则，一定程度包含了两国间文化距离的信息；同时，贝洛特和埃德芬（Belot and Ederveen，2012）认为在发达国家间宗教和经济的联系是十分微弱的。因此，宗教关系对文化产品贸易的影响只会通过影响彼此间文化关系来实现，具备了外生条件。他们（Belot and Ederveen，2006）构造的宗教距离指数为：

$$rel_{i,\ j} = 1 - \sum\nolimits_R S_{R,\ i} S_{R,\ j}$$

（式 4-18）

其中，$s_{R,i}$ 和 $s_{R,j}$ 分别表示宗教 R 在 i、j 两国所占比例，OECD 国家的绝大多数人口分属于天主教、新教和东正教。该指数取值范围 0—1，0 表示宗教完全相同，1 表示完全不同。数值依贝洛特的测算整理得到，见本章末表 4-8。

结合前文的分析可有本书用以实证的计量模型：

$$LnExp_{ijt} = fe_i + fe_j + fe_t + \beta_1 culdis_{ij} + \beta_2 lang_{ij} + \beta_3 bord_{ij} + \beta_4 colony_{ij} +$$
$$\beta_5 Lndis_{ij} + \beta_6 Lntel_{ijt} + \beta_7 Lndiff_{ijt} + \varepsilon_{ijt}$$

（式 4-19）

（三）变量描述及数据说明

本书选取 11 个 OECD 国家作为实证研究的样本国，[①] 时间范围为 2001—2010 年。我们关注的被解释变量是文化产品贸易，所采用的数据来源于联合国商品贸易统计数据库（UN Comtrade），适用于 SITC 3 分类。[②]

文化距离变量 $culdis$。本书选用霍夫斯泰德指数方法作为文化距离的测度。霍夫斯泰德（2010）从六个指标维度构造了国家文化维度得分，科格特和辛格（Kogut and Singh, 1988）利用这些评分构造了一个测度国家间文化距离的复合指数：$culdis_{ij} = \frac{1}{6} \sum_{k=1}^{6} \frac{(I_{ik} - I_{jk})^2}{V_k}$，$I_{ik}$ 表示 i 国在第 k 个文化纬度上的得分，V_k 表示所有样本 k 个纬度指标的方差。[③] 由于霍夫斯泰德方法并未使用连续的年度调查数据，所以这种对文化距离的测度数值是非时变的。吉索等（Guiso et al., 2005）、林德斯等（Linders et al., 2005）、博伊索和弗兰蒂诺（Boisso and Ferantino, 1997）对文化距离、文化差异的研究中也使用了非时变的测度方法，同时，考虑到文化变动本身的缓慢特征，我们假定在样本期内两国间文化差异的改变带给我们测度数

---

① 分别为奥地利（AUS）、澳大利亚（AUT）、比利时（BEL）、丹麦（DEN）、芬兰（FIN）、法国（FRA）、德国（GER）、荷兰（NLD）、挪威（NOR）、瑞典（SWE）、美国（USA）。

② 参见表 2-4。

③ 详细过程可参见［荷］吉尔特·霍夫斯泰德《文化与组织：心理软件的力量》（第 2 版），李原、孙健敏译，中国人民大学出版社 2010 年版。

据的变动是可以忽略的。*culdis* 具体数值依贝洛特（Belot and Ederveen，2006）测算结果整理，见本章末表4-6。

语言距离变量 *lang* 。贝洛特和埃德芬（Belot and Ederveen，2006）构造了如下指标反映两国间的语言距离：$lang_{ij} = 1 - \max\limits_{A \in i, B \in j} \{proximity\{i, j\}\}$ 。*A*、*B* 分别是 *i*、*j* 两国的官方语言指标，戴恩等（Dyen et al.，1992）等一些语言学家根据不同语言中词语的近似性给出了 $proximity\{i, j\}$ 的测度值。[①] *lang* 取值范围0—1，0 表示十分接近，1 表示完全不同。具体数值依贝洛特（Belot and Ederveen，2006）测算整理，见本章末表4-7。

共同边界 *bord* 、地理距离 *dis* 、殖民关系 *colony* 来源于 CEPII 数据库；[②] 各国 GDP 以及人均 GDP 数据来自 OECD 国家统计数据库，2005 年的美元不变价格以及不变 PPP；信息水平变量 *tel* 数据来源于 ITU（International Telecommunication Union）统计数据库。1998 年样本各国对希腊、冰岛的文化产品出口值来源于联合国商品贸易数据库（UN Comtrade data）。样本量的描述性统计见表4-2。

表 4-2　　　　　　　　　　样本变量的描述性统计

变量名称	含义	均值	标准差	最小值	最大值
LnExp	文化产品出口额对数	9.636	2.235	3.296	13.981
Culdis	两国间文化距离	0.298	0.208	0.000	0.830
lang	两国间语言距离	0.498	0.310	0.000	1.000
Lndis	两国间地理距离对数	7.681	1.288	5.081	9.712
Lndiff	两国人均 GDP 差对数	8.093	1.190	1.351	9.833
Lntel	百人移动电话接入量对数	5.249	0.196	4.676	5.711
LnEgdp	出口国 GDP 对数	13.324	1.291	11.883	16.392
LnEgdpper	出口国人均 GDP 对数	1.237	0.137	1.026	1.593

注：由于出口国和进口国间的对称，进口国 GDP 与进口国人均 GDP 的描述性统计不再列出。

---

① 戴恩等（Dyen et al.，1992）等衡量了 95 种印——欧语系种类的相似性。他们创造了一个百分比同源阵，来研究每一对语言的 200 个基本词汇（例如，所有、和、父亲、冰）的一致性，他们可以追溯到一个共同的祖先的词。

② 由 GeoDist 提供。其中，共同边界和殖民关系为虚拟变量；*d* 为地理距离，使用人口加权的国家间距离，测算公式为 $d_{ij} = (\sum\limits_{k \in i} \frac{pop_k}{pop_i} \sum\limits_{l \in j} \frac{pop_l}{pop_j} dkl^{\theta})^{1/\theta}$ ，*i*，*j* 为贸易双方，*k*，*l* 为双方城市，*pop* 为人口，*θ* 取值为 1，由 Head and Mayer（2002）计算。

三 实证结论分析

实证分析内容包含四个部分：首先，在不考虑文化距离内生性的情况下进行检验；其次，使用工具变量估计进行对比分析；再次，对计量的结果进行稳健性评定；最后，考虑文化产品消费成瘾性变量的引入。

（一）基本回归的估计结果

表 4-3 报告了主要变量对文化产品贸易影响的估计结果。回归（1）通过进出口国各自的 GDP 和人均 GDP 来控制国家规模，其中，文化距离、语言距离、地理距离的估计系数显著为负，殖民关系估计系数显著为正，与传统研究结论相一致；两国间收入水平差异变量影响为负，与前文的预期相一致；值得注意的是，共同边界、信息化水平变量影响为负，与理论预期相左。回归（2）中，为了控制无法观测到的进口国、出口国效应的影响，我们对国家个体效应予以控制，结果表明所关心的核心变量依旧有着与预期一致的影响，且都是统计显著的；同时，共同边界估计系数显著为正，与预期相符，可见个体固定效应对是否接壤等地理因素的未知影响控制得当。我们注意到，回归（1）调整的 R^2 值为 0.733，表明前期文献中所强调的传统因素解释能力有限。在控制了国家个体效应后，调整的 R^2 值为 0.990，可见，不随时间变化的个体因素能进一步解释 26% 的文化产品贸易变动。

表 4-3　　　　　　　　　　　不考虑内生性因素的回归结果

	LSDV			FEVD	POISSON	
	（1）	（2）	（3）	（4）	（5）	（6）dy/dx
Culdis	-2.966 *** (0.174)	-2.913 *** (0.197)	-2.941 *** (0.196)	-2.997 *** (0.454)	-0.307 *** (0.020)	-2.893 *** (0.190)
lang	-1.519 *** (0.140)	-1.213 *** (0.267)	-1.182 *** (0.263)	-1.139 ** (0.519)	-0.135 *** (0.026)	-1.267 *** (0.240)
Lndis	-1.128 *** (0.039)	-0.767 *** (0.094)	-0.752 *** (0.092)	-0.741 *** (0.196)	-0.082 *** (0.009)	-0.774 *** (0.086)
colony	1.289 *** (0.138)	1.012 *** (0.145)	1.031 *** (0.144)	1.045 ** (0.411)	0.092 *** (0.014)	0.899 *** (0.141)
bord	-0.192 *** (0.112)	0.528 *** (0.108)	0.539 *** (0.104)	0.551 * (0.287)	0.037 *** (0.011)	0.354 *** (0.104)

续表

	LSDV			FEVD	POISSON	
	(1)	(2)	(3)	(4)	(5)	(6) dy/dx
Lntel	-1.486 *** (0.197)	-1.398 *** (0.155)	-0.611 (0.685)	-0.145 (0.557)	-0.080 (0.079)	-0.756 (0.750)
Lndiff	-0.067 * (0.040)	0.010 (0.036)	0.007 (0.035)	-0.053 (0.038)	-0.002 (0.004)	-0.017 (0.036)
LnEgdp	0.695 *** (0.028)					
LnEgdpper	0.605 * (0.310)					
LnIgdp	0.997 *** (0.027)					
LnIgdpper	-1.600 *** (0.324)					
国家效应	No	Yes	Yes	Yes	Yes	Yes
时间效应	No	No	Yes	Yes	Yes	Yes
R^2	0.733	0.990	0.991	0.917	0.094	0.094
obs	1100	1100	1100	1100	1100	1100

注: *** 、** 、* 分别表示 1%、5%、10% 的显著性水平，括号内为稳健标准误。报告的 R^2 中，(1) — (4) 为调整的 R^2，(5) 为 Pseudo R^2。

回归（3）报告了本书用以基础分析的计量模型（式4-19）的估计结果，我们在回归（1）、回归（2）的基础上进一步对时间固定效应加以控制。从回归结果看，大多数年份的时间虚拟变量是显著的，对其进行联合显著性 wald 检定，其 F 值为 8.96，相应的 p 值为 0.000，这表明在选取的样本期内，经济增长、世界文化贸易加速发展、各国文化因素的变动等不可观测的时间趋势对文化产品贸易有着显著的影响，我们对时间固定效应的控制是得当的。其中，文化距离系数估计值在 1% 水平上显著为负，其增大 10% 会导致文化产品贸易减少 8.76%（ $= \beta_1 \cdot \overline{Culdis}$，文化距离未取自然对数）；语言距离系数估计值为负且在 1% 水平上显著，其增大 10% 会导致文化产品贸易减少 5.89%（ $= \beta_2 \cdot \overline{lang}$ ）；地理距离估计值 -0.752 且统计显著，落于（-1.55，-0.28）之间。① 影响文化产品贸易

---

① 迪斯迪耶和海德（Disdier and Head，2008）对大量文献的研究发现贸易量对地理距离的弹性稳健地落于（-1.55，-0.28）之间。

的因素众多，其中，文化距离的作用体现得最甚；其次是地理距离与语言距离；殖民关系、共同边界对文化产品贸易的影响均与前文理论预期相一致，且统计显著；信息化水平变量、收入水平差异变量系数估计与我们的预期相左且不具备统计显著性。由于研究的问题中包含众多非时变（或缓慢变动）的解释变量，本书设定的基本回归方法为考虑双向固定效应的虚拟变量最小二乘法（以下简称 LSDV），那么回归方法的不同设定是否会影响实证的结果？作为稳健性分析的一部分，回归（4）报告了固定效应向量分解模型（以下简称 FEVD）的估计结果，对比发现不同回归方法的选择并不影响实证结果的稳健。普伦普和特劳格（Plumper and Troeger，2007）提出了对固定效应模型中非时变变量进行估计的 FEVD 方法，并利用蒙特卡罗模拟对最小二乘估计、固定效应估计、豪斯曼—泰勒估计、固定效应向量分解估计四种估计量进行了评价，普伦普指出当豪斯曼（Hausman）检定为个体效应与回归元无关时，混同的 OLS 估计将是恰当的估计量。我们在对模型进行 RE 估计后，豪斯曼（Hausman）值为 0.77，伴随 p 值为 1.000，可见在控制了国家个体效应后，从计量经济学角度看那些无法观测的存在于扰动项中的个体效应与回归元是无关的。因此，本书使用 LSDV 回归作为基准结果是可行的。

本书也考虑了席尔瓦和邓雷罗（Silva and Tenreyro，2006）指出的引力模型对数化过程中存在的杰森（Jensen）不等式，以及可能的零贸易问题。因此，我们在回归（5）中报告了泊松回归的估计结果，为了使不同方法的估计系数具有可比性，同时也在回归（6）中报告了泊松回归的边际效应，可以看出泊松回归的结果与回归（3）、回归（4）相比，无论是估计系数值还是显著性水平都不存在较大差异。

（二）考虑内生性问题的估计结果

已有文献在关于文化与贸易、移民以及双边文化信任的研究中发现，文化因素的内生影响不仅会导致估计的有偏和非一致，还会对传统解释变量的解释能力提出质疑。那么，文化距离的内生性问题会使得前文结果发生改变吗？表 4-4 中回归（1）报告了广义矩估计工具变量方法（以下简称 IV-GMM）的估计结果。我们发现文化距离的系数估计值为-7.003 且在 1% 的水平上统计显著，其增大 10% 会导致文化产品贸易额下降

20.87%，是 OLS 基准结果的 2.36 倍，不考虑内生性问题使得文化距离的影响被严重低估。与之相对的是，地理距离的估计值从 -1.128 下降为 -0.419 且统计显著，地理距离的影响则被高估了 2.69 倍，可见在文化产品的贸易中文化距离因素举足轻重，其弹性贡献值是地理距离的 4.98 倍。引起我们关注的另一个结果是语言距离变量不再具有显著的解释能力，与 OLS 基准结果形成了鲜明的反差，可见，在控制了无法观测的国家个体效应和时间效应，并考虑内生性的前提下，语言距离将不再具有显著的解释能力。其原因可能有：（1）文化产品贸易不同于普通的商品贸易，传统语言变量影响的显著性受到了质疑；（2）据劳赫（Rauch，2005）观点，语言的相近仅仅意味着对双方文化的熟悉，使彼此间更容易了解对方文化、促进交流、分享信息；（3）贸易双方文化的熟悉绝不等价于文化的类似，文化熟悉仅需要彼此间文化的认知和认可，而文化类似不仅需要认知和认可，更需要双方能够有共同的价值观、信仰观和行为准则，能够对不同的文化价值做出相同的评判。以同为发展中大国、人口大国的中国、印度与美国之间的文化贸易额为例，尽管印度和美国有共同的官方语言英语，但中美贸易额近乎印美贸易额的两倍；再考虑中、日、韩之间加速增长的双边文化贸易，可见语言因素在当今世界新的发展背景下对文化贸易不再具有重要的影响力。再来看其他控制变量：殖民关系与共同边界变量的估计系数均与理论预期相一致且统计显著；信息化变量与收入水平差异变量的估计系数不再与 OLS 基准结果相同，在控制了内生性问题后，其表现与理论预期一致且具备显著性。可见，对于文化距离内生性的处理使得计量模型（式 4-19）具备更好的解释能力。

表 4-4　　　　　　　　　　　工具变量回归及稳健性检定

	IV-GMM	系统 GMM	IV-泊松	稳健性检定		
	（1）	（2）	（3）	（4）	（5）	（6）
Culdis	-7.003***	-3.748**	-0.819***	-6.704***	-6.239***	-8.356***
	（0.504）	（1.723）	（0.061）	（0.575）	（0.447）	（1.683）
lang	-0.027	0.219	0.031	-0.151	0.258	-0.267
	（0.277）	（0.671）	（0.032）	（0.659）	（0.284）	（0.735）
Lndis	-0.419***	-0.202	-0.051***	-0.417*	-0.597***	0.304
	（0.125）	（0.276）	（0.013）	（0.249）	（0.136）	（0.343）

续表

	IV-GMM	系统 GMM	IV-泊松	稳健性检定		
	（1）	（2）	（3）	（4）	（5）	（6）
colony	1.254 *** (0.122)	0.681 *** (0.214)	0.117 *** (0.014)	1.198 ** (0.522)	1.158 *** (0.132)	1.804 *** (0.391)
bord	0.229 ** (0.127)	0.136 (0.193)	0.001 (0.015)	0.240 (0.364)	0.244 *** (0.109)	-0.425 (0.450)
Lntel	1.472 * (0.821)	1.444 (0.897)	0.116 (0.101)	-0.145 (0.557)	1.509 * (0.841)	0.695 (2.733)
Lndiff	-0.099 ** (0.042)	-0.023 (0.051)	-0.018 *** (0.005)	-0.053 (0.038)	-0.092 (0.040)	-0.363 (0.234)
被解释变量的一阶滞后项		0.507 *** (0.091)				
国家效应	Yes	Yes	Yes	Yes	Yes	Yes
时间效应	Yes	Yes	Yes	Yes	Yes	—
AR（1）		-4.31 *** [0.000]				
AR（2）		-0.65 [0.517]				
Hansen	1.120 [0.290]	53.23 [0.351]		1.120 [0.290]	0.055 [0.814]	0.030 [0.862]
Stock&Yogo	112.503 ***			112.503 ***	125.5 ***	9.012 ***
DW-Hausman	97.576 *** [0.000]			97.576 *** [0.000]	92.114 *** [0.000]	22.093 *** [0.000]
obs	1100	990	1100	1100	990	110

注：***、**、* 分别表示1%、5%、10%的显著性水平，圆括号内为标准误，方括号内为伴随 p 值。限于篇幅，表中没有报告系统矩估计中其他变量滞后项的估计系数，以及泊松回归的边际效应。

　　工具变量的有效性会直接影响到统计推断的一致性，因此有必要对我们选取的工具变量进行评判：（1）为了检定工具变量与内生变量的相关性，计算了斯托克—约根（Stock and Yogo，2005）最小特征根统计量，其 F 值为112.503，远大于经验判定数值10，拒绝"弱工具变量"的零假设；（2）汉森（Hansen）过度识别检定的 J 统计量值为1.120，其伴随 p 值为0.290，不能拒绝过度识别是有效假设，因此我们选定的工具变量是外生的；（3）是否存在内生性问题的杜宾瓦森—豪斯曼（DW-

Hausman）检定的 χ^2 值为 97.576，其伴随 p 值为 0.000，拒绝变量不存在内生性的原假设，因此我们为文化距离变量选取工具变量进行估计是合理的。

考虑到研究所使用的面板数据具有较长的时间序列特征，同时也为了考察持续性问题的影响，我们在表4-4中（2）列报告了加入被解释变量滞后一期的系统矩估计结果，文化距离的估计系数依旧显著为负，文化产品贸易的滞后一期对当期存在着显著的正向影响。从报告的 AR（2）来看，接受模型不存在序列相关的原假设，同时汉森（Hansen）检定的伴随 p 值为 0.351，表明工具变量与干扰项间是无关的，不存在过度识别问题。为了使结论更有说服力，我们同样在表4-4中（3）列报告了工具变量的泊松回归结果，可以看出与 IV-GMM 的估计结果一样，泊松工具变量方法的估计系数相比表4-3有所增大，内生性问题确实导致了重要影响因素的低估问题。

（三）稳健性检定

为了保证以上估计结果的可靠性，本书从以下几个方面进行稳健性分析。

首先，使用 FEVD 进行工具变量估计。为了检验不同的计量方法是否会导致不同的结果，本书同时也使用了 FEVD 方法对原样本进行了工具变量估计，结果见表4-4中（4）列。可以看到，文化距离估计值显著为负并与矩估计保持一致，语言距离依旧不具备显著的解释能力，其他变量的系数估计与矩估计结果相比都比较一致，只是由于大量虚拟变量的引入使 FEVD 估计的统计推断功效下降。可见回归结果不会因为计量方法的改变而出现较大变化。

其次，剔除异常样本点。通常，两国间文化贸易可能会因为某一时期双边的政治关系、文化交流等外界因素干扰而产生较大的波动，这样的"特殊波动"会不会影响模型的估计结果？为了剔除异常贸易发生额的影响，我们把样本中文化产品出口额低于5%分位数（297.8 万美元）和高于95%分位数（456203.6 万美元）的样本点予以剔除，重新进行 IV-GMM 估计，结果见表4-4中（5）列。我们关注的文化距离系数估计和显著性水平没有发生明显变化，语言距离的解释能力依旧是不显著的，控制变量的估计结果也基本相同，总体来看异常样本点并未对我们的基本估计带来实质性的影响。

再次，更换被解释变量的测度方法和数据来源。我们将被解释变量数据更换为 2010 年 HS 分位下的唱片和电影胶片的出口值，[①] 并对估计结果进行稳健性检定，结果见表 4-4 中（6）列。可见，文化距离和语言距离的估计系数和显著性没有明显改变，地理距离和共同边界变量的系数符号发生了改变但并不显著，显著性普遍降低的可能性原因在于样本量的急剧减少，仅为原样本的 1/10。

（四）消费成瘾性对文化产品贸易的影响

在前文结论的基础上，我们考虑文化产品消费所具有的成瘾性特征。正如贝克和墨菲（Becker and Murphy，1988）所说，"会使人们成瘾的产品不仅仅包括酒精、香烟、可卡因，还包括工作、食品、音乐、电视节目"……可见，成瘾性特征是文化产品所具有的重要特质之一，其所包含的"独特文化属性"会使乐于接受它的消费者产生一定程度的依赖性。经济学上对成瘾性的直观描述是过去的消费特征会显著影响到当前的消费，在消费偏好稳定的情况下，过去的消费会增进对他国文化产品的接受度，并降低搜寻成本，进而促进当前的文化产品消费。已有文献关于成瘾性对贸易影响的研究中，大多使用贸易额的滞后一期作为成瘾性代理变量，比如艾肯格林和欧文（Eichengreen and Irwin，1998），这种方法存在的一个明显缺陷在于假定产品的成瘾特征只持续了一期。基于此，本书借鉴迪斯迪耶和梅耶（Disdier and Mayer，2010）的思路，运用查鲁普卡（Chaloupka，1991）在关于香烟成瘾性研究中，使用过去消费成瘾存量（stock of past consumption）作为成瘾性特征的代理变量，来分析文化产品的消费成瘾性对文化产品贸易的影响。

过去消费成瘾存量具体的方法为：

---

① 具体的 HS 编码为 290712、350300、370110、370120、370130、370191、370199、379210、370239、370242、370244、847710、847720、847730、847740、847751、847759、847780、847790，数据来源于联合国商品贸易统计数据库。文化产品的 SITC 分类与 HS 分类统计口径存在着一定差异。

$$A(t) = \sum_{i=0}^{t-1} (1-\lambda)^{t-1-i} C(i) \qquad (式 4-20)$$

其中，$A(t)$ 表示过去的消费在第 t 期形成的成瘾存量，$C(i)$ 表示第 i 期消费的文化产品价值，λ 表示成瘾性的"折旧率"，$0 < \lambda < 1$，其取值取决于过去的消费对现在的预期影响程度，较高的 λ 并不意味着较低的成瘾性，而是指一期消费完成后所带来的效用消失得更快。通常来说，λ 的取值位于 60%—90%，这意味着成瘾特征持续时间为 2—5 年，如果$\lambda =$ 20%，则成瘾特征将持续 20 年。本书将 λ 分别设定为 0.6、0.7、0.8、0.9 来进行分析，具体结果见表 4-5。

表 4-5　　　　　　　　　成瘾性特征及对文化贸易的影响估计结果

	λ			
	0.6	0.7	0.8	0.9
成瘾特征持续时间（年）	5.03	3.82	2.86	2.00
系数估计值（OLS 方法）	0.468 *** (0.065)	0.402 *** (0.070)	0.806 *** (0.029)	0.827 *** (0.030)
系数估计值（IV-GMM 方法）	0.327 *** (0.051)	0.300 *** (0.054)	0.615 *** (0.049)	0.693 *** (0.044)

注：*** 表示 1%的显著性水平，括号内为标准误。

表 4-5 中第二行给出了不同 λ 取值下的成瘾特征持续时间 T，计算方法为标准化初始消费为 1，假定经过时间长度 T 后成瘾存量为 1%，即 $(1-\lambda)^T = 0.01$，此时我们认为成瘾特征已经完全消失，则 $T = \ln(0.01)/\ln(1-\lambda)$。可见，即便 λ 设定为较高的 90%时，文化产品的成瘾特征也将持续两期以上。

第三行、第四行为引入经（式 4-20）计算的成瘾性变量后（数值对数化处理）的估计结果，限于篇幅，表中只给出了成瘾性变量的估计系数，即文化产品贸易对成瘾性变量的弹性[①]。考虑内生性问题的 IV-GMM 估计结果较 OLS 有所下降，但均在 1%的显著水平上表现出对文化产品贸易存在正的影响。值得说明的是，这种影响并不因为 λ 取值设定的不同

———————————

① 其余变量的估计系数方向和显著性与前文分析结果并无较大差异。

而产生较大波动。实证结果表明文化产品贸易中存在显著的、稳定的滞后效应，这种滞后效应也解释了为何文化贸易强国的国际市场地位是长久保持的，并且是一种自我增强的循环，而不会因为其他商品贸易的波动而剧烈波动，这也解释了为何"文化强国恒强"现象的普遍存在。

本章小结

实证研究表明，国家间的文化距离、文化产品的成瘾性、国内文化市场规模是影响文化产品竞争力的主要因素。那么，有效地缩短文化距离，减少文化折扣；提高文化产品的技术水平和艺术内涵，培养国外消费者的成瘾性特征；增大国内文化市场规模，促进文化产品贸易都可以有效提升一国的文化产品竞争力。

但从实际来看，上述竞争力的影响因素和路径并没有包含太多有用信息，因为就影响因素本身而言，对于文化产品竞争力的提升并不具备可操作性。因此，我们需要将影响因素与影响主体相联系、相匹配，并具体到影响主体上来。通过明确有哪些影响主体，如何作用于上述影响因素，进而有效地引导和规范主体行为，那么，文化产品竞争力的提升路径才具备了依赖性和具体所指。

对于任何市场，特别是产品的供给市场来讲，企业和政府是最为重要的经济主体，扮演着关键的角色。文化市场和文化产业的发展亦是如此。职能定位准确、管理有效的政府，以及众多高生产率、产品创新能力强的文化企业有着举足轻重的作用，而前文中 AHP 方法的灵敏度分析也证实了这一论点。

具体来看，文化企业的技术进步创新以及多元化的、更具艺术内涵的文化产品生产可以有效提高文化产品的成瘾性特征。同时，对于实行跨国经营战略的文化企业，其有效的目标国市场选择和国际化发展思路，能够在很大程度上降低国家间的文化距离，通过在他国的生产和销售，糅合他国文化特征，进而减少文化折扣对文化产品消费的影响。

政府方面，通过财政倾斜与公共文化支出来扶持文化产业发展，并配合有效的管理政策体系以及法律法规体系，来鼓励文化产品的研发和生产，刺激公众对于文化产品的消费需求，进而扩大国内文化市场规模；同时，合理的贸易政策和文化政策，可以有效地保护本国的文化多样性，并能够促使本土文化吸收、融合外来文化，进而降低国家间的文化距离。影响主体与影响因素间直观的逻辑可参见图4-2。

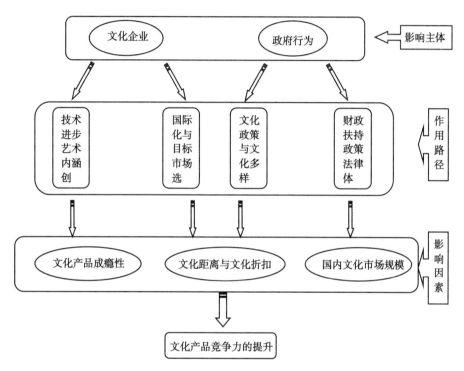

图4-2 影响主体之于影响因素的作用路径示意图

表4-6				文化距离						
	AUT	AUS	BEL	DEN	FIN	FRA	GER	NLD	NOR	SWE	USA
AUT	0.00										
AUS	0.20	0.00									
BEL	0.39	0.22	0.00								
DEN	0.66	0.34	0.71	0.00							
FIN	0.40	0.20	0.28	0.13	0.00						
FRA	0.47	0.23	0.02	0.58	0.19	0.00					
GER	0.08	0.05	0.16	0.45	0.20	0.16	0.00				
NLD	0.64	0.28	0.37	0.10	0.04	0.26	0.35	0.00			
NOR	0.69	0.37	0.49	0.07	0.05	0.36	0.43	0.02	0.00		
SWE	0.83	0.44	0.68	0.03	0.12	0.52	0.54	0.06	0.03	0.00	
USA	0.23	0.00	0.24	0.35	0.22	0.25	0.07	0.29	0.39	0.45	0.00

表 4-7　　　　　　　　　　　　　　　　语言距离

	AUT	AUS	BEL	DEN	FIN	FRA	GER	NLD	NOR	SWE	USA
AUT	0.00										
AUS	0.41	0.00									
BEL	0.00	0.41	0.00								
DEN	0.29	0.41	0.33	0.00							
FIN	1.00	1.00	1.00	1.00	0.00						
FRA	0.76	0.76	0.00	0.76	1.00	0.00					
GER	0.00	0.41	0.16	0.29	1.00	0.76	0.00				
NLD	0.16	0.41	0.00	0.33	1.00	0.75	0.16	0.00			
NOR	0.41	0.45	0.42	0.22	1.00	0.77	0.41	0.42	0.00		
SWE	0.37	0.41	0.37	0.13	0.00	0.76	0.37	0.43	0.20	0.00	
USA	0.41	0.00	0.41	0.41	1.00	0.76	0.41	0.41	0.45	0.41	0.00

表 4-8　　　　　　　　　　　　　　　　宗教距离

	AUT	AUS	BEL	DEN	FIN	FRA	GER	NLD	NOR	SWE	USA
AUT	0.00										
AUS	0.78	0.00									
BEL	0.39	0.80	0.00								
DEN	0.95	0.76	0.99	0.00							
FIN	0.96	0.77	1.00	0.19	0.00						
FRA	0.34	0.77	0.34	0.97	0.98	0.00					
GER	0.72	0.81	0.73	0.65	0.66	0.70	0.00				
NLD	0.72	0.85	0.73	0.79	0.80	0.70	0.80	0.00			
NOR	0.94	0.75	0.99	0.13	0.15	0.97	0.63	0.78	0.00		
SWE	0.94	0.74	0.99	0.12	0.14	0.97	0.63	0.77	0.07	0.00	
USA	0.75	0.78	0.78	0.49	0.50	0.75	0.69	0.78	0.46	0.45	0.00

第五章　文化企业与文化产品
竞争力的提升

生产率不是一切，但长期来看生产率近似一切。

——克鲁格曼（P. Krugman）

任何产业的发展，其原动力来自企业，抛开企业的增长无异于"无源之水"。同时，国家和政府的宏观政策、扶持政策的落脚点也离不开企业这一微观主体。前文的实证分析和经验研究也表明，文化企业是提升文化产品竞争力的重要路径之一。文化企业的技术进步、艺术创新、海外市场运营可以有效地降低文化距离带来的文化折扣，提高本国文化产品带给国外消费者的消费成瘾性，进而提升本国文化产品在国际市场的竞争力。然而，要做到这些并非易事，这需要文化企业具有较高的全要素生产率、良好的融资环境以及准确有效的海外目标市场选择策略。

本章所关注的就是这些问题。首先，我们就中国文化企业的全要素生产率和技术进步状况进行分析，描述现状，指出不足；其次，探讨在中国目前并不完善的资本市场中，文化企业是否受到融资约束，为后文的融资平台研究提供经验证据；最后，将就文化企业的海外目标市场选择进行理论模型分析，并以中国对外文化集团公司为典型案例，定量研究目标市场选择模型的应用，以期为其他文化企业的跨国运营提供借鉴。目前，国内对于主营业务涉及文化产业及相关产品制造的企业数据统计调查尚属空白，通过行业大类代码和行业门类代码也无法从中国工业企业数据库中筛选出有效的文化企业样本，因此本章将以沪深两市的上市文化企业作为研究样本。

第一节 文化企业的生产率估算及对策评价

一 基于数据包络分析（DEA）的研究

（一）评价方法

针对全要素生产率的核算，目前相关的实证方法已经比较成熟，从总体上可以分为参数法和非参数法。参数法基于生产函数理论，通过拟合估计模型中主要参数的效率值，包括随机前沿方法、厚前沿方法和自由分布法；非参数法则没有利用生产函数的构建框架，直接从产出和投入两个角度测算全要素生产率的变化，包括数据包络分析（以下简称 DEA）和自由处置壳（FDH）两种方法。本节首先利用数据包络分析基于非参数生产前沿面的曼奎斯特（以下简称 Malmquist）指数方法对上市文化企业的全要素生产率进行估算，Malmquist 指数估算生产率变动以及相对效率时，无须设定生产函数并对参数进行估计，允许无效率生产行为的设定，并能对全要素生产率的变动进行分解。

Malmquist 指数方法将全要素生产率的变动分解为技术进步的变动（TECHCH）、纯技术效率的变动（PECH）和规模效率的变动（SECH）。对于决策单元（DMU），设定 N 种投入要素 xk，M 种产出 yk，生产技术 $T^t k$，在时间维度 $t = 1, 2, \cdots, T$ 上可有 T 个生产行为点，即 (x^1, y^1)，(x^2, y^2)，$\cdots$，(x^T, y^T)。在中性规模报酬条件下，t 时期的技术 $T^t k$ 可以描述为：

$$T^t k = \{(xk, yk): \sum_{\Gamma = 1}^{t} z^{\Gamma} y^{\Gamma} km \geqslant ym, \quad m = 1, 2, \cdots, M\}$$

$$\sum_{\Gamma = 1}^{t} z^{\Gamma} x^{\Gamma} km \leqslant xn, \quad n = 1, 2, \cdots, N; z^{\Gamma} \geqslant 0, \quad \Gamma = 1, 2, \cdots, t$$

（式 5-1）

上式描述的技术表明，必须使得 t 以及 t 以前所有时期的生产点可行，那么在此技术前沿下，决策单元在各时期的技术效率为：

$$D^t k(x_k^{\Gamma}, y_k^{\Gamma}) = \inf\{\theta_k^t(x_k^{\Gamma}, y_k^{\Gamma}): (x_k^{\Gamma}, y_k^{\Gamma})/\theta_k^t(x_k^{\Gamma}, y_k^{\Gamma}) \in T_k^{\Gamma}\}$$

（式 5-2）

引入距离函数　　　　$D_k^t(x_k^t, y_k^t) = 1/F_k^t \theta_k^t(x_k^t, y_k^t \mid C, S)$　　　（式5-3）

其中，产出的距离函数表示技术面与技术前沿面之间的距离，用以衡量两个技术面之间的拟合程度，只有当 $D_k^t(x_k^t, y_k^t) = 1$，(x_k^t, y_k^t) 在生产边界上时，表明生产在技术上是有效率的；如果 $D_k^t(x_k^t, y_k^t) > 1$，(x_k^t, y_k^t) 在生产边界内部，则表明生产在技术上是无效率的。相应地，可以有 $t + 1$ 时刻的距离函数 $D_k^{t+1}(x_k^{t+1}, y_k^{t+1})$。那么，基于产出的全要素生产率用 Malmquist 指数可以表示为：

$$M_0^t = D_k^t(x_k^{t+1}, y_k^{t+1})/D_k^t(x_k^t, y_k^t) \qquad （式5-4）$$

上式测度了从 t 期到 $t + 1$ 期的全要素生产率变化，相应地，我们也可以定义 $t + 1$ 期的 Malmquist 指数为：

$$M_0^t = D_k^{t+1}(x_k^{t+1}, y_k^{t+1})/D_k^{t+1}(x_k^t, y_k^t) \qquad （式5-5）$$

法尔等（Fare et al., 1997）利用两个时期的 Malmquist 指数的几何平均值来计算生产率的变化。进一步地，Malmquist 指数可以分解为技术进步变动和技术效率变动，即：

$$M_0(x^{t+1}, y^{t+1}, x^t, y^t) = \frac{D_k^{t+1}(x^{t+1}, y^{t+1})}{D_k^t(x^t, y^t)} \cdot \left[\frac{D_k^t(x^{t+i}, y^{t+i})}{D_k^{t+i}(x^{t+i}, y^{t+i})} \cdot \right.$$

$$\left. \frac{D_k^t(x^t, y^t)}{D_k^{t+1}(x^t, y^t)} \right]^{1/2} \cdot \left[\frac{D_k^{t+i}(x^t, y^t)}{D_k^{t+i}(x^{t+1}, y^{t+1})} \cdot \frac{D_k^t(x^t, y^t)}{D_k^t(x^{t+1}, y^{t+1})} \right]^{1/2}$$

$$（式5-6）$$

其中，三个因子分别是技术进步变动（TECHCH）带来的增长效应、纯技术效率变动（PECH）带来的增长效应和规模效率变动（SECH）带来的增长效应：

$$TEP = TECHCH \times PECH \times SECH = TECHCH \times EFFCH \qquad （式5-7）$$

纯技术效率变动（PECH）和规模效率变动（SECH）的乘积即为技术效率的变动（EFFCH）。纯技术效率变动是在规模收益可变（以下简称 VRS）条件下的累积效率变化；技术效率的变动是在规模收益不变（以下简称 CRS）条件下的效率变化。对于 Malmquist 指数式的四个产出距离函数可以通过线性规划问题进行求解。

（二）样本、指标的选取以及数据描述

目前，国内对于主营业务涉及文化产业及相关产品制造的企业数据统计调查尚属空白，通过行业大类代码和行业门类代码也无法从中国工业企业数据库中筛选出有效的文化企业样本。基于样本企业选取的有效性以及数据的可得性，本书将主要针对沪深两市上市的文化企业作为实证研究对象。一方面，证券市场对于公司主营业务范畴及细分领域有着明确的界定；① 另一方面，上市企业主要财务指标数据和治理结构数据的可得性、可靠性能够得到保证。当然，就我们所关心的问题而言，如果在上市企业中能够得到证实的话，那么在未观察到的其他文化企业中也将普遍存在。

　　基于此，本书实证研究的对象通过证监会行业分类下的上市文化企业和深证文化产业指数编制中选取的文化企业交叉筛选得到，这些企业的入围标准包括：（1）有一定的上市交易日期，一般为六个月；（2）公司不存在重大的违规以及财务报告有重大问题等现象；（3）公司不存在重大亏损以及股价异常波动现象。（4）均是在上海证券交易所和深圳证券交易所上市的非 ST 的 A 股发行企业。截至 2012 年 12 月 31 日，满足上述条件的共有 71 家文化上市企业，② 其中，有 24 家有着 10 年及以上的观察值，而 22 家企业只有三年及以下的观察数据。为了满足 DEA—Malmquist 指数方法的需要，在尽可能保证样本容量的前提下，本书最终筛选出 47 家上市公司作为样本对象，样本窗口期为 2009—2012 年。在样本的选取上我们遵循以下原则：（1）沪深两市 A 股市场上市文化企业为主，并且在观测期内不存在更换主营业务的现象；（2）为了防止公司上市时的盈余管理行为，剔除 2009 年当年及以后上市的企业，剔除掉样本期内部分财务数据尚未披露以及数据不齐全的企业；（3）剔除公司主营业务和高

---

① 深证定义的文化产业业务范畴及细分领域见本章表 5-15。

② 这 71 家文化上市企业为：光线传媒、郎玛信息、华录百纳、掌趣科技、新文化、歌华有线、中视股份、中文传媒、北巴传媒、时代出版、浙报传媒、百视通、万鸿集团、长江传媒、广电网络、博瑞传播、中南传媒、皖新传媒、凤凰传媒、吉视传媒、出版传媒、人民网、华侨城 A、华数传媒、东阿阿胶、张家界、云南白药、西安旅游、湖北广电、大地传媒、华闻传媒、北京旅游、中信国安、峨眉山 A、电广传媒、桂林旅游、丽江旅游、云南旅游、生意宝、中国海诚、东华科技、北纬通信、三特索道、粤传媒、全聚德、天威视讯、拓维信息、奥飞动漫、齐心文具、东方园林、潮宏基、省广股份、棕榈园林、三维工程、明牌珠宝、上海佳豪、华谊兄弟、星辉车模、三五互联、中青宝、蓝色光标、东方财富、华谊嘉信、乐视网、顺网科技、华策影视、宋城股份、天舟文化、捷成股份、上海钢联、方直科技。

管团队发生剧烈变动的企业。

　　本书选取的产出指标包括营业总收入和净利润。营业总收入包括营业收入、利息收入、已赚保费、手续费和佣金收入，与营业收入相比，能够更好地衡量企业的产出水平；净利润能够衡量企业的盈利水平，因为企业经营的根本目的还是在于利润的最大化。选取的投入指标包括资产总计、营业成本、管理费用和劳动者报酬。资产总计是传统的投入变量，能够较全面地反映上市公司拥有或控制的能够带来经济利益的全部资产，是公司获利来源的重要基础。营业成本是相对于营业收入的投入，描述了上市文化企业经营主要业务时发生的成本总额。管理费用反映了企业管理部门组织和管理生产经营活动所发生的各项费用，在一定程度上体现了管理层的经营管理水平。文化企业区别于传统制造业，不需要大量的物质要素以及中间品的投入，其内生增长的因素中更多需要考虑的是人力因素，特别是管理水平的变动会对文化企业产出带来显著的影响。对于劳动力投入指标，我们并没有选取普遍采用的员工总数，原因在于传统的劳动力投入人数指标无法考察劳动力投入结构在不同时间和部门间的差异，而且由于员工职位和工作属性的不同，同一企业内不同类型的员工对产出的贡献也存在着差异性。但是，在一个劳动力完全市场下，这种产出贡献能力的差异却可以通过劳动者报酬来体现。因此，我们选取劳动力报酬作为劳动力投入的衡量指标，该指标包括了企业实际支付的工资以及奖金、津贴、补贴等收入。47家上市文化企业的上述指标数据来源于国泰安数据库。具体描述性统计见表5-1。

表5-1　　　　　　　　**投入、产出指标的描述性统计**　　　　单位：万元

指标	均值	标准差	组间标准差	组内标准差
营业总收入	186234.7	297547.6	283810.5	96324.3
净利润	24400.2	50338.3	47724.8	17112.2
资本总计	370664.9	825838.6	794226.8	247654.7
营业成本	121290.5	179880.8	168285.1	67019.2
管理成本	16138.1	22313.8	21548.4	6404.8
应付职工薪酬	3930.3	6051.6	5602.1	2396.3

（三）Malmquist 指数及其分解结果分析

尽管从事实上来看 VRS 算法和 CRS 算法并不会对分解结果产生实质的影响，因为两种算法本身都是用来估算不同的距离函数。但考虑到文化产业产出有着规模报酬递增的性质，因此我们选用了规模报酬变化算法（VRS 算法）。同时，我们利用了投入导向的 DEA 模型估计，无论投入导向还是产出导向，均可以识别相同的有效厂商，只有当测算无效厂商的效率时，两种方法的测量结果才会出现差别。本书利用 DEAP2.1 软件进行核算，47 家企业的整体分解结果见表 5-2。

表 5-2　　　　　　　样本企业 2009—2012 年全要素生产率变动及分解

时间	全要素生产率	技术进步	纯技术效率	规模效率
2009—2010 年	0.996	0.961	1.019	1.018
2010—2011 年	0.945	1.019	0.919	1.009
2011—2012 年	0.964	0.995	0.980	0.989
均值	0.968	0.991	0.971	1.005

注：表中数据为相应变量的变动率。

总体来看，47 家上市文化企业在 2009—2012 年全要素生产率呈现出一定的衰减态势，样本期内累积减少 3.2%，其中，技术进步的贡献为 -0.9%，纯技术效率变动贡献为 -2.9%，规模效率变动的贡献为 0.5%。这表明 2009—2012 年 19 家上市文化企业并未实现生产率的有效提升，这些企业的产出增长主要来自粗放型的规模扩张，而非通过集约型的生产率提升来实现，特别是代表企业生产边界水平的技术进步的贡献也为负值。一个可能的解释在于，大多数上市文化企业在上市前总是能够获得私募股权基金的 Pre-IPO 投资，依靠要素投入实现外延式增长，使财务数据表现出良好的成长性，以获得 IPO 审核的通过。上市后还可以依靠 IPO 募集的资金继续外延式增长。股权融资带来的暂时的丰厚利益，使得上市文化企业的管理层更为关注企业规模的扩张，通过规模的膨胀获得下一轮的融资"盛宴"，进而从根本上忽略了生产率这一企业的核心竞争力的提升，忽略了企业对于文化创新资本的储备，从而陷于一种波动式发展的循环，图 5-1 直观地描述了这一现象。

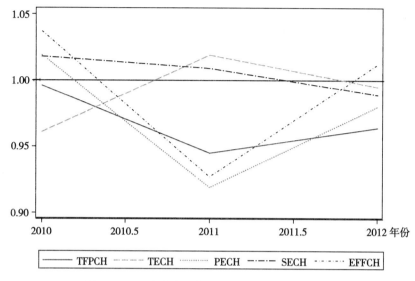

图 5-1　47 家上市文化企业 Malmquist 指数分解

从图 5-1 可以发现，全要素生产率指数曲线与反映技术效率变动的相关指标曲线（PECH、SECH）无论在波动幅度还是在变动趋势上都有着明显的趋同，这表明样本期内文化企业的技术效率、规模效率的变化是全要素生产率变动的主要原因。从纯技术效率以及规模效率指数变动来看，文化企业在现有技术应用以及提升生产资料效率方面依旧表现出明显的不足，相关指数始终在 1 附近波动。因此，有必要加强文化产业基地的建设，发挥集聚效应和规模效应对于产出和创新的影响，促进资金、技术以及文化产业创意人才向优势区域集中。

文化企业的核心竞争力在于文化产品的创新、传播技术的研发以及产品所含文化内容的创意上，但实证结果却表明技术进步对样本书化企业的全要素生产率贡献明显不足，这也正好印证了中国文化产业发展对于技术创新的忽视，以及企业自身研发能力较差这一现状。可能的原因在于，在中国文化企业上市融资实践中，二级市场的投资者可能更多地关注于企业的"高成长故事"，而忽视企业生产率的变化，对投资者而言，每次财报能否兑现业绩增长的预期更有吸引力，这也促使文化上市企业更多地去"粉饰"业绩而忽视对生产率及技术进步的关注。

本部分的主要结论如下。第一，以 47 家上市公司为代表的文化企业在 2009—2012 年全要素生产率呈现出波动增长，从平均水平来看有着衰减的态势，为-3.2%，其中技术进步的贡献为-0.9%，纯技术效率改进的贡献为-2.9%，规模效率改进的贡献为 0.5%。可见，样本期内 47 家企业的业绩提升主要依靠规模扩张的粗放型方式来实现，而并非通过集约型的生产率提升来实现。第二，有部分企业的全要素生产率呈现出明显的递减趋势，并且主要由技术进步的负增长带动，这应当引起监管者和二级市场投资者的注意。第三，从成熟市场的经验来看，高成长公司往往伴随着生产率提升和技术进步变化，依靠外部融资特别是股权融资的粗放式增长模式不具备可持续性，也往往会遇到发展的瓶颈。

二　基于随机前沿（SFA）的研究

就 DEA 方法本身而言，由于无须设定生产函数的具体形式，进而避免了误设生产函数形式所导致的估计偏误，但该方法将所有相对于生产前沿的偏离均视为无效率部分，忽视了测量误差的存在。因此，DEA 方法可能会高估效率损失带来的影响。为了深入把握不同的文化上市企业异质性问题对于技术效率的影响，本书进一步使用随机前沿方法（Stochastic Frontier Analysis，SFA）来对 71 家文化企业的技术效率进行估计。换言之，如果随机扰动项对于效率损失的影响是显著的，那么 SFA 方法可以很好地把握扰动项所带来的影响。

在生产函数理论中，理想状态下的企业可以在其最大可能生产曲线即随机前沿上进行生产，但现实环境中由于管理的无效率、生产中摩擦损耗等随机扰动因素的存在，使得企业在资源配置效率和技术利用程度上无法达到最优状态，表现为实际产出和潜在最优产出之间的偏离。对于不同的企业而言，这种随机扰动因素也存在着差异性。那么，在控制了相关投入变量之后，随机扰动因素带来的效率损失则反向刻画了企业的技术有效性，因为技术有效性指标是实际产出量与潜在最大可能产出量之比。需要指出的是，技术有效性反映了对现有技术利用程度的高低，而与企业生产技术的现存状态没有直接关系，因此，技术有效性更多是描述企业生产的有效率，而与技术进步并无直接关系。

随机前沿方法最早由艾格纳、洛菲尔和施密特（Aigner, Lovell and

Schmidt，1977）提出，模型假定生产中存在技术无效使用的情况，并假定技术的无效性按照一定的随机分布变化。

一般的设定为：

$$y_{it} = f(x_{it}, \beta) \exp(\nu_{it} - \mu_{it}) \qquad （式5-8）$$

其中，y_{it} 表示第 i 家企业在时期 t 的实际产出，$f(\cdot)$ 是前沿生产函数，表示处于生产前沿时的最大产出，x_{it} 为企业 i 在时期 t 的投入，β 为参数向量。复合误差项由两部分组成，其中，$\nu_{it} \sim N(0, \sigma_\nu^2)$ 表示通常意义上的扰动项，μ_{it} 为技术非效率项，服从非对称分布，用以表示那些仅对某个生产单元所产生的冲击。生产单元的技术有效性——技术效率 TE 则可以表示为：

$$TE_{it} = \frac{E(f(x_{it}) \exp(v_{it} - \mu_{it}))}{E(f(x_{it}) \exp(v_{it}) \mid \mu_{it} = 0)} = \exp(-\mu_{it}) \qquad （式5-9）$$

从上式可以直观地看出，当 $\mu_{it} = 0$ 时 $TE_{it} = 1$，即实际生产点位于随机前沿面上，此时技术完全有效；当 $\mu_{it} > 0$ 时 $TE_{it} < 1$，表明实际生产点位于随机前沿面下方，此时存在效率损失部分，TE_{it} 介于 0 和 1 之间，越接近于 1 表明生产技术有效性越高。

进一步地，贝泰斯和科埃利（Battese and Coelli，1992）设定了复合干扰项的方差参数：

$$\sigma^2 = \sigma_\nu^2 + \sigma_\mu^2 ; \gamma = \sigma_\mu^2 / \sigma_\nu^2 + \sigma_\mu^2 \qquad （式5-10）$$

从方差分解来看，γ 反映了复合误差项中技术非效率波动所占的比例。若有 $\gamma = 0$，则表明实际产出与最优产出之间的偏离完全由外生其他不可控因素所贡献；反之，则说明内生的企业异质性对于产出间的偏离有着不能忽略的影响。

为了易于估计和分解，我们将生产函数设定为常见的 C-D 函数形式。投入产出指标与样本企业选取与前文一致：产出指标为营业总收入；投入指标包括资产总计、营业成本、管理费用和应付职工薪酬；样本为1998—2012 年 71 家文化上市企业的非平行面板数据。表5-3 给出了模型的估计结果以及扰动项的方差分解信息。

表 5-3　　　　　　　　　　生产函数及相关参数估计结果

投入变量	估计系数	标准误	投入变量	估计系数	标准误
资产总计	0.132 ***	0.022	营业成本	0.794 ***	0.013
应付职工薪酬	0.006 *	0.004	管理费用	0.048 ***	0.018
σ_μ^2	0.099	0.019	σ_ν^2	0.029	0.002
$\sigma^2 = \sigma_\nu^2 + \sigma_\mu^2$	0.128	0.019	$\gamma = \sigma_\mu^2 / \sigma_\nu^2 + \sigma_\mu^2$	0.770	0.036

注：*** 、 * 分别表示1%、10%的显著性水平。

从表 5-3 的估计结果可以看出，生产函数的系数均通过了 1% 和 10% 的显著性检验。资本产出弹性与劳动力产出弹性为正，说明文化上市企业传统要素投入对技术效率的贡献与传统行业企业并无差别。值得关注的是营业成本与管理费用的产出弹性，两者在一定程度上反映了文化企业对于文化主营业务的投入力度和无形文化资产的管理水平。正如前文所描述，文化企业区别于传统制造业，不需要大量的物质要素以及中间品的投入，其内生增长的因素更多是人力因素，特别是管理水平的变动对文化企业产出会带来显著的影响。因此，重视文化主营业务的发展，以及将高效率的管理作为某种稀缺的投入要素在文化企业的技术创新活动中发挥了至关重要的作用。从整体上看，0.132+0.006+0.794+0.048＝0.98<1，说明中国文化上市企业目前还处于规模报酬递减的状态，这应该值得我们的注意。

从复合误差项的报告结果来看，$\gamma = 0.770$ 表明前沿生产函数的偏离部分中有 77.0% 来自技术非效率的影响，说明由企业个体异质性带来的非效率因素构成了误差波动的主要成分，也验证了本书利用 SFA 方法考察非效率因素的必要性。表 5-4 报告了样本期内不存在数据残缺的 69 家文化上市企业技术效率测算的均值水平（非平行面板）。可以看到，总体平均值为 0.78，表明在既定潜在产出不变的前提下还可以节约 22% 的投入，这种非效率的损失很大程度上与文化上市企业的创新能力、融资能力、无形资产管理等因素有关。

表 5-4　　　　　　　1998—2012 年样本企业的平均生产效率水平

证券代码	公司名称	技术效率	证券代码	公司名称	技术效率
000423	东阿阿胶	0.75	300052	中青宝	0.66

续表

证券代码	公司名称	技术效率	证券代码	公司名称	技术效率
000430	张家界	0.82	300058	蓝色光标	0.79
000538	云南白药	0.80	300059	东方财富	0.12
000610	西安旅游	0.78	300071	华谊嘉信	0.83
000665	湖北广电	0.78	300104	乐视网	0.78
000719	大地传媒	0.85	300113	顺网科技	0.35
000793	华闻传媒	0.84	300133	华策影视	0.78
000802	北京旅游	0.83	300144	宋城股份	0.70
000839	中信国安	0.84	300148	天舟文化	0.83
000888	峨眉山 A	0.81	300182	捷成股份	0.81
000917	电广传媒	0.84	300226	上海钢联	0.81
000978	桂林旅游	0.83	300235	方直科技	0.77
002033	丽江旅游	0.61	300251	光线传媒	0.80
002059	云南旅游	0.84	300288	朗玛信息	0.45
002095	生意宝	0.50	300291	华录百纳	0.79
002116	中国海诚	0.83	300315	掌趣科技	0.80
002140	东华科技	0.84	300336	新文化	0.80
002148	北纬通信	0.80	600037	歌华有线	0.84
002159	三特索道	0.80	600088	中视股份	0.84
002181	粤传媒	0.85	600373	中文传媒	0.85
002186	全聚德	0.74	600386	北巴传媒	0.84
002238	天威视讯	0.83	600551	时代出版	0.84
002261	拓维信息	0.78	600633	浙报传媒	0.81
002292	奥飞动漫	0.82	600637	百视通	0.85
002301	齐心文具	0.83	600681	万鸿集团	0.84
002310	东方园林	0.82	600757	长江传媒	0.83
002345	潮宏基	0.80	600831	广电网络	0.74
002400	省广股份	0.82	600880	博瑞传播	0.80
002431	棕榈园林	0.70	601098	中南传媒	0.81
002469	三维工程	0.83	601801	皖新传媒	0.82
002574	明牌珠宝	0.82	601928	凤凰传媒	0.81
300008	上海佳豪	0.82	601929	吉视传媒	0.80
300027	华谊兄弟	0.79	601999	出版传媒	0.84
300043	星辉车模	0.82	603000	人民网	0.77
300051	三五互联	0.67			

注：由于有两家企业数据报告不完整，故表中共有 69 家文化上市企业。表中所有企业技术效率为 0.78。

　　图 5-2 直观地描述了生产效率的分布情况。从图中可以发现，绝大部分文化企业生产效率位于 0.8 附近，分布的集中趋势较高，并不存在显著的拖尾现象。这表明目前中国文化上市企业的发展阶段相对一致，大部分企业有着相同的比较优势，也面临着同样的困难约束。

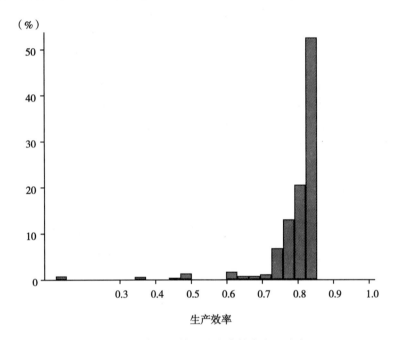

图 5-2　样本企业的平均生产效率水平分布

　　为了进一步地揭示不同特征的文化企业生产效率水平的差异性，本书将样本企业依据规模大小、无形资产额以及长期股权融资能力进行分组探讨，具体结果报告见于表 5-5。

表 5-5　　　　　　　　　　不同组别下样本企业的生产效率水平

	低		中		高	
	均值	标准差	均值	标准差	均值	标准差
企业规模	0.76	0.11	0.79	0.10	0.82	0.03
无形资产	0.77	0.13	0.80	0.05	0.81	0.08
长期股权融资	0.77	0.14	0.79	0.07	0.82	0.03

　　可以看到，文化上市企业规模越大，生产效率越高；无形资产在一定

程度上反映了文化企业中文化资本的累积，无形资产实力越雄厚，企业的生产效率越高，这也符合对文化企业直觉上的判断；长期股权融资反映了企业在股票市场上筹集资本的能力，是市场对企业长远发展看涨的体现。对比结果表明，一家文化企业越是被市场所认可，其生产效率也越高，当然，两者之间应该具有显著的互为因果关系。

第二节　文化企业的融资约束、效率损失及对策评价

一　中国文化企业的融资约束现状与述评

区别于传统产业门类，文化产业表现出知识和资金的高度密集。充足的资金是所有文化企业持续发展的基础和保障，然而，现实中的中国文化企业普遍面临着较为严重的融资约束问题。一方面，文化类企业普遍属于"轻资产"型企业，缺乏足够的固定资产进而影响融资。无论是金融机构借贷还是民间借贷，一般均要求有形资产为抵押或者第三方提供相应担保，而文化企业通常以人力资源、版权、著作权等知识产权和无形资产作为核心资产，这与传统的市场融资模式明显不符。另一方面，中国转型阶段资本市场的结构性缺陷，如债券市场的不完备、银行的信贷歧视等产生的交易成本和信息不对称，将会导致企业内外融资成本产生差异，进而使其融资活动受到约束。因此，在研究中国文化企业发展的过程中，有必要纳入对于融资约束的考量，特别是融资约束对于投资行为的影响。当然，本书关注的不仅仅是融资约束是否影响了文化企业的投资决策，进一步地，我们希望能够就融资约束导致的文化企业投资效率的损失进行定量的估算，从而为中国文化产业的发展和改革提供更直接的微观经验证据。

通常来讲，在一个完备的资本市场中，当企业面临良好的投资机会并出现资金短缺问题时，它可以通过外部融资来解决，也就是托宾（Tobin，1969）提出的 Q 投资理论所表明的投资支出仅取决于投资机会，林文夫对此也有研究（Hayashi，1982）。然而在现实经济生活中，特别是对于文化企业而言，各种不同因素导致的融资约束问题是普遍存在的。首先，从

所处的资本市场来看，由于昂贵的交易成本和外部融资成本的存在，企业经常不能或很难从外部资本市场为他们有价值的投资活动进行融资，见于法扎里、奥普勒、麦克尔森、帕奇等人的研究（Fazzari et al.，1988；Opler et al.，1999；Mikkelson and Partch，2003）。其次，文化企业的自身特征也导致其在传统的融资体制下不易获得外部资金：一方面，固定资本是借贷融资实现的决定性因素，文化企业的"先天不足"使其获得外部融资的难度远远高于其他产业，特别是对于中小文化企业而言，根本达不到银行贷款对抵押和风险控制的基本要求；另一方面，文化企业提供的产品和服务主要来自知识资本的积累或是文化创意人的灵感，这种"模糊性"的投入要素使得创造的产品和提供的服务能否符合市场的要求，并被社会所认可具有很强的不确定性。可以说文化产业本身是一种公认的高风险行业，与之对比的是有形物质产品的生产，可以有明确的消费对象和消费数量的要求，甚至按订单计划安排生产，相比之下有形物质产品的生产更容易获得资本市场的关注。可见，融资约束的存在是文化企业普遍面临的问题。

对于融资约束是否会影响企业的投资行为已存在大量的成熟研究。自法扎里等（Fazzari et al.，1988）的经典文献之后，王泓仁、德格里斯、连玉君等人大量的实证分析探讨了在非对称信息环境下投资与投资机会之间的关系，即传统 Q 理论的稳健性问题。结果表明融资约束显著影响了企业的投资行为，并导致了投资非效率现象的存在（Wang，2003；Degryse and Jong，2006；连玉君等，2009）。尽管近年来国内外学者就融资约束对企业投资行为影响的研究成果颇多，但就融资约束造成的投资效率损失进行定量估算的文献并不多见（Wang，2003；连玉君、苏治，2009），而更少有文章从文化企业的角度来研究这一问题。由于中国正处于大力发展文化等朝阳产业的经济转型增长阶段，相关的金融体系配套制度有待进一步地健全和完善，从这个意义上讲，本书所关心的问题具有一定理论价值和现实意义。

二　研究设计——异质性随机前沿框架

假定在一个典型的资本市场中，传统 Q 投资理论表明企业的投资支出仅取决于投资机会，其最优投资支出比可表示为：

$$\left(\frac{I_{it}}{K_{it-1}}\right)^* = \beta_0 + \left(\frac{1}{\alpha}\right)Q_{it} + \nu_{it} \qquad \nu_{it} \sim N(0,\ \sigma_\nu^2) \qquad （式5-11）$$

其中，I_{it} 为投资支出，K_{it-1} 为上一期资本存量，$\left(\frac{I_{it}}{K_{it-1}}\right)^*$ 为最优投资支出比，Q_{it} 为投资机会，$\frac{1}{\alpha}$ 为资本调整速度，ν_{it} 为传统意义上的干扰项。但是，融资约束会导致企业的投资非效率行为，使得实际的投资支出会在最优投资支出前沿边界下方产生一定的扰动，从而，实际的投资支出比与最优水平之间关系为：

$$\left(\frac{I_{it}}{K_{it-1}}\right) = \left(\frac{I_{it}}{K_{it-1}}\right)^* - F(Z_{it}) \qquad （式5-12）$$

其中，$F(Z_{it})$ 表示融资约束导致的相对于最优投资水平的偏离，它是一系列企业特征变量的非线性函数。$F(Z_{it})$ 具有单边分布（one-side）的特征，若设 $F(Z_{it}) = \mu_{it}$，则：

$$\left(\frac{I_{it}}{K_{it-1}}\right) = \beta_0 + \left(\frac{1}{\alpha}\right)Q_{it} - \mu_{it} + \nu_{it} \qquad （式5-13）$$

（式5-13）即为一个典型的单边随机前沿模型（one-side SFA），$\mu_{it} \geq 0$。为了反映不同公司面临的异质性并进行实证分析，我们将（式5-13）描述为：

$$\frac{I_{it}}{K_{it-1}} = x'_{it} \cdot \beta + \varepsilon_{it} \qquad \varepsilon_{it} = \nu_{it} - \mu_{it} \qquad （式5-14）$$

其中，$x'_{it} = (1,\ Q_{it},\ Control)$，$\beta$ 为向量系数，Q_{it} 为传统 Q 理论中的投资机会，$Control$ 为相关的控制变量，具体设定见后文。混合干扰项 ε_{it} 由两部分组成，μ_{it} 具有单边分布特征且非负，不失一般性，我们假设其服从截断型半正态分布，即 $\mu_{it} \sim i.i.dN^+(\bar{\mu}_{it},\ \sigma_{it}^2)$。同时，我们假定 ε_{it} 是独立于 x_{it} 的。基于上述设定，我们可有（式5-14）的极大似然函数：

$$LnL(x_{it},\ \beta) = -0.5Ln(\sigma_\nu^2 + \sigma_{it}^2) + Ln\left[\Theta(\varepsilon_{it} + \bar{\mu}_{it})/\sqrt{\sigma_\nu^2 + \sigma_{it}^2}\right] -$$

$$Ln\left[\Phi(\bar{\mu}_{it}/\sigma_{it})\right] + Ln\left[\Phi(a_{it}/b_{it})\right]$$

$$（式5-15）$$

其中，$\Theta(\cdot)$ 和 $\Phi(\cdot)$ 分别是标准正态的密度函数和累积分布函数，简写参数为：

$$a_{it} = (\sigma_v^2 \bar{\mu}_{it} - \sigma_{it}^2 \varepsilon_{it})/(\sigma_v^2 + \sigma_{it}^2) , \ b_{it} = (\sigma_v^2 \sigma_{it}^2)/(\sigma_v^2 + \sigma_{it}^2)$$

（式 5-16）

我们关注的重点是融资约束存在的前提下文化企业实际投资支出与最优投资支出的偏离程度，即：$TE = e^{-\mu_{it}} = \exp(x'_{it} \cdot \beta - \mu_{it})/\exp(x'_{it} \cdot \beta)$，可见 $0 < TE < 1$，越接近于 1 则表明融资约束造成的投资效率损失越小。在获得相应的参数估计值后，可以通过（式 5-17）得到对于 TE 的估计（参见王泓仁，2003；贝泰斯和科埃利，1988）。

$$TE = \exp(-a_{it} + 0.5 b_{it}) \left[\Phi\left(\frac{a_{it}}{b_{it}} - b_{it}\right)/\Phi\left(\frac{a_{it}}{b_{it}}\right) \right]$$

（式 5-17）

在本书随机前沿模型的设定下，我们无须事先就融资约束对投资行为的影响程度做出先验假定，而完全由估计结果决定，这也是区别于传统 OLS 回归方法的优势所在。

三 变量说明及数据描述

（一）变量的设定和说明

企业的异质性特征决定了 μ_{it} 的异质性，不同的文化企业所面临的融资约束的差异取决于每个公司自身的个体特征，因此，我们对 $\mu_{it} \sim i.i.d N^+ (\bar{\mu}_{it}, \sigma_{it}^2)$ 的具体参数设定为：

$$\bar{\mu}_{it} = \exp(\alpha_1 + Z'_{it} \delta_\mu) ; \ \sigma_{it}^2 = \exp(\alpha_2 + Z'_{it} \delta_\sigma)$$

（式 5-18）

向量 $Z'_{it} = (1, cflow, size, stock, debt)$，其中，$cflow$、$size$、$stock$、$debt$ 分别表示现金流、企业规模、股权融资、债权融资相关指标，δ_σ、δ_μ 为系数向量。

投资机会 Q_{it} 采用 $Tobin's\ Q$ 加以衡量，[①] 本书的计算方法与连玉君等

---

① 在不同的文献中 Tobin's Q 的计算方法存在一定区别，本书还用 Q1＝（流通股本×年末股价+非流通股本×年末股价×30%+负债账面价值）/总资产，Q2＝（流通股本×年末股价+非流通股本×年末股价×20%+负债账面价值）/总资产，进行了稳健性分析，结果并无显著差异。

（2007；2009）相同，即总市值为负债和权益的市场价值加总，流通股市值为流通股年平均股价和流通股本的乘积，非流通股市值为每股净资产与股本数之积，负债的市值用其账面值，资产重置成本用总资产的账面价值代替。控制变量主要包括了反映时间趋势效应的虚拟变量。

对于 Z'_{it} 中的变量：（1）现金流量 cflow，现金流衡量了企业的内部融资能力，内部融资能力差的企业将在未来面临更大的融资约束。哈伯德（Hubbard，1998）及卡普兰和津加莱斯（Kaplan and Zingales，2000）的研究表明，在投资机会稳定的条件下，更充裕的现金流可以提升企业的资产净值，减少企业所面临的信息成本。（2）企业规模 size，一般而言小规模的企业固定总资产较少，可用以贷款抵押的资产价值有限，更容易受到资本市场的融资约束。（3）股权融资增加额 stock 和债权融资增加额 debt，两者分别反映了企业当年从股票市场以及银行体系中获得外部融资能力的大小，通过对不同融资渠道的考察，我们便可以对影响融资约束的因素进行分析。

（二）样本筛选及数据描述

为了保证样本的有效性以及数据的可得性，本书主要针对沪深两市上市的文化企业作为实证研究对象。一方面，证券市场对于公司主营业务范畴及细分领域有着明确的界定；另一方面，上市企业主要财务指标数据和治理结构数据的可得性、可靠性能够得到保证。本书最终筛选出 47 家上市公司作为样本对象，样本窗口期为 2010—2012 年，样本选取过程同前文，并且我们进一步地进行了数据剔除。（1）为了防止兼并重组带来的影响，剔除样本期内负债率大于 100%、总资产增长率大于 200% 的公司；（2）为了防止公司上市时的盈余管理行为，剔除 2010 年当年及以后上市的企业，剔除样本期内数据存在缺漏的企业；（3）剔除公司主营业务和高管团队发生剧烈变动的企业；（4）为了排除异常值的影响，剔除 Tobin's Q 值大于 10 或小于 0，以及投资支出为负的公司，并对所有变量在 99% 和 1% 处进行缩尾处理。变量描述和基本统计量见表 5-6。

表 5-6　　　　　　　　　　　　主要变量的描述性统计

变量	均值	标差	最小值	最大值	变量描述
I/K	0.824	1.648	0.002	14.293	构建固定资产、无形资产和其他长期资产所支付的现金/期初固定资产额

续表

变量	均值	标差	最小值	最大值	变量描述
Tobin's Q	2.358	1.408	0.545	9.371	公司市场价值/公司重置成本
cflow	0.359	3.620	-16.669	17.912	经营活动产生的现金流量净额/期初固定资产净额
size	21.385	1.118	17.532	25.014	总资产的对数
stock	0.234	0.772	-0.043	4.059	（股本+资本公积）的增加值/总资产
debt	0.078	0.295	-0.844	1.721	负债融资的增加值/总资产

四　实证结论及分析

本部分在异质性随机前沿模型估计的基础上，对模型总方差进行分解，并就融资约束对文化上市企业投资效率带来的损失进行测度，并进一步分析各因素的影响差异。

（一）随机前沿模型的估计及边际效应

基于前文的理论描述以及定量测度技术方法，我们就融资约束对企业投资效率的影响效应进行估计，这里采用异质性随机前沿方法，表5-7给出了基于该方法的回归结果。在表5-7中，模型（1）采用 OLS 估计，模型（2）—（6）采用单边随机前沿下的最大似然估计（以下简称MLE）。之所以报告 OLS 估计，是因为反映传统回归研究方法的可能结果，并与本书作为对比参照。模型（2）—（5）是在异质性随机前沿模型的基础上施加各种约束条件后得到的：模型（2）假定投资行为与融资约束无关，传统 Q 理论是适宜的；模型（3）假定融资约束效应服从在零处截断的异质性半正态分布，对应考迪尔等（Caudill et al., 1995）的设定方式；模型（4）假定我们纳入的相关变量对融资约束本身没有影响，只影响融资约束的不确定性；模型（5）则假设相关变量对不确定性没有影响。

模型（6）报告了我们关注的基本回归结果，它没有对异质性随机前沿模型的参数施加任何约束，并且对时间效应进行了控制，用以反映资本市场的发展对文化上市企业投资行为的影响。可以看到，在表 5-7 所有设定形式下，投资机会均显著影响了公司的投资行为，这表明中国上市公司的投资行为受到了投资机会多寡的影响。针对时间效应的联合显著性检定 χ^2 值为 20.51，伴随 p 值 0.000，表明经济发展和资本市场完善有效地促进了文化上市企业投资支出的增加。从似然比检定结果来看，无约束的异质性随机前沿模型（6）显著优于其他四个模型，尤其是模型（6）显著地优于模型（2），表明融资约束及其异质性显著地影响了中国文化上市企业的投资行为。

　　相比之前的结果，我们更为关注的是相关变量对于融资约束及其不确定性的影响。考虑到随机前沿模型中参数的非线性化设定，所以表 5-7 中报告的 $cflow$、$size$、$stock$、$debt$ 等变量的估计系数和显著性水平并不具备通常意义上的经济学含义，直接去进行解释是不恰当的，我们需要对其真实的边际效应进行估算。由于 $\mu_{it} \sim i.i.dN^+(\bar{\mu}_{it}, \sigma_{it}^2)$，所以 $E(\mu_{it}) = \bar{\mu}_{it}$，而 $\bar{\mu}_{it} = \exp(\alpha_1 + Z'_{it}\delta_\mu)$，若 zk 为向量 Z 的第 k 个元素，δk 为其系数，可有：

$$\partial E(\mu_{it})/\partial z_k = \partial \bar{\mu}/\partial z_k = \bar{\mu}_{it} \cdot \delta_k \qquad （式 5-19）$$

　　类似地，方差项可有：$\partial \mathrm{Var}(\mu_{it})/\partial z_k = 2\sigma_{it}^2 \cdot \delta_k$。在得到相应的估计参数后，便可以得到边际效应的估计值。

表 5-7　　　　　　　　　随机前沿模型的估计及检验结果

因变量 $Ln(I/K)$	（1） OLS	（2） $\mu_{it}=0$	（3） $\bar{\mu}=0$	（4） $\delta_\mu=0$	（5） $\delta_\sigma=0$	（6） 无参数约束
$Ln(Tobin)$	0.675*** (0.238)	0.453* (0.238)	0.892*** (0.239)	0.893*** (0.239)	0.779*** (0.229)	0.839*** (0.173)
$Cons$	−5.355** (2.595)	−1.227*** (0.369)	−1.630*** (0.410)	−1.664*** (0.418)	−0.476 (0.676)	0.588*** (0.259)
$dumyear$	控制	控制	控制	控制	控制	控制
对融资约束本身（ $\bar{\mu}$ ）的影响						
$cflow$	−0.064** (0.028)				0.064 (0.039)	0.041 (0.044)
$size$	0.132 (0.114)				−0.061 (0.126)	−0.032 (0.082)
$stock$	0.395*** (0.138)				−0.428*** (0.151)	−0.701* (0.378)

续表

因变量 $Ln(I/K)$	（1）OLS	（2）$\mu_{it}=0$	（3）$\bar{\mu}=0$	（4）$\delta\mu=0$	（5）$\delta\sigma=0$	（6）无参数约束
debt	1.965 *** (0.380)				-3.431 *** (0.790)	-2.885 *** (0.626)
Cons	—			-0.229 (0.759)	3.472 (2.772)	3.998 ** (1.807)
对融资约束不确定性（方差 σ_{it}）的影响						
cflow	—		0.020 (0.092)	0.025 (0.090)		-0.014 (0.042)
size	—		-0.308 (0.292)	-0.293 (0.281)		-0.517 *** (0.146)
stock	—		-0.561 * (0.303)	-0.548 * (0.295)		0.399 ** (0.198)
debt	—		-4.198 *** (1.500)	-4.063 *** (1.503)		0.902 * (0.538)
Cons	—		6.714 (6.053)	6.508 (5.778)	-0.696 (0.845)	11.154 *** (3.138)
传统扰动项 ν_{it}						
Cons	—	0.420 *** (0.147)	0.114 (0.192)	0.118 (0.190)	-0.166 (0.439)	-28.474 (210.067)
对数似然值	-222.4	-244.8	-227.5	-227.4	-218.0	-207.6
似然比检定	—	74.32 [0.000]	39.72 [0.000]	39.55 [0.000]	20.77 [0.000]	—

注：*** 、** 、* 分别表示 1%、5%、10% 的显著性水平；圆括号内报告了估计的标准误；似然比检定值为模型（2）—（5）分别与模型（6）的嵌套检验结果，方括号内伴随 p 值。

表 5-8 报告了估计结果以及利用自抽样方法（以下简称 Bootstrap）得到的 99% 和 95% 水平下的置信区间。从表 5-8 来看，现金流 cflow 与融资约束间的关系表明，观察期内中国文化上市企业普遍存在着融资约束问题。阿尔梅达等学者（Almeida et al.，2004）认为，通常融资受到约束的企业会增加现金持有量，而且现金持有量会随着现金流的增加而增加。同时，现金流 cflow 在融资不确定性方程中在 1% 的水平下显著为负，表明现金流的增加可以降低企业未来融资的不确定性。优序融资理论指出企业在融资过程中会优先选择内部留存资金，因此，该结论支持了优序融资理论在文化上市企业中的适用性。就公司规模 size 来看，其影响与直观观察相符。显著的负相关表明，规模越大的文化企业受到的融资约束程度越

轻，并且未来融资实现的不确定性也越小。无论是股权融资还是银行信贷，对大企业总是更加青睐，相对于小企业而言，大企业往往倾向于多元化的经营战略，其盈利能力比较稳定，这样不仅较容易取得资本市场融资，而且也能够承受和消化庞大的融资成本及权益成本。就外部融资渠道来看，股权融资 $stock$ 和债务融资 $debt$ 在1%的水平上显著缓解了文化上市企业的融资约束的程度，但同时两者又显著加剧了未来融资的不确定性。从股权融资来看，1997年后证监会对上市企业配股政策进行了限制，在2006年新出台的政策中除了要求配股数量不得超过配售前股本总额的30%，还要求最近三个会计年度连续盈利。就债务融资来看，迈尔斯（Myers，1999）的研究认为公司已有债务水平可能影响未来负债融资。中国文化上市企业大多处于成长期，资金缺血现象较为严重，无法提供稳定的现金流来偿还债务融资所要求的定期支付的债务本息，较高的债务水平必然显著影响到未来负债融资的能力。

表 5-8　　　　　　　　　　边际效应和不同水平下的置信区间

相关变量对 μ_{it} 的边际效应		相关变量对 $Var(\mu_{it})$ 的边际效应	
cflow	0.0356	cflow	−0.0107
99%置信区间	［0.0334　0.0378］	99%置信区间	［−0.0121　−0.0093］
95%置信区间	［0.0339　0.0373］	95%置信区间	［−0.0117　−0.0097］
size	−0.0999	size	−0.6151
99%置信区间	［−0.1258　−0.0741］	99%置信区间	［−0.6838　−0.5464］
95%置信区间	［−0.1192　−0.0807］	95%置信区间	［−0.6666　−0.5635］
stock	−0.5859	stock	0.3796
99%置信区间	［−0.6280　−0.5439］	99%置信区间	［0.3404　0.4189］
95%置信区间	［−0.6192　−0.5527］	95%置信区间	［0.3506　0.4087］
debt	−2.5141	debt	0.6881
99%置信区间	［−2.6669　−2.3613］	99%置信区间	［0.5967　0.7795］
95%置信区间	［−2.6292　−2.3990］	95%置信区间	［0.6212　0.7549］

注：不同水平下的置信区间由 Bootstrap 方法重复抽样 500 次得到。

（二）文化上市企业的投资效率

区别于传统回归方法的研究，本书的主要目的之一就是定量估计文化上市企业的投资效率，同时，投资效率的大小也从另一个侧面反映出融资约束带给企业的影响。表5-9报告了投资效率估算结果的统计描述，为了更直观地了解每家文化企业投资效率的分布情况，图5-3呈现了相关的频数分布。

表5-9   投资效率的估算均值及分位值

	均值	标准差	P (1/4)	P (1/2)	P (3/4)
投资效率	0.536	0.134	0.433	0.535	0.629

可以看出，文化上市企业自身特征以及中国资本市场不完善所导致的融资约束，在很大程度上影响了企业的投资行为——投资效率的均值仅为0.536，远远低于连玉君（2009）对所有上市公司投资效率的估计均值0.719。也就是说，文化上市企业相比其他行业企业，在资本市场上受到的融资约束程度更高。

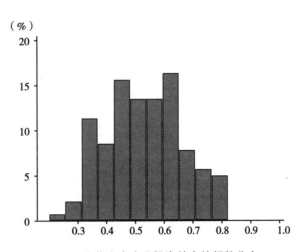

图5-3   文化上市企业投资效率的频数分布

从分布情况来看，频数分布图形并不存在明显的左偏或右偏的现象，大多数公司的分布集中于0.5—0.6，说明融资约束导致文化上市企业整体的投资支出比最优水平低了40%—50%，这是一个十分值得我们关注的效率损失程度。换句话讲，绝大部分的文化上市企业处于严重的投资不足状态。从离散情况看，3/4分位点的企业投资效率水平仅比1/4分位点的企业高出 19.6%，可见，所谓投资效率"较好"的文化企业和"较差"的文化企业之间，投资水平不存在多少实质上的差异，这进一步表明，文化企业受到的融资约束是整个行业普遍面临的一个问题。

（三）进一步的组别分析

在全样本分析的基础上，有必要对文化上市企业的投资效率依据不同组别的划分进行更为细致的探讨。表 5-10 中报告了依据企业所处地区、企业规模、企业成立年限划分组别后，文化企业的投资效率均值。我们可以看到，当文化上市企业位于北京、上海、深圳、广州四地时，投资效率高于其他地区，表明文化产业集聚程度越高的地区越对文化企业有着正的外部性影响，文化产业的生产有着明显的规模经济特征。从规模分组来看，大规模企业投资效率仅高于小规模企业 1.8%，这进一步说明中国资本市场"施加"给文化上市企业的融资约束是普遍现象，并没有因为企业规模大小不同而不同。从成立年限来看，更为年轻的文化企业有着更高的投资效率，可能的原因在于，成立较早的文化上市企业大多由原国有文化事业单位改制而来，公司治理不完善，计划体制遗留因素较多，束缚了企业的发展。

表 5-10　　　　　　　不同分组下的文化企业投资效率

	企业所处地区		企业规模		企业成立年限	
	地区 1	地区 2	小规模	大规模	时间较短	时间较长
投资效率	0.577	0.511	0.527	0.545	0.575	0.499

注：地区 1 表示企业位于北京、上海、深圳、广州四地；地区 2 表示除上述四地外的其他地区。企业成立年限＝2010-企业成立时间。

不完美的资本市场以及产业本身的特点，使得中国文化企业普遍面临着融资约束问题，融资约束带来的投资低效率将严重制约企业自身的发展，进一步掣肘整个文化产业的发展。我们认为，要改变这一现状，必须系统地构建文化产业融资制度，为包括更多中小企业在内的文化企业给予更为有利、公平的融资机会；同时，完善文化产业间接融资制度，建立合理的文化企业信用评价机制和文化产权交易评估机制；最后，利用政府信用，完善健全中小文化企业融资保障机制。

第三节　文化企业的目标市场选择及案例实证

中国文化企业国际化决策的关键点在于目标市场的有效选择，文化产品在国际市场上表现的深度和广度因素不同于一般商品，目标市场是否有效的选择在很大程度上决定了文化企业国际化进程的成功与否，中国文化产品进入国际市场起步晚、程度低，并不具备"先发优势"，同时，文化产品的国际化进程必然会受到国家间文化差异带来的文化折扣的影响。从目前掌握的文献来看，国内针对文化企业国际化战略的研究并不多见，也鲜有文献就其国际化战略定量研究的方法论进行探讨。本书将利用直觉模糊混合平均（IFHA）算子来表达模糊的因素评价，进而从文化企业决策者角度出发，来描述一个可行的中国文化企业目标市场选择的动态决策模型。

一　国际目标市场以及选择的影响因素

（一）目标市场的界定

就目标市场而言，它是指产品、服务和其他资源跨国转移所必需的一个交易场所，一般是一个国家或者地区。对于任何企业，其国际化进程的重要决策之一就是选择正确、合理的目标国市场，一个错误的目标国市场必然影响企业的经营绩效。一般来讲，"企业进行跨国经营的动机分为资源导向型、市场导向型和生产要素导向型"（小岛清，1987），在不同的导向型动机驱动下，企业会有所选择地从整体市场中细分出目标市场，当然，不同的导向型动机对于细分的目标市场也会存在交互的导向影响。目标市场的有效选择，可以在边际成本最小的地区进行生产进而降低生产成本，进一步提高企业低成本下的竞争优势。同时，产品差异化的生产也是提高销售收入的有效手段，进而为企业创造出更多的经济利益。

（二）目标市场选择的影响因素

一般地，企业在跨国经营决策过程中，对于目标市场的选择主要从以下四个方面进行考虑：东道国因素、母国因素、产业因素和企业因素。

1. 东道国因素

东道国的相关特征因素在目标市场选择决策中有着显著的影响，主要表现在如下几个方面。一是地理距离特征，亚历山大（Alexander，1997）发现企业跨国经营时首先会倾向于选择地理距离邻近的市场。二是市场规模，国内市场效应理论表明，市场规模对投资和贸易有着很强的吸引力，当然，在考虑市场规模的同时也有必要考虑市场的潜力，希尔和琼斯（Hill and Jones，2007）指出目标市场的确定，既要考虑进入市场的难易程度，更要重视长期的盈利能力，需要在区位经济性利益、运营成本和经营风险之间做出有效的平衡。三是资源禀赋，垂直一体化的跨国模式可以将企业交易关系内部化，减少交易成本，因此中间产品供给的质量和效率、人力资源的数量和结构等禀赋因素都有着重要作用。四是制度与政策，东道国稳定的政治局势对国家间的经济往来有着正面影响，其中政策因素包括针对外国产品和投资的相关政策，如关税和外商直接投资（FDI）限制政策等。五是文化差异，康和帕德玛拉曼认为，文化差异会导致交易成本上升并带来协调成本（Kang and Padmanabhan，2005），对国际化经营的企业不利。

2. 母国因素

一是对外开放的程度，母国自身的对外经济政策导向无疑会影响本土企业的国际化决策，一国及实行怎样的对外开放政策，将关系到企业以何种形式"走出去"。二是国家间贸易协定，自贸协定等措施可以向成员国企业提供零关税或优惠关税待遇，减少企业进入新市场的跨国贸易成本。

3. 产业因素

第一，企业会根据产业的自身特征，在产业不同的发展时期以不同的形式进入东道国市场。发达国家与发展中国家之间产业发展的不平衡为发展中国家的企业开展跨国经营提供了机会。同时，产业的生产规模和增长水平也影响着国际化目标市场的选择。第二，产业所面临的市场需求稳定性，频繁的需求变动会促使跨国经营企业倾向于以合资形式进入国际市场。当国际市场上需求普遍低迷时，企业跨国经营的不确定性也随之增加，合资经营形式一定程度上规避了不确定性带来的风险。第三，规模经济是决定企业生产边界的重要因素。希尔和琼斯（Hill and Jones，2007）研究发现，"区别于单纯在国内市场上生产的企业，为规模更大的国际市场制造的企业其累积产出增长更快，随着累积产出的增加，企业将获得规模经济和学习效应，其生产的单位成本和成本结构也将随之下降"。第四，市场竞争程度是另外一个重要因素，对于发展潜力较好的目标市场，其母国或第三国的竞争企业也将相继进入，进而导致市场竞争程度提高，加大进入风险。

4. 企业因素

一是国际化决策的动因，企业试图跨国经营是被动的决策行为，还是一种主动的竞争行为，后者会使企业在目标市场选择时更具有针对性。二是企业自身的规模因素，不同规模的企业进入国际市场的形式存在一定差异，较小规模的企业会倾向于以合资形式进入海外市场以规避风险。在企业成长的不同阶段，海外市场的进入模式也会随着产品出口和对外直接投资的变化而变化。三是海外经营经验和信息不对称的影响，海外经营经验越丰富，信息不对称程度越低，企业可以更好地把握目标市场的需求结构，减少只选择标准化产品供应不同目标市场带来的收益损失。一般来讲，企业会倾向于文化相近、地域毗邻的国家开展跨国经营，经营方式也多以产品出口为先导，然后再考虑其他投资方式。

（三）文化企业国际化目标市场选择的特点

文化企业相比其他行业企业，在目标市场的选择中既有共性，也有区别，一概而论必然会导致决策的偏误。结合文化产业特点以及中国文化企业实际，在目标市场选择中需要充分考虑文化的差异、法律法规以及组织结构差异等多方面因素，具体来讲，主要体现在以下几个方面。

1. 文化差异

交易成本的存在是国际化战略过程中不得不面对的一个问题，特别是文化差异较大的国家之间，信息交流与沟通难度的增加进一步导致交易成本的上升，并在相当程度上影响了管理层或团队的思维，增加决策的不确定性，进而增加了国际化的风险。同时，就产品本身的传播而言，文化产品内容中包含的价值观甚至意识形态，必然会受到文化折扣因素的影响，因此，文化企业应该倾向于选择文化距离较小的目标市场。

2. 目标国市场规模

赫尔普曼—克鲁格曼的国内市场效应模型表明，一国的经济总量（GDP）和经济发展水平（人均 GDP）对于他国产品的消费有着显著影响。相比较而言，文化产品的需求更富有弹性，因此目标国经济水平越高时，休闲娱乐等文化产品的消费水平越高、产品种类越多，也就是说具有更大的市场规模。可见，目标国家的市场规模对于文化企业的国际化决策有着重要吸引力。

3. 市场垄断和政治垄断的程度

对于文化企业而言，目标国市场对于文化产品的销售控制程度越高，则垄断性越强，那么进入该市场的难度越大。同时，与强市场垄断相对的是市场竞争的不规范，文化企业的跨国经营必然遭遇来自非市场方面的摩擦，进而增加额外的运营成本。另外，目标国政府对于文化产品的政治垄断也在很大程度上决定了该国的跨国经营风险。[①] 一方面，对于文化产品意识形态的政府管制制约了文化企业的正常生产与营销活动；另一方面，一个政治制度动荡的国家也很难为投资者提供一个安全的经营环境。

4. 地理上的邻近性

地理上的邻近性在一定程度上表明了公共政策、经济发展水平、文化传承、社会价值观念、零售结构的临近。就中国而言，无论是东亚地区还是东南亚地区，都有着接近的儒家文化传承，且多有华人居住，在这些邻近国家开展文化企业的跨国经营，必然会有着更好的销售渠道和较低的运营成本。

5. 文化企业自身规模

企业跨国经营的规模和水平主要取决于企业自身的生产技术与生产规模，目前中国文化企业普遍规模不大，在开展跨国经营时必须对自身的市场运营实力和风险抵御能力进行必要的评估。

---

① 埃拉米里（Erramili，1992）的研究发现政府的控制或影响也是企业进入国外市场需要考虑的一个重要的环境因素。

二 中国文化企业国际化目标市场的选择

（一）国际化目标市场选择的已有研究综述

对于国外市场选择的研究很多都是基于个案进行的分析，并不具备普遍意义上的指导价值。由于产品自身特点、文化、法律法规、语言和组织结构等多方面的差异，每个企业进入国际市场会面临不同的困难，一种普适性的目标市场选择方法并不存在。文献主要集中于目标市场选择的影响因素的研究，如罗布尔斯（Robles，1994）、梅斯基（Meschi，1994）、托恩格伦（Tongren，1995）、史蒂芬（Stephens，1995）对国家间文化差异因素的研究；埃拉米里（Erramilli，1992）、卡迪略（Cardillo，1995）对于政治稳定性因素的研究等。部分学者针对具体的产业及企业展开了研究，如伍德（Wood，2000）发现美国出口企业以市场潜力、政治、基础设施、经济水平和法律法规作为最重要的选择标准；沃茨（Wirtz，2001）对于德国传媒产业国际化的研究发现，市场潜力、国家风险以及进入障碍成为关键的影响因素；布朗鲁斯和拉库斯（Brouthers and Nakos，2005）针对希腊中小出口企业样本的差异性比较研究发现，采用客观方法选择目标市场的企业，要优于靠直觉因素确定目标市场的企业。就目前而言，学术界一些具有代表性的目标市场评估选择过程和模型见表5-11。

表 5-11   **海外市场选择过程及阶段**

代表学者	第一阶段	第二阶段	第三阶段	第四阶段
卡瓦斯基尔（Cavusgil），1995	筛选	识别	选择	
约翰逊（Johansson），1997	国家识别	初步筛选	深度筛选	最终选择
库玛（Kumar），1994	筛选	识别	选择	
鲁特（Root），1994	初步筛选	深度筛选	最终选择	

资料来源：陈德金、李本乾、陈晓云：《中国传媒集团国际化目标市场选择模型研究——基于文化差异实证与 DMP 方法的分析》，《中国软科学》2011 年第 1 期。

（二）目标市场选择的决策方法

很明显，中国文化企业的目标市场选择是一个多属性群决策问题，需要在多种影响因素、多个市场权衡的背景下做出优化的判别。在具体的决策过程中，一个无法回避的困难就是诸如文化差异性、政治稳定性、市场垄断等因素的判定是模糊的，无法用具体的数值来描述，故而最终的决策结果也必然是一个模糊的概念。因此，本书尝试利用直觉模糊混合平均（以下简称 IFHA）算子方法来构建目标市场的决策过程，具体的步骤如下。

第一，明确决策问题。确定各个细分市场的方案集 $Y = \{Y_1, Y_2, \cdots, Y_n\}$，其中细分市场的属性集为 $G = \{G_1, G_2, \cdots, G_m\}$，即各影响因素或评价指标集。确定 $\omega = \{\omega_1, \omega_2, \cdots, \omega_m\}$ 为属性 $G_j(j = 1, 2, \cdots, m)$ 的权重向量。其中，$\omega_j \in [0, 1](j = 1, 2, \cdots, m)$，$\sum\limits_{j=1}^{m} \omega_j = 1$。

第二，构造直觉模糊决策矩阵。假设方案 Y_i 的特征信息用直觉模糊集表示：

$$Y_i = [G_j, \mu_{Y_i}(G_j), \nu_{Y_i}(G_j)](i = 1, 2, \cdots, n; j = 1, 2, \cdots, m)$$

其中，$\mu_{Y_i}(G_j)$ 表示方案 $Y_i(i = 1, 2, \cdots, n)$ 满足属性 $G_j(j = 1, 2, \cdots, m)$ 的程度，$\nu_{Y_i}(G_j)$ 表示方案 $Y_i(i = 1, 2, \cdots, n)$ 不满足属性 $G_j(j = 1, 2, \cdots, m)$ 的程度，且有

$$\mu_{Y_i}(G_j) \in [0, 1]$$

$$\nu_{Y_i}(G_j) \in [0, 1]$$

$$\mu_{Y_i}(G_j) + \nu_{Y_i}(G_j) \leq 1(i = 1, 2, \cdots, n; j = 1, 2, \cdots, m)$$

可将方案 $Y_i(i = 1, 2, \cdots, n)$ 关于属性 $G_j(j = 1, 2, \cdots, m)$ 的特征用直觉模糊数 $d_{ij} = (\mu_{ij}, \nu_{ij})(i = 1, 2, \cdots, n; j = 1, 2, \cdots, m)$ 表示，即 μ_{ij} 表示方案 Y_i 满足属性 Gj 的程度，ν_{ij} 表示方案 Y_i 不满足属性 Gj 的程度。因此，所有方案 $Y_i(i = 1, 2, \cdots, n)$ 对于任何集合中属性 $G_j(j = 1, 2, \cdots, m)$ 的特征信息可以用一个直觉模糊决策矩阵 D 来表示，如表5-12所示。

表5-12　　　　　　　　　直觉模糊决策矩阵 D

项目	G_1	G_2	$\cdots$	G_m
Y_1	(μ_{11}, ν_{11})	(μ_{12}, ν_{12})	$\cdots$	(μ_{1m}, ν_{1m})
Y_2	(μ_{21}, ν_{21})	(μ_{22}, ν_{22})	$\cdots$	(μ_{2m}, ν_{2m})
$\cdots$	$\cdots$	$\cdots$	$\cdots$	$\cdots$
Y_n	(μ_{n1}, ν_{n1})	(μ_{n2}, ν_{n2})	$\cdots$	(μ_{nm}, ν_{nm})

第三，确立直觉模糊混合平均（IFHA）算子。直觉模糊混合平均（IFHA）算子是一个映射 IFHA：$\Theta^n \to \Theta$，该算子使得

$$IFHA_{\omega,\ w}(\alpha_1,\ \alpha_2,\ \cdots,\ \alpha_n) = w_1\alpha_{\sigma1} + w_2\alpha_{\sigma2} + \cdots + w_n\alpha_{\sigma n} \quad （式5-20）$$

其中 $w = (w_1,\ w_2,\ \cdots,\ w_m)^T$ 为 IFHA 算子的加权权重向量，$\omega_j \in [0,\ 1](j = 1,\ 2,\ \cdots,\ m)$，$\sum_{j=1}^{m} \omega_j = 1$；

$\dot{\alpha}_{\sigma(j)}$ 是一组模糊数，且有 $\dot{\alpha}_j = (\dot{\alpha}_j = m\omega_j\alpha_j,\ j = 1,\ 2,\ \cdots,\ m)$ 中第 j 个最大的元素，对于 $(\sigma(1),\ \sigma(2),\ \cdots,\ \sigma(m))$ 是 $(1,\ 2,\ \cdots,\ m)$ 的一个置换，即 $\dot{\alpha}_\sigma(j)$ 是加权的直觉模糊数组的一个置换，使得 $\dot{\alpha}_{\sigma(j)} \geqslant \dot{\alpha}_{\sigma(j+1)}(j = 1,\ 2,\ \cdots,\ m - 1)$。$\omega = (\omega_1,\ \omega_2,\ \cdots,\ \omega_m)$ 是 $\alpha_j(j = 1,\ 2,\ \cdots,\ m)$ 的属性权重向量，满足 $\omega_j \in [0,\ 1](j = 1,\ 2,\ \cdots,\ m)$，$\sum_{j=1}^{m} \omega_j = 1$，有 m 为平衡系数。

可以设：$\dot{\alpha}_{\sigma(j)} = (\mu_{\dot{\alpha}_{\sigma(j)}},\ \nu_{\dot{\alpha}_{\sigma(j)}})(j = 1,\ 2,\ \cdots,\ m)$，有

$$IFHA_{\omega,\ w}(\alpha_1,\ \alpha_2,\ \cdots,\ \alpha_n) = (1 - \prod_{j=1}^{m}(1 - \mu_{\dot{\alpha}_{\sigma(j)}})^{\omega_j} \prod_{j=1}^{m} \nu_{\dot{\alpha}_{\sigma(j)}}^{\omega_j})$$

$$（式5-21）$$

故 IFHA 算子集成所得到的值也是直觉模糊数。

利用 IFHA 算子 $d_i = IFHA_{\omega,\ w}(d_{i1},\ d_{i2},\ \cdots,\ d_{im})(i = 1,\ 2,\ \cdots,\ n)$，集成方案 $Y_i(i = 1,\ 2,\ \cdots,\ n)$ 中关于所有属性 $G_j(j = 1,\ 2,\ \cdots,\ m)$ 的特征信息 $d_{ij} = (\mu_{ij},\ \nu_{ij})(i = 1,\ 2,\ \cdots,\ n;\ j = 1,\ 2,\ \cdots,\ m)$，其中 $w = (w_1,\ w_2,\ \cdots,\ w_m)^T$ 为 IFHA 算子的加权权重向量，$\omega_j \in [0,\ 1](j = 1,\ 2,\ \cdots,\ m)$，$\sum_{j=1}^{m} \omega_j = 1$，从而可获得方案 $Y_i(i = 1,\ 2,\ \cdots,\ n)$ 的综合属性值 $d_i = (\mu_i,\ \nu_i)(i = 1,\ 2,\ \cdots,\ n)$。

第四，对决策方案排序，进而选择最优方案。结合得分函数 $s(d_i) = \mu_i - \nu_i(i = 1,\ 2,\ \cdots,\ n)$，其中 $s(d_i) \in [-1,\ 1](i = 1,\ 2,\ \cdots,\ n)$，计算方案 $Y_i(i = 1,\ 2,\ \cdots,\ n)$ 的综合属性值，并取得得分值 $s(d_i)(i = 1,\ 2,\ \cdots,\ n)$。利用得分值 $s(d_i)(i = 1,\ 2,\ \cdots,\ n)$ 对方案 $Y_i(i = 1,\ 2,\ \cdots,\ n)$ 进行排序并进行优化选择，同时，分别计算方案 Y_i 综合属性值

的精确度 $h(d_i)$，$h(d_i) = \mu_i + \nu_i (i = 1, 2, \cdots, n)$，然后利用 $h(d_i)$ 对方案 Y_i 和 $Y_j (i \neq j)$ 进行排序，最后选出最佳目标市场。

三　案例实证——中国对外文化集团公司

就目前而言，中国的文化企业国际化过程普遍处于初期阶段。从长期来看，文化企业国际化的目标是提升企业的竞争力，利用更为广阔的海外市场实现经济效应。但是，我们也应该认识到，不同的文化企业之间存在着显著的差异性，如规模的差异、产品的差异、战略定位的差异等，决定了不同的文化企业其海外目标市场的决策过程和优化目标是不同的。基于此，本书以中国对外文化集团公司作为一个案例典型，来描述 IFHA 算子方法下的目标市场选择过程。考虑到该企业海外市场运营和开发的实际，本书以美国（Y_1）、法国（Y_2）、意大利（Y_3）、俄罗斯（Y_4）、日本（Y_5）、韩国（Y_6）、中国香港（Y_7）、新加坡（Y_8）共八个国家和地区作为细分市场。

（一）影响因素评价指标的选取与构建

文化差异性（G_1）：利用霍夫斯泰德（2010）评分指数测度的文化距离作为文化差异的度量，结合科格特和辛格（Kogut and Singh，1988）构造文化距离的复合指数来测度 $culdis_{ij} = \dfrac{1}{6} \displaystyle\sum_{k=1}^{6} \dfrac{(I_{ik} - I_{jk})^2}{V_k}$，$I_{ik}$，$I_{jk}$ 表示 i，j 国在第 k 个文化纬度上的得分，V_k 表示所有样本 k 个纬度指标的方差。文化距离越大，则表明目标国市场与中国的文化差异性越严重。

目标国的经济水平（G_2）：用目标国人均 GDP 来测度。文化产品的需求富有弹性，因此，目标国经济水平越高时，休闲娱乐等文化产品的消费水平越高、产品种类越多，也就是说具有更大的文化产品消费潜力。

市场垄断程度及进入障碍（G_3）：用目标国年平均关税率来测度。关税及关税壁垒本身对于出口产品的定价有着直接影响。

政治垄断程度及政局稳定（G_4）：目标国政府对文化产品市场的垄断管制程度越低、政局稳定度越高，则文化企业的经营风险越低。利用

《国家风险分析报告》给出的政治风险评估指标①作为测度。

地理邻近性（G_5）：用中国与目标国间的地理距离测度。② 地理距离越短、交通便利性好，则文化企业跨国经营的成本压力越小。

目标国文化市场规模（G_6）：用目标国文化产业产值占世界文化产业产值的比例来测度。产值所占比例越大，说明目标国文化产业市场规模越大。

文化企业自身规模与技术水平（G_7）：文化企业自身的规模大小、技术水平、管理水平决定了企业海外市场运营的成本与难度。测度数据来源于针对企业进行的中高层管理者的问卷调查。

（二）IFHA 算子特征信息的专家评分

对于属性权重以及方案特征信息并不存在确定的数值，需要通过专家打分的方式进行模糊判定。针对评价项目的内容、语义和格式等，与相关从事跨国公司研究、文化产业研究、世界经济研究的学者进行访谈，对于属性的权重 $G_j(j = 1, 2, \cdots, 7)$ 及其方案 $Y_i(i = 1, 2, \cdots, 8)$ 相关联的特征信息在（0，10）的数值范围打分，并定义重要程度、满足程度和不满足程度的分值表示，见表 5–13。

表 5–13　　　　　　　　　　　　　特征信息分值表示

程度	分值标准				
	1	3	5	7	9
重要程度	不重要	一般重要	重要	比较重要	极重要
满足程度	不满足	一般满足	满足	比较满足	极满足
不满足程度	满足	一般不满足	不满足	比较不满足	极不满足

---

① 《国家风险分析报告》由中国出口信用保险公司每两年推出，研究对象包括联合国承认的 192 个主权国家，在分析国家基本信息的基础上，从政体、政局、国际关系的角度逐一分析国家政治风险，探索政治稳定性、国内矛盾等"政治状况"的同时，分析国家宏观经济运行状况与"双边关系"等，最后给出国家风险的整体评价和风险评级的"总体风险评估"。

② 来自 CEPII 数据库。由 Head and Mayer（2002）计算，地理距离为使用人口加权的国家间距离，测算公式为 $d_{ij} = \left(\sum_{k \in i} \frac{pop_k}{pop_i} \sum_{l \in j} \frac{pop_l}{pop_j} dkl^{\theta} \right)^{1/\theta}$，$i$，$j$ 为贸易双方，k，l 为双方城市，pop 为人口，θ 取值为 1。

（三）*IFHA* 矩阵的构建

定义属性 $G_j(j = 1, 2, \cdots, 7)$ 的权重为：

$$\omega_j = \sum_{k=1}^{n} f_{kj} \Big/ \sum_{j=1}^{7} \sum_{k=1}^{n} f_{kj}, \ (j = 1, 2, 3, \cdots, 7) \qquad （式5-22）$$

上式中 f_{kj} 为第 $k(k = 1, 2, 3, \cdots, n)$ 个相关专家对于属性 G_j 的打分。根据专家打分，便可以得到属性 $G_j(j = 1, 2, \cdots, 7)$ 的权重向量 ω 。

接着，定义方案 $Y_i(i = 1, 2, \cdots, 8)$ 关于属性 $G_j(j = 1, 2, \cdots, 7)$ 的特征值：

$$\mu_{ij} = \sum_{k=1}^{n} g_{kj}/10n \ (i = 1, 2, 3, \cdots, 8)(j = 1, 2, 3, \cdots, 7)$$

$$（式5-23）$$

$$\nu_{ij} = \sum_{k=1}^{n} h_{kj}/10n \ (i = 1, 2, 3, \cdots, 8)(j = 1, 2, 3, \cdots, 7)$$

$$（式5-24）$$

其中，g_{kj} 和 h_{kj} 分别表示第 k 个专家对于方案 $Y_i(i = 1, 2, \cdots, 8)$ 满足属性以及不满足属性的程度打分。接着利用专家的评分值，计算出 $Y_i(i = 1, 2, \cdots, 8)$ 共计八个方案关于各属性的直觉模糊数，并用矩阵 $D' = (d_{ij})8 \times 7$ 表示。在得到直觉模糊决策矩阵 D' 后，结合前文计算所得权重向量 ω ，对八个方案的属性值进行赋权，并乘以平衡系数 $m = 7$ ，便得到加权的直觉模糊决策矩阵 D ，见表5-14。

（四）优化方案的排序选择

在得到加权直觉模糊决策矩阵 D 后，需要对每个方案的加权属性值按照大小关系进行排序。在排序过程中，为了避免不公正因素对于决策过程的影响，需要对较大和较小的离散取值赋以较小的权重以消除影响，因此有必要对 IFHA 算子正态化处理，利用正态分布的加权向量 ω 进行加权，继而求得方案 $Y_i(i = 1, 2, \cdots, 8)$ 的综合属性值 $d_i(i = 1, 2, \cdots, 8)$ 。

表 5-14　　中国对外文化集团公司目标市场选择的加权直觉模糊决策矩阵 D

项目	G_1	G_2	G_3	G_4	G_5	G_6	G_7
Y_1	(0.275, 0.368)	(0.788, 0.129)	(0.583, 0.311)	(0.455, 0.381)	(0.300, 0.612)	(0.875, 0.130)	(0.700, 0.212)
Y_2	(0.338, 0.455)	(0.659, 0.236)	(0.504, 0.347)	(0.383, 0.601)	(0.290, 0.661)	(0.669, 0.203)	(0.470, 0.388)
Y_3	(0.193, 0.381)	(0.633, 0.208)	(0.611, 0.297)	(0.479, 0.330)	(0.385, 0.522)	(0.591, 0.350)	(0.498, 0.271)
Y_4	(0.217, 0.429)	(0.460, 0.375)	(0.470, 0.388)	(0.285, 0.522)	(0.571, 0.360)	(0.402, 0.481)	(0.633, 0.208)
Y_5	(0.633, 0.251)	(0.700, 0.212)	(0.592, 0.306)	(0.633, 0.251)	(0.780, 0.229)	(0.633, 0.320)	(0.592, 0.306)
Y_6	(0.711, 0.128)	(0.601, 0.287)	(0.498, 0.271)	(0.361, 0.429)	(0.801, 0.200)	(0.510, 0.326)	(0.571, 0.360)
Y_7	(0.787, 0.891)	(0.812, 0.151)	(0.805, 0.195)	(0.680, 0.195)	(0.975, 0.022)	(0.226, 0.603)	(0.690, 0.223)
Y_8	(0.561, 0.625)	(0.690, 0.223)	(0.682, 0.200)	(0.600, 0.227)	(0.603, 0.336)	(0.265, 0.630)	(0.479, 0.330)

进而可求得各方案的得分值为：

$s(d_1) = 0.6013$　　　　　$s(d_2) = 0.4011$

$s(d_3) = 0.3770$　　　　　$s(d_4) = 0.3875$

$s(d_5) = 0.5274$　　　　　$s(d_6) = 0.5301$

$s(d_7) = 0.5887$　　　　　$s(d_8) = 0.4369$

比较得分值可得到各方案的优化排序为：

$Y_1 > Y_7 > Y_6 > Y_5 > Y_8 > Y_2 > Y_4 > Y_3$

可见，在此以中国对外文化集团公司为研究对象，选定的八个目标市场国家（地区）的优化排序为：美国、中国香港、韩国、日本、新加坡、法国、俄罗斯、意大利。

四　目标市场选择的简要评价

前文以中国对外文化集团公司为例，简要地选取了与中国文化贸易、文化交往较为频繁的八个国家和地区作为目标市场，结合 IFHA 算子方法进行了案例分析。结果表明美国、中国香港可以作为该企业海外市场经营的优先选择。美国作为世界上最大的文化产品生产和消费国家，其文化产品的出口占据了世界总出口的 60% 以上，无论是视听产品、图书版权还是迪士尼、时代在线等跨国企业，在世界范围内都有着很强的竞争力。但是我们也应当看到，美国国内市场对文化产品依然有着庞大的需求量，加之包容的文化环境以及成熟稳定的市场制度、政治制度，都应该是文化企业海外运营的优先目标市场。就中国香港来讲，得天独厚的地理位置、历史形成的自由港地位以及和内地完全相同的文化传承，是中国文化企业走向世界舞台的第一步选择，也是与更广阔的其他国家市场对接的最佳地区。

就韩国、日本、新加坡而言，一方面，它们都与中国同处东亚、东南亚范围，不仅地理距离较近，且有着类似的儒家文化习俗、社会价值观念和消费观念，在很大程度上可以减轻中国文化企业开拓市场、营销产品的成本压力；另一方面，三个国家经济发展水平较高，文化产品市场需求潜力较大，特别是对于文化产品消费的种类和层次与中国较为接近。因此，类似上述国家这样地处东亚、东南亚地区的经济发达国家，可以作为中国文化企业海外市场经营的较好选择。

就法国、俄罗斯、意大利而言，它们属于传统的欧洲国家，各自均有着较为悠久的文化历史，风格迥异的中国文化产品要想在这几个国家得到普遍的认可并非易事。对于类似国家而言，更具有中国传统特色的文化产品或许更容易得到青睐，以满足那些对东方文化充满好奇的消费者的需求。

然而，从中国对外文化集团公司的实际运营来看，其海外市场的突破点与本书并不相符，可能的原因，一方面是本书只是一种案例的描述，选取的影响因素和国家地区较为简洁；另一方面在于该企业的国有产权性质，作为文化部、财政部直属和监管的集团公司，其运营策略很大程度上受政治因素影响。随着近年来中国与俄罗斯、法国在政府层面的经济文化交往日益频繁，该企业也将很大的精力投入对于俄罗斯和法国市场的开拓中来。显而易见，存在政策导向的企业很难在经济效益上达到最大化，这也是目前中国文化企业发展中，对于"政策宗旨"还是"经济宗旨"博弈选择的一个共同问题。

本章小结

文化企业是提高文化产品竞争力的重要主体，然而这一主体的提升作用是否现实有效，取决于文化企业自身的生产效率以及技术创新能力如何，取决于在资本市场受到的融资约束程度，取决于国际化运营策略中能否有效选择目标市场。

本章主要通过定量研究手段来描述上述问题。实证结果表明，技术进步对样本书化企业的全要素生产率贡献明显不足，这也正好印证了中国文化产业发展对于技术创新的忽视，以及企业自身研发能力较差这一现状，这里面既有二级投资市场的原因，也有自身的原因。另外，融资约束是中国文化上市企业普遍面临的问题，并导致文化企业的实际投资支出比最优水平低了40%—50%，平均的投资效率仅为53.6%，普遍较低的投资效率使得文化企业创造价值的能力下降，从而长期被债权市场所忽视，进一步加剧了文化企业的融资难问题。同时，由于中国文化企业发展起步较晚，企业之间的差异并不十分明显，因此投资水平"较好"的企业与"较差"

的企业间投资效率差异并不显著，整体分布趋势较为集中。

　　总体来讲，文化企业自身的发展必须改变只注重吸引资本投资的短视行为，而将不断的技术革新与艺术创新作为企业发展的核心竞争力。为了缓解文化企业面临的比较严峻的融资形势，必须系统地构建文化产业融资制度，为包括更多中小企业在内的文化企业给予更为有利、公平的融资机会；同时，完善文化产业间接融资制度，建立合理的文化企业信用评价机制和文化产权交易评估机制；最后，利用政府信用，完善健全中小文化企业融资保障机制。而对于那些跨国运营的文化企业而言，在目标市场选择中需要充分考虑文化、法律法规以及组织结构差异等多方面因素，科学地做出决策，避免"拍脑门"等的错误决策发生。

表 5-15　　　　公司业务范畴属于以下定义的文化产业及细分领域

文化产业	细分领域
新闻服务	新闻
出版印刷发行	图书；杂志；报纸；信息
广播电视电影	广播；电视；电影
网络新媒体	门户网站；电子商务；搜索引擎；网络视频；网络游戏；互联网服务
动漫游戏	动漫；游戏
广告	媒体广告
会展节庆	会展；节庆
旅游	旅行社；景区及景区服务；主题公园；旅游演艺
文化用品	文具；玩具；音像器材
专用软件	数字视频；通信集成
创意设计	园林设计；工业设计
其他服务	艺术品经营服务；版权服务；商务代理服务
体育	体育活动
教育	教育培训
非物质文化遗产	特色中药；特色餐饮等

第六章　政府行为与文化产品
竞争力的提升

> 政府的必要性在于它是竞赛规则的制定者，又是解释和强制执行
> 这些已被决定的规则的裁判者。
>
> ——弗里德曼（M. Friedman）

对于弱势产业的发展而言，政府的扶持有着显著的影响。无论是从经济学对公共政策制定的角度分析，还是考虑文化是值得国家大力推动的社会事业，都可以找到政府介入文化产业发展的理论依据。事实上，公共财政补贴、投资激励、税收减免、规章制定、教育和培训等一系列经济干预手段对于中国文化产业的发展无疑是有益的，但关键仍在于公共财政扶持的有效性，以及政府与市场的角色定位。

本章将就以上观点进行论证和梳理：首先，我们对文化市场中的政府行为进行界定，并在世界范围内观察各国文化政策演变，进而分析中国政府该以何种角色介入文化市场；其次，利用中国省级政府公共文化支出的面板数据进行实证分析，来描述文化公共财政扶持的现状；最后，探讨政府提升文化产品竞争力的现实、有效路径。

第一节　政府行为与文化政策的演变

在经济生活的所有领域，政府都进行了干预。在复杂的现代社会，那种在理想状态下进行资源配置的自由市场并不存在，即使类似美国这样由私人经济支撑国民经济体系的国家，也是建立在一系列如竞争法、税法、合同法、公司的义务等法律基础之上的。同时，基础设施的建设以及公共

产品的供给也依赖于政府本身。相比较其他领域，在文化领域政府的作用显得更为特殊，由于文化产品具有一定的外部性和非位似的消费者偏好，导致文化产业存在着自然垄断和信息不对称，那么，政府通过其行为手段和文化政策进行规制在一定程度上是必要的。特别是对于转型阶段的中国而言，文化产业的发展是建立在数十年来计划经济体系下的文化事业基础之上，先天的不足再加上政府角色未能及时有效地退出，使得在文化领域对政府行为的研究有着重要的现实意义。合理的政府行为和文化政策规制，必然会有效提升中国文化产品的竞争力。

一 文化领域的政府行为

政府主要通过以下三种方式干预文化市场。

第一，制定法律。即颁布与文化产业相关的法律，如竞争法、合同法，此外还有许多文化产业特有的法律法规，如版权法、反淫秽出版物法、隐私权法等。第二，进行管制。通过以上法律法规，政府成立某些机构来监督各个产业，并拥有影响公司运行的权力。第三，津贴补助。为了弥补私人企业提供文化内容形式的不足，政府或者直接为戏剧、芭蕾、歌剧、美术、博物馆等部门提供补贴，或者间接通过许可私人企业以研究或其他知识形式涉足以前只有公共事业部门才能涉足的领域。

这三部分组成了本书所关注的文化领域的政府行为模式，中央政府或地方政府通过法律法规的制定来实施约束手段，通过各种形式的补贴来均衡文化市场。文化领域中政府行为的目标可能比较宽泛，定位于加强文化特性、多样性、创造性或社区文化生活的其他方面；也可能比较具体，由艺术、区域发展、遗产、旅游业等特定领域的措施构成。无论政府行为及文化政策的目标是宽泛的还是具体的，在制定和执行政策时都必须考虑到平衡经济价值因素和文化价值因素的重要性，最终推动文化产业持续、规范、健康发展。

二 政府的角色定位——"放松管制"还是"从严管制"

文化市场中政府对于自身角色的定位，决定了文化政策的制定和行为规制的强度。就中国而言，经济思维方式对于政策制定的影响越来越起到决定性的作用，在教育、福利、公共卫生和社区发展等诸多领域，许多社会政策偏重于强调效率和成本效益，进而导致不利于追求公平、服务质量等更广泛的社会目标。如果一个社会的政府政策过于强调对经济动机的追求，那么，政策组合中的平衡将倾向于支持个人主义，并牺牲集体目标。[①]

从文化领域来讲，"放松管制"的政府行为和文化政策符合个人自由、自治等自由主义思想，但其消极面是可能存在一个相互利用、物欲横流和人情淡薄的社会；而"从严管制"的政府行为将过于宣扬平等主义思想，导致对于人权的践踏，以及国家意志凌驾于社会之上。对于中国政府而言，就需要在经济社会发展的每个特定时点上，选择一种合理的、平衡的角色定位。为了能够利用经济学范式来阐述上述问题，本书尝试通过两个规范经济学问题来回答（本章附录给出了一个艺术生产模型）。[②]

"放松管制"——在完全自愿交换经济的模型中是否存在一个支持文化发展的有效市场路径？在自由市场框架下，文化和艺术的生产可能引起生产、消费的外部效应，公众存在着对于艺术存在价值、选择价值、遗赠价值的非市场需要，除了由个人消费所体现的私人福利增进外，文化产品也显示出公共品的特征，上述因素都将导致市场的失灵。即使在加入政府变量后，也需要证明传导机制中的障碍（如政府失灵）、政治腐败、官僚无效率等因素不会造成对最优结果的偏离。

"从严管制"——政府的补贴和规制是否符合自由市场的经济模型？（1）在一个消费者引导资源分配的框架中，如果公众对于某类文化、艺术的内容产品不存在偏好，那么政府通过补贴或者其他手段所表达强烈偏好的行为，将是一种"专横霸道"的政府垄断政策；（2）如果政府行为大体上与公众偏好一致，那么一个可能的情形是，具有寻租能力的个人和企业会将政府对文化内容的补贴转变为寻租行为的结果，并转变为自身的

[①] 个人主义的目标既包括满足个体对食物、衣物、居所及其他私人商品和服务的需求，也包括满足个体对公共商品的需求；集体目标包括在社会中实现自由、公正、非歧视、公平、社会凝聚力等愿望，满足集体对公共商品的需求和实现与艺术等特定文化相关的目标。

[②] 从国内外研究来看，国家文化特征数据和资料的严重缺乏导致了在文化政策领域进行基础的实证经验研究存在着诸多障碍。

利益，导致文化价值分配的不平等。

三　政府行为与文化政策的演变

无论是"放松管制"抑或是"从严管制"，都并非政府行为的理性选择，在文化政策制定上也要避免过于极端情况的出现。近几十年来，随着人们对文化产业重要性认识的提高，主要国家（如欧洲国家、加拿大、澳大利亚、新西兰等）的文化政策也发生了转变。二战以后，文化领域的政府行为和文化政策的演变主要有以下两个特征。

一是政府从供给和传播单一内容文化转变为多元的、广泛的文化形态。这一转变注重鼓励"普通"人对文化活动的参与，表现出对少数派和弱势群体文化需求的关注，颠覆了将那些为社会上层和中产阶级服务的高雅文化作为标准的文化支配体系。具体的政策层面上的执行体现在：在受资助的艺术项目中削弱"精英"标准在确定艺术优劣方面的作用；强调文化获取和文化参与，而非对高雅艺术"质量"的追求，促进文化多元化和文化多样性；确定政策方向时充分考虑到本地文化价值观和社区文化价值观，等等。

二是从公共部门支配文化政策逐步过渡到私人部门支配文化政策。尽管政府保留了对文化政策一定的指导能力和管理能力，但是，由于政府削减了预算，国有企业从很多领域撤退，政府对文化变革的影响力受到了极大削弱。表现为，文化变革和艺术产业增长的方向现在很少由公共部门有目的地干预所决定，而是更多地取决于商业赞助者和私人出资者的压力。这种趋势形成了文化产业向减少规制、私有化、去国有化的方向发展。

目前从文化产业发展较为成熟的国家来看，管理文化的政府行为模式也形成了较为清晰的轮廓。一是以市场调节模式为主的臂距原则（Principle of Arms Length），以英国等为代表，这类模式主张依靠市场和社会力量来调节文化产业的发展，政府并不会直接参与管理，而主要负责文化政策的发布、法律法规的制定等工作，这一模式也得到了众多文化产业发达国家的认可。二是以私人兴办为主、政府负责引导的模式，以韩国为代表，政府的主要职责是在宏观上引导和协调文化产业的发展，并利用政府权力和合法手段，使文化产业沿着特定方向发展。三是突出集权、分权与放权并存的多元复合模式，以法国为代表，政府在重视宏观调控职能，完善文化法律法规体系的同时，还给予许多公共文化部门相当的自主权，在包括经营收入和人事管理等方面形成了一种独特的契约文化管理模式。

四　对中国政府的启示——有效的介入、有序的退出

转型时期的中国经济和社会发展现状，决定了管理文化产业发展的政府行为模式具有特殊性，但是，向服务型政府的转变方向是不应该改变的。文化产品的特殊属性决定了政府在文化产业发展中需要担当一定的角色任务，但绝不应是主导的角色，就目前中国发展的实际来看，政府的主要职责应该在于文化产业总体发展政策的制定、文化法律法规体系的完善，以及监督和规范文化市场的运行。

从一定意义上讲，中国政府不应该在文化产业发展的过程中唱"独角戏"，而应将具体的文化事务分权于市场经济中的社会组织（非政府组织、非营利组织、社会团体、企业和个人）。适应的、合理的政府行为必然会推动文化产业的良性发展，随着中国建立起完备的、成熟的文化市场体系后，政府管制的强度要逐渐削弱，有序地将"政府之手"从市场中抽出。

第二节　中国政府的公共文化支持研究： 省级面板的经验证据

本节将以公共文化财政支出占比作为代理变量，来实证分析"体制内的政府"是否真的重视文化产业的持续性发展？一直以来，中国以一种"文化大国"的形象出现，而现实告诉我们这种"文化大国"并不等价于"文化强国"，一个重要原因在于各级政府对于公共文化资源匮乏的漠视。就中央政府而言，从"六五"时期到"十一五"时期，文化事业费与国家财政总支出的比重逐年下降，由 0.52% 下降到了 0.38%；文化事业基建投资对国家基建总投资占比从 0.75% 下降到了 0.09%。对于各个地方政府而言，这种情况也是普遍存在的。而与公共文化支出占比逐年

缩水形成鲜明反差的是中国经济持续多年的高增长。一种传统的观点认为，地方政府的收入、支出权利不对等，特别是在分税制改革以后收支缺口加大，使得地方政府对于公共文化等非生产性支出感到难以为继。但实际的情况是从 1994 年开始，除个别年份和省份外，各级政府的经常性财政收入的增速一直高于财政性文化支出的增速，因此，"财力限制论"的说法并不足以解释中国的实际情况。图 6-1 直观描述了近 20 年来财政支出占 GDP 比重与文化事业支出/财政支出的变动趋势。

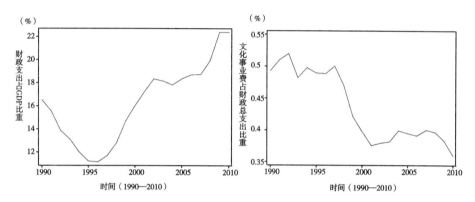

图 6-1 1990—2010 年财政支出占 GDP 比重（左）；
文化事业费占财政总支出比重（右）

显然，公共文化支出比重偏低的事实并非经济发展水平偏低或财力限制等传统理论能够完全解释。众所周知，文化产品的供给具有准公共品属性，仅依靠市场化的私人供给必然会导致低效率和社会不公，因而政府在公共文化产品的供给、公共文化事业的决策中具有举足轻重的地位。但就政府本身而言，它对于公共文化事业的投入并不具有内生的驱动力，也没有受到强制性的约束。因此，探讨政府特别是省级地方政府公共文化支出的影响因素成为本书所关心的问题。

关于公共文化支出的研究大都从以下两个视角出发：一是将公共文化支出看作是政府财政支出的一部分，更具体则是看作科教文卫等"软性"[1] 公共品的一部分，如傅勇（2007）和丁菊红等（2008）等从财政

---

① 丁菊红等（2008）将准公共品根据形态界定为"硬性"和"软性"。

分权角度研究了对公共品支出的影响；二是关注公共文化支出效率，如涂斌（2011）和谭秀阁（2011）等使用了数据包络方法，将公共文化支出作为投入，研究了多个维度的产出效率。然而，公共文化支出只是政府总支出中的一部分，它的影响因素是否可以一概而论似乎并未引起关注；对于中国式财政联邦体制下公共服务提供的激励机制，我们也并不清楚；特别是在控制相关因素后，"瓦格纳（Wagner）法则"和"鲍莫尔（Baumol）成本病"——即国民收入和价格水平的变动对省级政府公共文化支出的影响缺乏完善的实证研究。基于此，本节将利用中国 2004—2010 年省级面板数据，对我们所关心的问题进行验证，并为后文的研究提供一个具有价值的经验证据。

一　政府公共文化支出的相关理论述评

如前文所述，公共文化产品在一定程度上有着准公共品的性质，因此它有着非排他性、非竞争性的特征。考虑到不同的公共品产生的溢出效应不同，所以中央政府和地方政府供给公共品的偏好就存在明显的差异：楼堂会馆、高速公路等基本建设类公共品有着较强的正外部性，它在促进经济发展的同时也成为政绩象征，所以地方政府相对中央政府而言更加偏好此；而公共文化、教育等外溢性较差的公共品，对地方经济发展的效果不明显，地方政府的供给偏好并不强烈，大多是在中央政府的统筹干预下完成。因此，本书也将公共文化供给的主体限定为省级地方政府。①

通常来讲，不同地区经济发展水平的差异也使得地方政府间对于公共品的供给偏好不同，较为落后的地区公共品供给也越落后，这与传统的公共支出增长理论相吻合。"瓦格纳法则"指出随着地区国民收入的增长，公共支出的相对规模也会增长，政府部门支出占 GDP 的比重也会提高。一直以来，国民收入变量是研究政府公共支出的重要解释变量，大量文献基于马斯格雷夫和米哈斯（1997）提出的计量模型 $\ln(G) = \alpha + \beta\ln(YR) +$

---

① 通常中央政府以下的各级政府统称为地方政府，目前中国地方政府分为省、市、县、乡四级，本书中地方政府特指省级地方政府，下文同。

$(1 - \beta) \ln(pop) + \mu$ 进行了经验研究。其中 G 反映政府支出占比水平，YR 为收入变量，当 $\beta > 1$ 时则经验上支持了"瓦格纳法则"，即政府支出/ GDP 的收入弹性大于 1。部分研究验证了这一观点，卫达仕（Withers，1979）针对澳大利亚各地区的研究表明，公共支出需求对于中位数收入水平存在正的弹性系数；罗比尼和阿莱西纳（Roubini，1989；Alesina，1995）使用文化公共支出与 GDP 的占比作为被解释变量，并控制政策波动和结构变动因素进行了实证分析；盖茨那（Getzner et al.，2001；Getzner and Neck，2002）使用平稳性检验和协整理论研究了文化公共支出与政府债务之间的关系，均得出了类似的结论。但是，内克和施耐德（Neck and Schneider，1988）的研究表明公共文化支出和收入（GDP）之间并不存在统计上的显著关系，反而是政党的执政思想和政治周期成为核心变量；舒尔茨和罗斯（Schulze and Rose，1998）对当地乐团政府补贴效果的研究发现，文化补贴支出与收入间回归系数显著为负。

公共文化支出的规模不同于生产性公共支出规模，也会受到价格水平波动的影响，即"鲍莫尔成本病"。在一个两部门模型①中，进步部门生产率的快速增长将导致停滞部门出现相对成本的不断上升，当所有领域工资上涨后，进步部门产出的增加补偿了工资的增长，而停滞部门任何工资的上涨都将导致成本的累积增加，从而增大该部门的相关支出。基于名义价格水平，停滞部门的 GDP 将上升，而基于实际价格水平，停滞部门的 GDP 基本保持稳定，但其劳动力成本将增加。一般而言，价格水平的上升会降低私人部门对文化产品的需求，从而减少私人支出，进而将这部分需求"转嫁"到政府提供的公共文化产品上来；同时，文化部门的成本上升也会要求更多的预算和资金扶持，最终导致政府部门不得不加大公共文化支出的力度。

在国内关于公共品供给的文献中，财政分权和政府间的财政竞争带来的影响也得到了广泛关注。一方面，传统的财政分权理论代表蒂布特

---

① 鲍莫尔建立一个两部门宏观经济增长模型，其中一个是进步部门（progressive sector），另一个是停滞部门（stagnant sector）。进步部门主要指制造业；停滞部门大多是指市政服务、文化教育、表演艺术、饭店和休闲等部门。

(Tiebout，1956）认为，分权增加了地方政府提供地方性公共品的激励，通过"用脚投票"和"用手投票"两种机制，分权下的财政体制可以更好地响应地方选民的偏好，提高文化、教育、社会保障等福利水平。[1] 另一方面，基恩和马钱德（Keen and Marchand，1997）认为，政府间的财政竞争将激励政府采取有利于资本所有者的财政行为，增加生产性支出的投入，挤占有利于当地居民福利的公共服务支出，财政竞争使得基础设施投资的边际区域价值大于边际社会价值，从而基础设施支出份额增加，地方公共品支出减少。[2]

二 实证变量及数据描述

博格斯多姆和古德曼（Bergstrom and Goodman，1973）在关于个人对公共产品需求的研究中给出了一个基础性的研究框架。假设具有常弹性系数的，关于收入和价格水平的个人需求方程为：

$$c = \alpha \, (p_{tax})^{\delta} \cdot RY_j^{\varepsilon} \qquad\qquad （式6-1）$$

其中 p_{tax} 表示政府税收的价格水平，RY_j 为第 j 个个体的实际收入，α、δ、ε 为参数。我们假定所有的公共产品均由政府供给，所有的财政收入均来源于税收且价格水平变动方向相同，[3] 则整体的公共产品供给方程为：

$$C = \alpha \, (p_{exp})^{\delta} \cdot RY_j^{\varepsilon} \cdot Popula^{\gamma} \qquad\qquad （式6-2）$$

其中 p_{exp} 为政府支出的价格水平，$Popula^{\gamma}$ 为人口流动、人口结构等社会人口因素，若参数 $\gamma = 0$ 则为完全的私人性物品，若 $\gamma = 1$ 则为完全的公共物品。根据上式可以得出用于计量验证的线性关系式为：

$$c_{it} = \alpha + \beta_1 Lnry_{it} + \beta_2 Lnp_{it} + \beta_3 Popula_{it} + \chi_{it} + \mu_i + \xi_{it} \qquad （式6-3）$$

其中，χ_{it} 为控制变量，μ_i 反映了不随时间变化的异质性，在实证研究

---

① 国内的相关研究可参考林毅夫、刘志强（2000），乔宝云、范剑勇（2005），张晏、龚六堂（2006），张军、高远等（2007），李婉（2007），傅勇、张晏（2007），王永钦、张晏（2007）等。

② 相关文献可参考钱颖一、罗兰（1998），麦金农（1997），严冀、陆铭（2003），赫尼（2006），傅勇、张晏（2007）等。

③ 卫达仕（1979）给出了关于价格水平变动方向的相关研究结论。

中将以固定效应模型的形式加以控制。i、t 分别为个体标识与时间标识。

被解释变量 c_{it} 为公共文化支出占比规模，反映省级地方政府在制定和执行相关公共文化政策时的力度和决心，即政府在公共文化供给上的结构偏好，我们利用地方文化事业费与地方财政支出的比值作为该地区的公共文化支出占比。为了考察实证结果对变量构造的敏感性，我们还利用地方文化事业费与地区 GDP 的比值来得到另一个变量 $\bar{c}_{it}$。[①] ry_{it} 代表的是收入水平指标，我们利用实际人均 GDP 来表示该地区经济发展和国民收入的变动，以 2000 年为基期通过人均 GDP 指数折算；p_{it} 为价格水平指标，部分文献使用 GDP 平减指数来反映价格水平的波动，但考虑到本书关心的是公共文化部门的支出，使用 GDP 平减指数略显粗糙，因此我们利用名义财政支出/实际财政支出来得到各地区财政支出平减指数，用以考察公共支出的价格水平波动，实际财政支出以 2000 年为基期利用各地区商品零售价格指数折算得到。

地方居民的偏好也会导致政府财政支出结构的改变，无论是文献中涉及的流动人口加固定政府模型（见蒂布特研究），还是固定人口加流动政府模型（见法盖的研究），都可以理解为居民通过“用脚投票”或“用手投票”来向地方政府施加压力，使其提供为居民所需要的公共产品。为了反映人口因素带来的影响，我们引入相关变量加以控制。首先是总人口 $allpop_{it}$ 和人口密度 pop_{it}，一般来讲人口基数大、人口密度高的地区，公共文化供给带来的正外部性更强，政府会倾向于提供更多的公共品；其次是城镇化水平 ur_{it}，城镇化水平越高的地区有着更为活跃的商业和工业活动，因此需要更多的公共文化服务来吸引和维持这些活动；再次是 65 岁以上人口所占比例 old_{it}，通常来讲，年轻人与老年人相比具有更强的文化消费倾向，随着年龄的增长，对作为总需求一部分的公共文化产品的需求随之递减，可以推测出拥有相同收入和税额的年轻人对公共文化产品的需求将比老年人更多，这也是我们经常观察到的结果。具体数据见表 6-1。

---

① 用公共支出/GDP、文化支出/GDP 来反映支出占比规模的指标构造，可参考罗比尼和萨克斯（1989），阿莱西纳和佩罗蒂（1995）和盖茨那等人（2005）的研究，等等。

表 6-1 数据的统计描述

	Mean	Std. Dev	Obs		Mean	Std. Dev	Obs
c	0.0046	0.0012	210	$allpop$	0.4345	0.2626	210
$\bar{c}$	0.0008	0.0004	210	pop	0.4173	0.5850	210
Lnc	−5.4032	0.2418	210	ur	0.4709	0.1361	210
$\overline{Lnc}$	−7.1876	0.4133	210	old	0.0904	0.0173	210
$Lnry$	9.5494	0.5703	210	fd	1.4347	1.1366	210
Lnp	1.2728	0.4299	210	gc	0.0529	0.0636	210

其他的控制变量包括了财政分权指标和政府财政竞争指标。很多文献认为，中国的财政分权以及基于考核的政府财政竞争，加剧了地方政府公共支出结构的扭曲。财政分权的指标大多从财力划分的角度衡量，有的使用地方财政收入占比，有的使用地方财政支出占比，但都无法全面衡量中国财政分权的复杂性，我们遵循国际上较成熟的方法，用地方人均财政支出与全国人均财政支出的比值来衡量地方财政分权程度 fd_{it}。张军等（2007）研究认为，对于政府竞争而言，其目的就是为地方经济招商引资，特别是吸引外商直接投资。所以为了更好地吸引外商直接投资，各地政府偏好于改善基础设施、完善园区建设等，从而扭曲公共支出结构，因此我们用各地区实际利用外商直接投资与全国实际利用外商直接投资的比值来衡量政府竞争 gc_{it}。

我们的实证研究主要针对 2004—2010 年这一时期，目的在于确保一届政府中的主要执政力量处于在位期，不会受到换届影响，保证公共文化政策的全局稳定，样本涵盖除港、澳、台、西藏以外的 30 个省、市、自治区。数据来源于相应年份的《中国统计年鉴》《中国文化文物统计年鉴》《中国财政年鉴》以及部分年份的人口普查统计资料。

三 实证结论及分析

（一）基本回归结果

表 6-2 报告了基本的回归结果。除了国民收入（$Lnry$）和价格水平变量（Lnp）外，我们还在回归中逐步放入一系列的控制变量。从定性

的角度讲，固定效应会更适合模型的估计，从各列报告的豪斯曼（Hausman）检验结果来看，也支持固定效应模型优于随机效应模型。为了克服可能存在的条件异方差，我们对估计参数的标准误进行了怀特（White）异方差修正。

表6-2　　　　　　　　　　　　　基本回归结果

	因变量 C				
	（1）	（2）	（3）	（4）	（5）
Lnry	−0.084 *** (0.022)	−0.085 *** (0.025)	−0.083 *** (0.024)	−0.081 *** (0.025)	−0.074 *** (0.031)
Lnp	0.064 *** (0.011)	0.072 *** (0.012)	0.065 *** (0.012)	0.067 *** (0.012)	0.080 *** (0.015)
allpop		−0.213 ** (0.106)		−0.180 * (0.105)	−0.151 (0.106)
pop		0.051 ** (0.022)		0.103 *** (0.031)	0.102 *** (0.030)
ur		−0.102 *** (0.033)		−0.086 *** (0.032)	−0.081 ** (0.033)
old		−0.160 (0.176)		−0.061 (0.175)	−0.112 (0.178)
fd			0.001 (0.006)	0.019 ** (0.008)	0.018 ** (0.008)
gc			−0.151 ** (0.068)	−0.129 * (0.066)	−0.145 ** (0.067)
时间效应	No	No	No	No	Yes
Hausman	8.33 ** [0.016]	28.71 *** [0.000]	10.41 ** [0.034]	21.90 *** [0.005]	25.29 *** [0.001]
Within R^2	0.336	0.410	0.377	0.441	0.629
Obs	210	210	210	210	210

注：***、**、*分别表示1%、5%、10%的显著性水平；我们报告了稳健标准误；方括号内为Hausman检定的伴随 p 值。

第（1）列没有考虑其他控制变量，国民收入的系数为−0.084且统计显著，表明国民收入每增加1%公共文化支出占比会下降约18.2%（$\beta_1/\bar{c} = -0.084/0.0046$），这与我们的理论预期不相符；价格水平的系数显著为正，其每增加1%公共文化支出占比会上升约13.9%，符合前文的理论探讨。那么在控制了其他相关变量后上述结果是否稳健了？第（2）列到第（3）列分别控制了居民层面因素（总人口、人口密度、城镇化率、老年人口比）和政府层面因素（财政分权、政府竞争）的影响。一方面，上述变量可能同时影响到公共文化支出和国民收入，忽略这些变量会导致"遗漏变量"问题而得到不一致估计；另一方面，这些控制变量本身对公共文化支出的影响也值得关注。可以看到，与回归（1）相比，国民收入和价格水平的系数并无显著差异。

第（4）列进一步控制了所有变量，它们的系数与之前各列中对应的系数相差不大。第（5）列在第（4）列的基础上进一步引入时间效应，以控制随时间变化的、无法观测的影响，此时 R^2 提高到 0.63，无法观测的时间效应进一步解释了 19%（＝0.63-0.44）的公共文化支出变动。对于加入的时间趋势变量进行显著性检定，其 *wald* 统计量值为 9.33，伴随 *p* 值为 0.000，可见无法观测的时间因素对于模型的解释能力是显著的。我们可以借助这列结果分析各个变量对于公共文化支出占比的解释力：具体而言，国民收入和价格水平变量的估计系数值和显著性水平与之前各列并无较大差异；在其他条件不变的情况下，人口密度和财政分权增加一个标准差分别使公共文化支出占比上升 5.9（＝0.585×0.102）个和 2.1（＝1.137×0.018）个百分点，与前文的理论预期相一致；城镇化水平和政府竞争增加一个标准差使得公共文化支出占比分别下降 1.1 个和 0.9 个百分点。

值得注意的是，城镇化水平的估计系数为负，表明在城镇化建设的进程中，政府公共支出会偏向于配套性的生产性支出或基础设施支出，支出结构的扭曲使得公共文化支出减少；同时，在控制了人口密度和城镇化水平后，总人口数和老年人占比并不具备统计显著性。

为了考察估计结果对变量构造是否敏感，表 6-3 的第（1）列中使用文化事业费/GDP 作为因变量，在控制了所有要素后，国民收入和价格水平的系数符号和显著性水平与表 6-2 中结果相一致。表 6-3 的第（2）、（3）列对两种方法得到的公共文化支出占比都取对数，结果表明因变量的构造方式并不会对我们的实证结果产生实质性的影响。

表 6-3	基本回归结果（敏感性检验）		
因变量 =	$\bar{c}$ （1）	Lnc （2）	$Ln\bar{c}$ （3）
$Lnry$	−0.233 *** （0.035）	−0.740 *** （0.196）	−1.830 *** （0.554）
Lnp	0.093 *** （0.023）	0.658 *** （0.096）	0.902 *** （0.311）
Within R^2	0.609	0.534	0.551
Obs	210	210	210

注：*** 表示 1% 的显著性水平；我们报告了稳健标准误；上述回归中均控制了所有解释变量以及时间因素。

（二）内生性问题及工具变量法估计结果

本书所关注的国民收入水平与政府公共文化支出间很可能存在着双向因果关系，这种联动性将会导致内生性问题的存在；此外，遗漏的某些时变的而又共同影响国民收入水平与政府公共文化支出的无法观测因素也可能会导致内生性。严重的内生性将导致估计的偏误或非一致，因此，我们对估计模型存在的内生性问题采用工具变量法进行处理。

首先，选用样本期内的各省高速公路里程数作为国民收入水平的一个工具变量。① 高速公路里程一定程度上反映了经济发展的水平，同时它本身对公共文化支出并无直接的影响路径，保证了工具变量的外生条件。并且，根据伍德里奇（Wooldridge，2002）的观点，在大样本下增加工具变量会得到更有效的估计结果，本书还选取了样本期内各省城镇登记失业率作为第二个工具变量。② 失业率显然是与国民收入水平高度相关的，但其本身相对于公共文化支出而言却是外生的，满足了工具变量选择的理论要求。后文的相关检定也告诉我们，选取高速公路里程与城镇失业率是较为理想的工具变量。

表 6-4 中第（1）列给出了使用工具变量法进行的面板固定效应估计结果。国民收入的系数估计值依旧为负且统计显著，在考虑内生性问题存在的情况下，国民收入水平的提高使得公共文化支出占比下降；价格水平

---

① 数据来源于国研网统计数据库。
② 数据来源于《中国统计年鉴》，其中 2005 年上海数据来源于《上海统计年鉴》。

估计值为正且显著，与前文得到的结果并无较大差异。

表 6-4　　　　　　　　　面板工具变量估计和稳健性检定结果

	工具变量估计	稳健性检定		
	（1）	（2）	（3）	（4）
Lnry	−0.083 *** (0.024)	−0.103 ** (0.047)	−0.122 ** (0.068)	−0.040 *** (0.012)
Lnp	0.068 *** (0.039)	0.071 *** (0.022)	0.083 *** (0.040)	0.077 *** (0.004)
allpop	−0.177 (0.152)	−0.058 (0.096)	0.305 (0.299)	−0.017 *** (0.004)
pop	0.104 *** (0.032)	0.073 *** (0.023)	−0.513 (0.341)	0.002 * (0.001)
ur	−0.085 *** (0.034)	−0.049 ** (0.023)	−0.050 (0.050)	−0.038 *** (0.006)
old	−0.058 (0.209)	0.011 (0.130)	0.096 (0.295)	−0.124 * (0.064)
fd	0.019 *** (0.009)	0.005 (0.006)	0.024 ** (0.010)	0.005 *** (0.000)
gc	−0.130 *** (0.065)	−0.105 ** (0.049)	−0.114 * (0.068)	0.004 (0.012)
LnC_{t-1}				0.784 *** (0.036)
时间效应	*Yes*	*Yes*	*Yes*	*Yes*
Anderson LM 统计量	15.526 [0.000]	16.893 [0.000]	14.062 [0.000]	
stock and yogo	11.93	10.87	11.60	
sargan 统计量	0.226 [0.635]	1.854 [0.173]	0.041 [0.839]	23.63 [0.701]
AR（1）检定 *p* 值				0.012
AR（2）检定 *p* 值				0.961
Obs	210	168	189	180

注：***、**、* 分别表示 1%、5%、10%的显著性水平。圆括号内为标准误；方括号内为伴随 *p* 值。安德森（Anderson）检定原假设为工具变量与内生变量不相关；萨根（Sargan）检定原假设为过度识别是有效的；动态面板的序列相关检定原假设为不存在自相关。

　　考虑到工具变量的有效性会直接影响到统计推断的一致性，因此有必要对我们选取的工具变量进行评判：（1）为了检定工具变量与内生变量的相关性，对估计模型进行了识别不足的安德森检定，统计量在 1%的水平上拒绝了原假设，即工具变量与内生性变量是高度相关的；（2）考虑到即使不存在工具变量的识别不足，但仍可能存在弱工具变量问题，我们给出斯托克—约根（Stock and Yogo，2005）的最小特征根统计量，其 F 值大于经验判定数值10，拒绝"弱工具变量"的零假设；（3）过度识别检定的萨根统计量值为 0.226，其伴随 p 值为 0.635，不能拒绝过度识别是有效的零假设，因此我们选定的工具变量是外生的。

（三）稳健性检定

为了保证以上估计结果的可靠性，本书从以下三个方面进行稳健性分析。

第一，剔除异常样本点。通常，省级政府的公共文化支出可能因为某些突发的政治任务事件或民生要求而产生较大波动，进而影响模型的估计结果。为了剔除公共文化支出异常值的影响，我们将样本中公共文化支出低于5%分位点和高于95%分位点的数值予以剔除，重新进行面板固定效应的工具变量估计，结果报告于表6-4第（2）列。

我们关注的国民收入变量、价格水平变量的估计值和显著性水平没有发生明显变化，控制变量的估计结果也基本相同，总体来看异常样本点并未对我们的基本估计带来实质性的影响。

第二，剔除"特殊地区效应"。所选样本的30个省份中存在着像北京、天津、上海这样高经济发展水平、高文化发展水平的地区，这些"特殊地区"会不会影响模型估计的稳健性？本书将上述三个地区从样本中予以剔除并重新进行估计，见表6-4第（3）列。结果显示，除了个别控制变量的显著性发生波动外，回归结果总体上是稳健的。

第三，动态面板估计。本书也考虑到政府公共文化政策的实施是一个连续动态的过程，上期政策作用的积累可能会对当期政策效果产生一定的影响。为了使实证研究告诉我们的结论更有说服力，本书对动态化过程进行了计量分析，将被解释变量的一阶滞后项 C_{t-1} 作为解释变量加入模型中，此时不可避免地会出现内生性问题，从而导致估计的有偏，因此需要寻找合适的工具变量。阿雷拉诺和邦德（Arellano and Bond，1991）使用所有可能的滞后变量作为工具变量，对差分后的方程进行了广义矩估计（以下简称GMM），也被称为差分GMM。不过这种方法容易受到小样本偏误和弱工具变量的影响，为此阿雷拉诺和博韦尔（Arellano and Bover，1995）重新回到了差分之前的水平方程，进一步使用了水平方程的矩条件，将滞后变量的一阶差分作为水平变量的工具变量进行水平 GMM 估计。对于动态面板的检验主要是关于残差项是否存在二阶自相关和工具变量是否有效，表中列出的 AR（2）为二阶序列相关检验统计量，原假设为不存在序列相关性；萨根检验为过度识别检验，原假设为工具变量是有效的。本书采用温德梅尔（Windmeijer，2005）提出的二阶段纠偏稳健估计量计算标准误。

从动态回归结果来看，我们关心的主要解释变量基本保持了一致性。上期的公共文化政策对当期具有一个正向的累积效应，并且在统计上是显著的；国民收入的系数依旧显著为负；价格水平对公共文化支出占比依然具有显著的正相关关系。萨根检验表明估计使用的工具变量是有效的；同时，阿雷拉诺和邦德（Arellano-Bond）序列相关 AR（1）检验拒绝零假设，而 AR（2）检验接受零假设，表明模型的残差序列不相关，工具变量是有效的。

（四）实证结果的评价

财政支出中公共文化支出占多大的比例，体现了政府举办文化的努力程度。实证结果表明，政府消费价格水平的上涨是近年来地方政府提高公共文化支出占比的主要因素，也就是说"成本病"迫使政府加大了支出力度，但这种文化支出的增长是被动的，并非政府主动增加支出的内因。而反观最可能促使政府扩大文化支出水平的国民收入因素，并没有像我们预想的那样，而是形成一种"地方政府越富裕、越舍不得为文化花钱"的怪象。

图 6-2 利用各省份的数据直观地进行了描述。图中给出了三个纬度的信息，纵轴表示文化事业经费与 GDP 占比，横轴表示各个省份个人文化娱乐支出，圆形面积表示各省份人均 GDP 值，面积越大则数值越大。可以直观地看出，"富裕"的省份一般具有较高的个人文娱支出，而政府在公共文化支出方面的比例却比较低，这是一个有趣的现象，原因可能有以下几点。

第一，省级地方政府在制定文化政策和开展公共文化事业中扮演着举

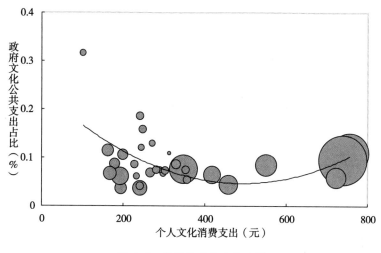

图 6-2　各省份公共文化支出

足轻重的角色，财政分权以来，省级政府在支配经济资源上拥有了更大的自主性。公共文化投资在短时间内无法为经济增长做贡献，且具有区域外溢性，而政府官员任期有限，所以地方官员没有动力将更多的财政收入转化为文化投资支出，避免去为他人做"嫁衣"，此时的政府供给结构和社会需求的政府供给结构之间并不存在内生的一致性。

　　第二，地方政府的目标是一个复杂的问题，但目前国内文献研究的一个共识是中国省级政府主要面对的是经济增长激励和政治上升激励，促使其将更多的财力物力投入投资周期短、对 GDP 贡献大的有形准公共产品，而忽视医疗、教育、文化、卫生等"软性"产品供给。同时，地方政府间的竞争形成了偏向生产性支出的支出结构，地方虽然重视中央意图发展文化的长远战略思想，但受部门利益和政治博弈的影响，地方更倾向于短期生产性投资，文化支出虽然总量在上升，但结构上仍不受地方政府重视，受到抑制，故而所占比重持续下降。正如基恩和马钱德（Keen and Marchand，1998）所描述的，政府间的竞争只会导致更多的商业中心和机场出现，而居民所需要的公园和图书馆却始终是紧缺的。

　　第三，就中国实际而言，公众偏好并不是地方政府支出的首要选择（周黎安，2004；汤玉刚，2007；李婉，2007）。目前缺乏真正发挥作用的"用手投票"机制，限制了人口自由流动的现行户籍制度也使得"用脚投票"机制受到很大约束，无法通过家户的搬迁与流动来体现对地区公共设施建设的选择偏好。但随着经济社会的发展，公众偏好发生了变化，公众对包括文化产品在内的公共品需求逐步上升，一些地区的公众偏好通过民意表达等各种形式传递到中央以及地方政府（比如普遍存在的"上访"现象和网络平台呼吁机制等），也在逐步改变着地方政府的偏好。

实证研究的结果表明国民收入的增长并没有使政府在更大程度上加大对公共文化的支出，反而是价格水平的上升——"成本病"使政府被动地增大了投入力度。我们发现地方政府和中央政府在公共文化事业建设上的偏好可能并不相同，一个普遍共识的理由是，地方政府在分权体制下不愿意提供需要较多资金而政绩效应很差的软公共品（王永钦等，2007）。针对这个现象，我们认为有两种较为可行的解决路径：一是将公共文化支出"刚性化"处理，从政策上规定文化事业经费支出比例与经济增长相匹配的增长波动区间，减小生产性公共支出的"挤出效应"；二是从一定程度上改善政绩考核机制，现行考核机制总是存在着促使地方政府减少公共文化支出的潜在激励，因此，一定"自下而上"的有效考核是必需的，没有人比辖区居民对当地执政者的表现更为关心和更有发言权了。

第三节　中国政府的现实路径

随着世界经济格局的转变以及政府重视程度的逐步提高，中国的文化产业开始了常态化的发展，文化产品竞争力得到了逐步的提升。前文的分析已经表明，文化产品竞争力的可持续性发展需要政府提供良好的政策驱动，合理有效的规制与引导，并搭建适宜的平台环境。结合现状实际，本书将从法律法规和配套政策体系的构建、文化政策性金融的扶持、文化产权交易所（平台）的规范这三条现实有效路径展开探讨。

一　政府规制的法律法规和配套政策体系

法律制度和配套政策一方面对文化产品竞争力的提升起着促进和推动作用，另一方面也承担着引导和规范文化市场的责任。中国文化产业政策和法律体系建设以文化体制改革为分水岭，划分为两个阶段：在 2002 年以前，主要是以体制内政府管理模式的内部调整为主，动作幅度并不大，涉及的内容也止于扩大文化经营活动范围、规范市场经营行为的表面，原因在于政府对促进"体制内"产业的发展缺乏内生的驱动力；2003 年后，国务院明确确立了文化产业发展的市场性主导地位，相继出台的若干统领性文件也以保障和促进作为主要目的。表 6-5 给出了近 10 年来国家关于文化产业发展的相关政策安排。

表 6-5　　中国政府关于文化发展的相关政策体系（2000—2011 年）

会议时间	相关政策
2000 年 10 月，中共十五届五中全会	《中共中央关于制定国民经济和社会发展第十个五年计划的建议》：第一次在中央正式文件中使用"文化产业"概念，提出推动文化产业发展的任务和要求
2001 年 3 月，九届全国人大四次会议	《国民经济和社会发展第十个五年计划纲要》：发展文化产业被列入"十五"规划，成为我国经济与社会发展战略的重要组成部分
2002 年 11 月，中共十六大	《全面建设小康社会，开创中国特色社会主义事业新局》：指出要积极发展文化事业和文化产业，完善文化政策，支持文化产业发展
2005 年 10 月，中共十六届五中全会	《中共中央关于制定国民经济和社会发展第十一个五年计划的建议》：强调加大政府对文化事业的投入，逐步形成覆盖全社会的比较完备的公共文化服务体系
2006 年 9 月，中共中央办公厅、国务院办公厅	《国家"十一五"时期文化发展规划纲要》：确定重点发展的文化产业门类，优化文化产业布局和结构，转变文化产业增长方式，健全各类文化市场，发展现代文化产品流通组织和流通方式的文化产业策略
2009 年 7 月，国务院	《文化产业振兴规划》：我国第一部文化产业专项规划，为应对国际金融危机的新形势，就加快文化产业振兴的迫切性、指导思想、政策措施等做出明确的指导
2009 年 9 月，文化部	《文化产业投资指导目录》：作为文化振兴计划的细则补充，详细列出了鼓励与限制的文化产业类别，为投资者提供了一个更安全可靠的投资指导，对文化产业投资进行了全面梳理和引导
2010 年 4 月，中央宣传部、中国人民银行、财政部、文化部、国家广电总局、国家新闻出版总署、银监会、证监会、保监会	《关于金融支持文化产业振兴和发展繁荣的指导意见》：立足于发挥信贷、保险、证券等多层次金融市场资源，发挥宣传、文化、金融、财政等多部门工作合力，提出金融支持文化产业发展的 20 项指导意见

续表

会议时间	相关政策
2011年3月，十一届全国人大四次会议	《国民经济和社会发展第十二个五年规划纲要》：明确实施重大文化产业项目带动战略，推进文化产业结构调整与转型升级，鼓励和支持非公有制经济以多种形式进入文化产业领域，实现经济效益和社会效益有机统一
2011年10月，中共十七届六中全会	《中共中央关于深化文化体制改革推动社会主义文化大发展大繁荣若干重大问题的决定》：强调要推进社会主义核心价值体系建设，大力发展公益性文化事业、保障人民基本文化权益，与此同时加快发展文化产业，推动文化产业成为国民经济支柱性产业

就目前来看，中国政府关于文化市场的管理行为模式属于政府主导型的管理方式，相应的文化配套政策主要集中在国务院等部门颁发的行政法规制度层面。近年来出台的与文化市场发展密切相关的法律法规，有《著作权法》《专利法》《文物保护法》《音像制品管理条例》《出版管理条例》等。

考察中国关于文化市场发展的配套政策和法律法规的专业性、系统性和可操作性等条件，并对比国外成熟的文化产业政策法律法规体系会发现，我国还存在着诸多不健全和不完善之处，主要体现在以下几个方面。

首先，尚未形成全面系统的文化市场规制法律体系，缺乏高阶位、统领性的基本法。目前，涉及文化领域的法律法规多以条例、办法、规定居多，只有《著作权法》《专利法》等少数几部全国性的法律。相比国家法律，行政机关的法规条例的规制手段缺乏权威性、强制性和合法性，在具体的执行过程中容易受到执政者的意志影响，缺乏持续的稳定性。法律体系的不健全、基本法的缺失直接导致政府倾向于用政策管理来代替法律管理，制度化、规范化程度很低，也和"将市场的还给市场"这一初衷相悖。韩国自1998年提出"文化立国"以来，倡导的也是政府引导的文化产业发展模型，但韩国政府不仅制定了《文化产业振兴基本法》，而且具备各个细分产业如游戏、电影、演出等一系列产业振兴法，法律阶位高，体系非常完备。

其次，文化政策的配套措施不完备，缺乏可操作性，有政策却难"落地"。政府部门在制定相关文化政策时缺乏科学的论证和调研过程，总是从管理者的高姿态视角下出发，导致其无法准确地把握文化市场，制定的相关政策过于笼统、针对性不强，行为规范没有具体的界定标准，经常出现初衷很好的规制政策却无法"接地气"。同时，很多陈旧的规定和新出台的规定相互交叉，缺位、错位、越位现象严重，使得管理者和被管理者都无所适从。以北京2012年出台的《关于金融促进首都文化创意产业发展的意见》为例，提出新三板挂牌企业将扩大至文化创意产业园区，但在以往的实际操作中，新三板只是倾向于动漫、网游等高新技术文化创意企业，要切实落实新的政策，必须针对文化创意园区在新三板上市标准、审批程序等方面出台具体细则。

再次，文化政策和法律法规突出管理性，而忽视了促进功能。目前，现有的政策法律法规体系更多的是突出限制、处罚等管理特点，而较少涉及扶持、引导、保障权利等服务性功能。毫无疑问，文化市场现行的法制功能定位很大程度上依然带有计划体制的痕迹，侧重于官方的主导地位，忽视对于市场力量的激励与引导。尽管近年来诸如文化产业投资、税收优惠，设立扶持基金等利好政策层出不穷，但普遍缺乏明确有力的法律依据和保障，并且未能充分考虑文化产业各行业的特点，税负分担也不够均衡合理，等等。而且不少优惠政策属于空泛的软指标，没有明确具体的硬性规定，管理措施整体上很完善，扶持措施却在操作上存在很大的弹性，不能排除优势企业和个人的寻租可能。

二　文化市场发展的政策性金融平台

前文的经验研究表明，文化上市企业在中国资本市场上普遍存在着融资约束的现象，对于众多的中小文化企业而言，融资约束程度必然更为严重。区别于传统产业门类，文化产业表现出知识和资金的高度密集，充足的资金是所有文化企业持续发展的基础和保障。然而，文化类企业普遍属于"轻资产"型企业，缺乏足够的固定资产进而影响融资。无论是金融机构借贷还是民间借贷，一般均要求有形资产为抵押或者第三方提供相应担保，而文化企业通常以人力资源、版权、著作权等知识产权和无形资产作为核心资产，这与传统的市场融资模式明显不符。那么，政府的政策性金融引导和供给便有着独特而又重要的地位。表6-6陈述了改革开放以来宏观金融和文化资本的发展脉络。

表 6-6　　　　　　　　　　　　宏观金融发展和文化资本发展

文化产业发展阶段	宏观经济金融发展阶段	文化产业与资金来源
早期文化事业阶段 （1978—1988 年）	计划与市场双轨制并存，分离专业银行实施对口金融措施	文化内容受到限定，文化产品种类单一，实施事业行政管理，财政资金保障
传统文化产业阶段 （1989—2000 年）	逐步向市场经济过度，调整信贷结构并引入市场竞争，放宽金融限制	逐步拓展文化外围产品，内容形式略有丰富，实施转企改革
现代文化产业阶段 （2001 年至今）	完善市场基础配置功能，推进银行股份制改革，资金市场化运作	文化产品逐步重视内容形式，文化产业市场化集中，企业市场融资

　　相比较而言，文化市场发展成熟的国家普遍都建立了完善的财政预算体系来支持本国文化产业的发展。如英国政府除直接的财政拨款外，将政府彩票收益的部分额度专门用来扶持文化企业；美国政府则有公益性的文化财政支持体系，联邦财政直接拨款于国家艺术基金、国家人文基金等组织，再由类似的基金组织具体执行资助社区文化团体、规模较小的文化企业以及名不见经传的艺术家，等等。

　　再来看中国文化市场，在股权市场的股权融资方面，至 2011 年上半年，有 22 家文化企业首次上市时募集资金总额仅为 136.58 亿元，整个传播文化板块融资为 170 亿元；在债券市场融资方面，尽管整个文化市场 2010 年末本外币中长期贷款余额同比增幅达到 62%，但绝对量却很小，全年本外币中长期贷款累计新增仅 276 亿元。无论是股权融资还是债券融资，都远远低于同期其他国民经济主要行业的指标。相关资料也显示文化产业投资基金利用不足，截至 2011 年 11 月，我国已披露规模的文化产业基金数量为 82 只，规模合计 1298.95 亿元。其中，人民币基金有 76 只，平均每只的规模仅为 15.76 亿元；美元基金 6 只，平均每只规模折合人民币为 17.97 亿元[①]，相比美国文化市场基金，无论在数量还是规模上，都存在着不小的差距。

　　在苍白的数据面前，一个有效的、完备的政策性金融扶持体系就显得十分重要。中国的金融市场是不完全竞争市场，资本市场的不完善是不争的事实，加之市场机制并非万能，这需要政府运用政策性金融等非市场化

---

① 数据来源于笔者整理所得。

的措施适当介入，通过提供必要的前期资金注入、政策支持、信息诱导等，通过"引导—虹吸—扩张"机制来修补市场失灵，推动文化产业金融市场的培育，进而促进文化企业融资约束问题的有效解决。

三　政府主导的文化产权交易平台的构建及规范

文化产权交易所是指开展各类版权、文化专有权益、公共文化服务、政府采购以及其他文化产权的交易平台场所，也包括名人经纪权、各类冠名权等衍生、创新的文化产权交易。目前内地文化产权交易所的业务范围主要包括文化企业股权转让（国有企业和非国有企业）、文化实务资产处置、收益权预售、文化产品份额化交易、版权交易。其核心业务为文化股权转让，也为文化产业投资提供咨询、策划等服务。集体交易品种为：（1）文化产品股权、物权、债权及知识产权的转让或授权交易；（2）文化创意项目投资受益权、文化产品权益的融资交易；（3）文化艺术品拆分权益、文化产业投资基金和文化产权交易指数等产品交易；（4）资本和文化对接的投融资综合配套服务。从一定意义上讲，文化产权交易所是具有中国特色的一种文化市场融资模式，也是国家"金融助推文化事业大发展"政策的产物。2009年，上海成立了第一家产权交易所，之后在短暂的时间内，全国范围涌现出多家各种性质的文化产权交易平台。就文化产权交易所的运行模式来看，主要表现为三种模式，具体见表6-7。

表6-7　　　　　　　　　内地文化产权交易所模式

模式	性质	功能	特点	代表性平台
北交所	政府主导	文化产权交易；投资融资服务	依托政府，强调政府管理	北京产权交易所文化创意企业投、融资服务中心
雍和园	政府主导	企业融资与孵化；版权交易	依托产业园区自身功能	国际版权交易中心
上交所	股份制	文化产权交易	强调综合的文化产权服务	上海文化产权交易所

资料来源：周正兵：《我国文化产权交易市场发展问题研究》，《中国出版》2011年第17期。

从实际运营模式来看，我国文化产权交易所的"出身"又可以分为两类，国有控股背景文交所和民营背景文交所。国有控股交易所如深圳文交所、上海文交所以及成都文交所，主营业务一般是文化产权挂牌交易，特别是文化企业股权转让。虽然也有艺术品份额交易，但在交易规则设计上相对谨慎，如成都文交所还率先建立了艺术品保险制度，其保险责任涵盖自然灾害、意外事故、盗窃等。而民营控股的文化产权交易所多以市场为导向，尤其热衷于艺术品份额交易模式，如天津文交所、郑州文交所、湖南文交所等。

自 2009—2012 年以来，内地文交所数量呈暴发式增长，短短几年内挂牌交易项目接近 10000 宗，交易总额达 152 亿元，到 2011 年末时，全国各地文交所数量已超过 50 家。然而，繁荣发展的背后也掩盖了很多潜在的问题，这些问题也导致国务院联合多部委联合下发"38 号文件"①紧急叫停文化产权交易所的匆忙上马。众多潜在问题的背后是政府管制的缺位和相关政策的不到位，以天津文交所为"创新者"的部分文交所为例，它们在进行文化产权类证券化的份额化交易时，将不限制参与人数、集合定价、T+0 式连续交易、涨跌幅限制等股票投资机制应用于文化产权交易，导致投机资本的大量涌入，使得艺术品产权出现暴涨暴跌的现象。②

对于此，文化产权交易平台有助于解决诸如文化产业融资难，创意商

---

① 《国务院关于清理整顿各类交易场所切实防范金融风险的决定》（国发［2011］38 号）规定："除原依法设立的证券交易所或国务院批准的从事金融产品交易的交易场所外，任何交易场所均不得将任何权益拆分为均等份额公开发行，不得采取集中竞价、做市商等集中交易方式进行交易；不得将权益按照标准化交易单位持续挂牌交易。任何投资者买入后卖出或卖出后买入同一交易品种的时间间隔不得少于 5 个交易日；除法律、行政法规另有规定外，权益持有人累计不得超过 200 人。"紧接着，具体针对文交所进行整顿的《关于贯彻落实国务院加强文化产权交易和艺术品交易的意见》（中宣发［2011］49 号）以及《文化部关于加强艺术品市场管理工作的通知》（文市发［2011］55 号），文件界定了文化产权交易的概念，规定了文化产权交易所的职能，明确了设立文化产权交易所的基本条件，完善了审批设立程序。另外，文件规定：根据文化体制改革和文化产业发展实际，原则上只允许在省一级设立文化产权交易所。清理整顿期间，不得设立新的文化产权交易所。文件同时规定：设立文化产权交易所，必须由省级人民政府批准。批准前应征求文化部、国家广电总局、国家新闻出版总署意见，并经中央文化体制改革和发展工作领导小组办公室和清理整顿各类交易场所部际联席会议认可。

② 尽管《证券法》明确规定，未经国务院证监部门批准不许向不特定对象发行或向特定对象发行证券累计超过 200 人，但天津文交所不仅集中申购阶段的人数超过了法定数目，并且集中竞价和二级市场的艺术品权益的持有人均远远超过 200 人。而且在投资者信息不对称的情况下，文交所可以与拍卖行事先串通合谋，将三四线艺术家作品经过价格哄抬后抛向二级市场。

品化难，风险资本、社会资本介入后退出难等一系列当下文化市场面临的问题，但政府必须加强理性化政策和规定的完善，避免文交所沦为投机者借机圈钱的工具，应将其引入规范有序合理的发展道路上来。

本章小结

自第二次世界大战以来，为了确立国家在文化领域的地位，文化政策便成为一种明确的机制，政府与文化之间的关系也表现得更加直接，政治气候和制度框架决定了文化公共政策的方向和定位。但是，政府在文化市场中扮演的角色是否合理？公共文化财政的扶持是否有效起到了决定性作用？这是本章考察针对的两点。研究表明，中国文化市场的发展中政府和市场的边界并不明晰，政府过多地干预文化产业发展，文化事业和文化产业"双轨制"成为重要掣肘。同时，来自省级面板的经验研究结论表明，尽管政府公共文化财政支出的绝对量在增加，但事实上这是由于价格水平的上升即鲍莫尔成本病所导致的，而并非来自政府真正意义上的重视以及公共文化支出效率的提高。最后我们针对中国实际，给出了提高文化产品竞争力的政府路径探讨。

附录

假设艺术家生产商业导向的艺术作品和非商业导向的艺术作品，两者均产生经济价值和文化价值，但商业导向的作品主要产生经济价值，非商业导向的作品主要产生文化价值（假定经济价值和文化价值均可由单值变量测度）。艺术家也可能承担只产生经济价值的非艺术工作。艺术家的效用函数是生产的经济价值和文化价值的加权函数，决策变量是分配给商业性艺术工作、非商业性艺术工作和非艺术性工作的劳动时间量。这些劳动时间投入的总和受到可利用的工作时数的限制。

艺术家收入由劳动收入和非劳动收入组成，劳动收入是经济价值的函数，非劳动收入给定外生（若非劳动收入足够大，最小收入约束就不再对决策变量起作用）。

令：v_c = 产生的文化价值；v_e = 产生的经济价值；L_{ax} = 从事商业艺术劳动的工作时间（小时）；L_{ay} = 从事非商业艺术劳动的工作时间（小时）；L_n = 非艺术劳动时间（小时）；H = 每个时期扣除固定数量闲暇时间之后的可用工作时间（小时）；Y = 每个时期的总收入；Y_u = 每个时期的非劳动收入；Y_z = 每个时期的劳动收入；Y^* = 每个时期必需的最低收入水平。

那么，艺术家的决策问题：

$$\max u = (wv_c,\ (1-w)v_e)\qquad 0 \leqslant w \leqslant 1 \qquad\qquad\text{（式 6-4）}$$

$$\text{其中：}v_c = v_c(L_{ax},\ L_{ay}) \qquad\qquad\qquad\text{（式 6-5）}$$

$$v_e = v_e(L_{ax},\ L_{ay},\ L_n) \qquad\qquad\qquad\text{（式 6-6）}$$

并且

$$\partial v_c/\partial L_{ax} < \partial v_c/\partial L_{ay} \qquad\qquad\qquad\text{（式 6-7）}$$

$$\partial v_e/\partial L_n > \partial v_e/\partial L_{ax} > \partial v_e/\partial L_{ay} \qquad\qquad\text{（式 6-8）}$$

$$\text{约束条件为：}L_{ax} + L_{ay} + L_n = H \qquad\qquad\text{（式 6-9）}$$

$$\text{且 }Y \geqslant Y^*。\text{其中：}Y = Y_u + Y_z(v_e) \qquad\qquad\text{（式 6-10）}$$

并且 $\partial Y_z/\partial v_e > 0$

在 $w = 1$（艺术家只关心文化价值的生产）和 $w = 0$（艺术家只关心经济价值生产）的极端情况下，均衡条件表明，劳动时间的分配应使得（式 6-5）和（式 6-6）边际产出相等。根据（式 6-7）和（式 6-8）所示关系，可以推论 $w = 1$ 时 $L_{ay} > L_{ax}$，且 $L_n = 0$；当 $w = 0$ 时，$L_n > L_{ay} > L_{ax}$。如果（式 6-5）和（式 6-6）是线性的，当 $w = 0$ 时，均衡点产生于 $L_{ay} = H$；当 $w = 1$ 时，均衡点产生于 $L_n = H$。在中间情形（$0 < w < 1$）时，结果取决于所假定的函数形式，在（式 6-5）和（式 6-6）均是线性和非线性的情况下，模型可能存在内点解。

第七章　中韩影视产品①竞争力差异化发展的案例分析

> 如果一个企业连国内市场都做不好，那么所谓走向世界就是天方
> 夜谭。
>
> ——波特（M. Porter）

让我们再回到《来自星星的你》的故事，在韩国播出时首播收视率为 15.6%，为 2013 年迷你剧最高首播收视率，全剧完结时最高收视率达 28.1%，均位居韩国 2013 年迷你剧第一位。在中国，该剧网站点击量超过 25 亿，网络最高收视率达 72.1%，并成为史上第一部百度指数破 400 万的电视剧。② "炸鸡和啤酒" 的影响并未局限于中韩两国，在整个亚洲地区也是持续走红。《来自星星的你》并非韩国影视产品强势输出的一个特例，从《大长今》到《秘密花园》，从《我的野蛮女友》到《大叔》，这些优秀的影视作品不仅在本土得到了认可，在海外市场也有着优异的表现，目前韩国的影视产业已经成为汽车产业之后韩国的第二大经济支柱。

反观中国，近年来随着文化产业的国家扶持和激活发展，国产影视剧的数量和质量都有了显著的改善，但相比较中国庞大的人口规模和文化资源规模，取得的成绩就显得微不足道。尽管韩国文化产品综合竞争力的排

---

① 影视产品是指包括广播、电影、电视以及相关的辅助产业在内的产品，它按价值链分，可以分解为创作、生产、集成与流通、消费等各个环节的产出品。

② 在 2014 年两会期间，中共中央政治局常委王岐山就《来自星星的你》一剧谈了对韩剧的看法："韩剧的内核和灵魂，恰恰是历史传统文化的升华，仔细想想韩剧，讲的就是家长里短、婆媳关系、伦理纲常，就像当年的电视剧《渴望》。"（摘自王岐山参加北京代表团审议的发言记录）

名并不突出，但其影视产品的地位已然取代中国香港成为亚洲之首。再考虑到中国和韩国有着邻近的地理位置、类似的文化传承，特别是文化产业发展模式都突出政府的地位和作用，因而，就中韩两国间影视产品进行案例比较，便有着更实际的价值。更进一步地，我们将就中国影视产品国际竞争力的培育短板及经验借鉴进行探讨。

第一节　中韩影视产业发展的近似性

一　相似的儒家文化底蕴

近代以来，由于战争和政治的因素，韩国受到日本式的西方文化影响较重，特别是 20 世纪六七十年代韩国经济的现代化发展就主要是在美国主导的西式文化下实现的。但作为延续上千年的儒家文化传统，已经牢牢根植在韩国国民的价值观和行为准则之中，并指导着民众的日常行为规范。[①]从某种意义上讲，韩国文化是传统的中国儒家文化和韩国社会文化相互作用发展出来的，两国文化之间可以说是"一脉相承"，同属于儒家文化圈，这也决定了两国文化底蕴、生活方式的相似性，以及相同的文化内涵。

二　政府主导的文化产业发展模式

中韩两国对于文化产业的重视和发展都起步较晚。韩国政府对于文化产业的扶持始于 1998 年"文化立国"战略的实施，对政策法规、人才培养、组织机构都给予了足够的资金支持甚至是持续性的投入，十几年来韩国影视产业的迅猛发展与政府的有效支撑是分不开的。中国政府自 2000 年以来，特别是 2006 年以后，认识到了文化产业经济对于经济发展、结构转型、国民导向的重要性，逐步加大了政策和支撑力度。总体而言，两国都是政府主导下的文化产业发展模式，区别在于政府介入的力度和技巧存在

---

① 基本上每部韩国影视作品都会展示这样一个镜头，无论人物社会地位、身份如何，回家第一件事就是去给家中老人请安。小小的细节呈现了温馨的画卷，也展现出这个民族强烈的家庭观念。韩国民众在潜移默化中将尊老的传统文化美德视作理应之事传承下来，而这点，或许是中国文化产品的价值观导向所不及的。

明显差异，就中国而言，目前仍保持着文化产业"双轨制"的特殊结构。

三 共同面临美国文化"霸权"的压力

美国凭借其强势的文化产品输出能力，以及对世界政治经济的影响力，通过贸易谈判方式持续地向中韩两国施加压力，特别是在影视产业上，美国政府常常提出迫使中韩两国开放电影市场的强硬条件。因此，两国都面临着开放市场接受竞争，还是保护本土影视产业的两难选择。

第二节 具体环节的对比

一 一组电影市场数据的对比

表7-1报告了中韩两国电影市场2006—2010年的几个主要指标数据。从总票房和银幕数的指标来看，确实体现了中国近年来影视产业的迅猛发展，但也给了我们一种惊喜的错觉，因为此类总量数据是由26倍于韩国总人口的庞大人口规模所贡献的，实际按人均存量计算，韩国票房是中国的24倍，银幕数是12倍。值得注意的是，2010年我国人均观影次数仅为0.2次，如仅以城镇人口计算，年人均观影次数也仅为0.48次，每人平均两年才看一部影片。而同时期韩国人均观影次数为2.92次，即每人平均一年看三部电影。数据真实地揭示了中国影视产业仍显乏力的消费现状。

中国电影市场在国产片份额的数据表现也很好，但这是在对进口片实行严格的配额制后的结果。中国现阶段用于影院放映的进口片数量控制在每年50部左右，其中分账大片只有20部且必须包括非美国出品的电影；在放映上，国产片的放映时间不能低于全部影片的2/3；外资控股影院的最高股份为49%，而这一比值一度曾为75%。

表7-1　　　　　中国和韩国电影市场（2006—2010年）

	2006年		2007年		2008年		2009年		2010年	
	中国	韩国	中国	韩国	中国	韩国	中国	韩国	中国	韩国
票房（亿美元）	3.29	11	4.38	9.45	6.25	8.88	9.09	8.54	15.03	10.28

续表

	2006 年		2007 年		2008 年		2009 年		2010 年	
	中国	韩国	中国	韩国	中国	韩国	中国	韩国	中国	韩国
国产片份额	55.0%	63.8%	54.1%	50.8%	60.1%	42.1%	56.6%	48.8%	57%	46.5%
人均观影（次）	—	3.1	—	3.2	—	3.0	—	3.2	0.2	2.9
总发行（部）	179	—	188	392	166	379	192	361	280	426
银幕（块）	3034	1880	3527	2058	4097	2081	4723	1996	6256	2003

注：中国数据来源于《中国电影产业研究报告》、国家广播电影电视总局；韩国数据来源于韩国电影振兴委员会。

二　政府的介入和管理模式

毋庸置疑，对中国和韩国来讲，在目前的影视产业发展内外形势下，政府的支持和认可是其文化产业发展的重要保障。事实上，两国政府的文化产业发展模式均属于政府主导的类型，但在政府的扶持方式和介入角色上，两国却存在着较大的差异。韩国政府并不直接介入影视产业的运行，而是交由"放送（广播电视）影像产业振兴院""电影发展基金"等第三方机构去实施干预，政府部门只保留了监督的权力。而中国影视市场依然存在着文化事业和文化产业并存的"双轨制"，政府部门全权干预管理，如国家广播电影电视总局既主导政策的制定，又管理影视产品的制作和生产，还参与审查和市场监管。

三　法律法规及影视政策

法律法规及影视政策的制定，保障了政府可以有效监督、管理电影产业。韩国政府较早就致力于影视配套政策和法律框架的完善，相关法律法规级别较高。早在 1999 年韩国就通过了文化产业的基本法——《文化产业振兴基本法》，随后又颁布了《著作权法》《影像振兴基本法》《电影振兴法》《演出法》《唱片录像带暨游戏制品法》等一系列高效透明的法律政策，真正做到了影视市场的有法可依，成功保证了电影产业市场的开放性。

相比较而言，我国影视产业相关政策法规体系仍需要进一步完善。受传统计划体制及思维的影响，我国影视产业偏重于通过行政命令的方式进行管理，导致政策法规制度的建设进展缓慢。例如，在很长一段时间内，电影行业的监管主要以 2002 年起修订实施的《电影管理条例》及相关规章、规范性文件为主，缺乏一套行之有效的法规体系来促进产业健康发展。而在市场经济环境下，传统的影视行业管理政策缺乏有效论证，稳定性与连续性不够，在制片、发行、放映等环节存在诸多不足。因此，要在 2016 年制定并出台《电影促进法》的基础上，尽快修订、完善并落实与之配套的法规制度及相关补充规定，建立起相应的协调、指导及监督机制，促进我国影视产业政策法规体系逐步走向完善。

四　影视产品的审查执行

影视剧审查一方面是对特定消费观众的保护，另一方面也是对电影创作生产力最大化的解放。审查制度的科学制定，公平透明的执行，对影视创作发展意义深远。1998 年，韩国首先以电影分级制①代替原有的电影审查制，其后在电视剧领域也废除了审查制度，特别是，韩国影视作品的审查工作由民间机构"影像物等级委员会"来完成。由此，不仅原有的政治历史题材禁忌被打破，而且情色、暴力等特定类型的影视作品生产也有了相应的空间，从而出现了《太极旗飘扬》《家族荣耀》《实尾岛》等韩国电影历史上最为著名的影片。

中国影视业的管理一直实行审查制度，由国家广电总局邀请业界人士和相关专家进行行政审查，尽管 2006 年后已经由完整剧本审查简化为剧本梗概备案审查，但后期的完成片审查依然存在。审查内容的条款都是原则性的定性条款，在具体操作方面容易出现不确定性。虽然过去那种中央一级审查的格局不复存在，但影片的市场准入出口并不宽松，对于一些特定题材或风格的电影在艺术的完整性和合理上映权利上并不有利，如《无人区》《树先生》等有着较高艺术成就的影片便是如此。究其原因，一方面是中国社会的复杂性使电影产品的消费市场管理具有相当难度；另

---

① 该制度在法律上规定电影分为五个等级：全民可以观看、12 岁以上可以观看、15 岁以上可以观看、18 岁以上可以观看、限制放映。

一方面，中国文化宣传管理实行的是前期监管而不仅仅是后期惩罚的制度，这种防患于未然的策略是整个政治管理体系的组成部分。

五　税收政策和人才的培养

韩国政府自 1955 年起，对国内所有电影制片商实行免税并持续至今，政府还鼓励三星、大宇等财团积极进入影视界，并对其实行减免税政策。同时，韩国政府专门拨出资金交给电影振兴委员会，用于人才的培育。该辅助金主要为年轻的电影人提供成长学习的机会，凡是进行实验短片、纪录片、艺术独立电影的制作，最高可得到 4 亿韩元或 30%制作费的资助，而一般的商业电影却无辅助金可拿。就中国而言，目前并不存在针对影视产业完善的税收减免政策体系，是否减免、如何减免并无统一标准；而影视人才的培养，除个别院校和势单力薄的民间组织外，基本上属于"优胜劣汰"的形式。

六　影视企业的创新、制作、运营

韩国影视企业十分注重自身名誉价值的影响，体现于不断的改革和创新。韩国影视作品一直以来以制作精良著称，在拍摄时间上，一部电影、电视剧往往拍摄两三年；在影视内容的创作上，编剧并不会将剧本全部写完，一般都是边写、边拍、边播，注重观众的反应，并将观众意见与剧组原计划糅合并再组织剧本。而在中国，耗时半年以上的影视作品已实属罕见，有些利益为导向的发行方和制片方对于作品的艺术价值以及消费观众的反应并不在意，他们更关心市场的轰动和相关广告收益。

同时，韩国影视企业的国际市场营销观念和营销手段先进，对于国际市场的影响十分重视。韩剧之所以能够产生跨国界的吸附力，除精良的制作外，提倡的大众流行文化、明星制度、经纪人制度以及全球化的市场都起到了关键作用。一部影视产品，从制作拍摄，到包装策划，再到后期的宣传推介，是一套完整的"亚洲好莱坞"模式。

七　影视作品的内容技巧

著名导演李少红说过："韩国人从好莱坞学来了两种东西：经营理念

和内容技巧。"韩剧从最初的简单模仿，到自身风格的形成，始终注重在吸纳西方文化的同时以儒学的视角重新包装设计，以爱情、亲情、友情来体现韩国的文化价值观，以朴素的生活细节打动观众，其长处在于更生活化，可看性更强。[①]

中国影视产业的一般理解是大手笔、大制作、大场面就是好作品。事实上，中国近年来的影视作品更多的是模仿，题材缺乏创新，要么太过媚俗，要么过于教化，缺少对于平凡人生中的朴素和人性美的宣扬。对于中国影视制作来讲，向来不缺乏优秀的导演和演员，也不缺乏大手笔的资金和制片技术，缺少的正是"会讲动人故事的人"——即文化产品内容的创意和融合。

第三节　韩国影视产业的"亚洲"身份

2005 年，韩国电影振兴委员会发起的，包括日本电影国际促进协会（UNIJAPAN）、泰国国家电影联合会（FNFAT）、越南媒体公司（VMCorp）、新加坡电影协会（SFC）在内的"亚洲电影工业网络"（AFIN）组织成立。韩国此举在于"理解文化多样性的背景下刺激海外市场，推进亚洲地区电影工业的发展，施惠于每个成员国"，[②] 但实际上也是产能严重过剩的韩国电影产业的海外市场扩张诉求。一方面是竭力促成一个更加广阔的亚洲电影市场，另一方面韩国电影也试图标签为"亚洲电影"来打开欧美市场。长期以来，中国香港是"亚洲电影"的代名词，但这个位置正在被韩国取代。在西方公众的电影消费记忆中，"亚洲电影"通常都是作为东方奇观的视觉标识而存在的，而亚洲各国电影间的差异性却并未引起关注，因此，韩国正着力开发一直由中国香港电影主导

---

① 正如著名导演尤小刚所说："韩流并不像某些媒体吹捧得那么不可一世，更不像某些追风者眼中那么高不可攀，它就是一种认认真真的戏剧，一种能够在平和中传达情感、掀起情感波澜的细腻作品。"（《韩国电影如何用数字说话——打天下》，http://blog.sina.com.cn/s/blog_496bb69f010005zo.html）

② 徐宝康：《韩国"文化立国"见成效　影视业冲出国门》，《人民日报》2006 年 5 月 15 日。

类型的动作片和功夫片。所有对于韩国电影有所观察的人都会注意到，就在釜山电影节的国际影响力赶超中国香港电影金像奖的同时，它所设置的大多数主题单元，都在以亚洲来命名。

第四节　中国影视产品国际竞争力培育的经验启示

一　税收优惠政策的实行

（一）发达国家的经验

国际上普遍对影视产业的生产和出口实行税收优惠政策，尤其是美国、韩国等影视大国更是走在影视优惠政策的前端。早在 1969—1971 年好莱坞大萧条的时期，美国政府就开始实施电影业税收优惠政策，通过对投资影视产业的企业的税收优惠吸引了大量资金进入好莱坞各大制片厂，形成了好莱坞 20 世纪 70 年代的鼎盛时期。1995 年，美国取消对辛迪加管制，1996 年，美国修改《通信法》，从而大大促进了电视网与电影公司间的交易，以好莱坞为代表的娱乐节目制作公司带动了美国娱乐业的新一轮发展。时至今日，美国依然重视对影视产业的税收优惠支持，美国大部分的州都给电影业提供税收优惠政策。根据娱乐调查公司阿修姆（Axium）国际在 2007 年的秋季报告显示，有五个州提供优惠政策旨在吸引电影人在该州成立公司。以推行新优惠政策著称的新墨西哥州为例，该州实行了两项旨在吸引州外的电影制作人来此拍片的政策：其中一项是予以退 25% 的税，另一项是为每个电影项目投资 1500 万美元贷款。2010 年1 月 19 日，美国加利福尼亚州（以下简称加州）和纽约州竞相展开税收优惠政策：加州认为其针对影视公司的税收优惠政策半年来初见成效，决定继续实施；纽约州决定维持影视公司税收优惠政策五年不变。时任加州州长阿诺德·施瓦辛格表示，"自半年前开始实施为 60 个影视制作项目减免税收的优惠措施，预计本财政年度给加州带来 7.1 亿美元收入，这些拍摄活动创造了大量就业岗位，对于实现全州经济复苏至关重要。"纽约州州长戴维·帕特森说："今后 5 年将为在纽约州拍片的影视公司减免大约 21 亿美元税收，这将对纽约州经济复苏起到推动作用。"与美国相邻的加拿大也积极对影视产业实行税收优惠政策。2009 年，加拿大的影视业大省安大略、魁北克、不列颠哥伦比亚等地相继提高本省影视业的税收抵免额，力图以更优惠的税收政策吸引国外影视投资商来加投资，并带动当地的就业和相关行业的发展。加拿大政府制定了名目繁多的税收优惠政策，其中最重要的是《加拿大电影电视制作税收返还条例》和《加拿大电影电视制作服务税收返还条例》。2007 年，安大略省政府宣布，将从 2008 年 1 月 1 日开始实行影视业税收优惠政策永久化。这一政策的主要内容是，对当地影视公司的税收抵免比例由合法安大略省居民人工费用（包括工资、薪金和补助）的 30% 提高到 35%，同时还将商品服务税的税收抵免比例由合法安大略省人工费用开支的 18% 提高到 25%。2008 年，仅这两项税收优惠就使在安大略省拍摄的影视公司节省税款开支 1.65 亿美元。①

再来看韩国的税收优惠措施。1997 年金融危机后，时任韩国总统金大中宣布将致力于把韩国建设成为文化产业大国，政府经济积极扶持文化产业。1997 年 11 月，韩国通商事业部宣布电影业及相关产业属于风险投资业，这意味着电影融资难度减小，并且电影产业可以享受减免税等优惠待遇。此后，韩国制定了大量有关电影产业税收优惠的政策法规。据统计，韩国现行法律、法规中有 15 个部门法涉及电影产业，尤其在扶持中小企业以及税收方面给予优惠，为电影产业的发展提供了法律保障。韩国的《海关法》《附加价值税法》等法律及相关法规也做出了有利于电影产业发展的规定。韩国《关税法》第 50 条按类别规定了各种胶片的税率；《附加价值税法》规定，由文化团体购买或是由于参加电影节而输出/入境的非商业用途的影片可以免税；《特别消费税法》第 18 条规定，电影放映机、摄影机等可免除特别消费税；《租税特例限制法》第 7 条规定，对从事电影业的中小企业，可就其电影业的营业收入减免 10%—15% 的所得税，第 101 条规定，对由外国人或非居民经营的电影企业，可用其购买货物、劳动所发生的费用折免增值税。除此之外，韩国文化园区的税收

---

①　商忧：《国外电影产业融资模式的成功经验（下）》，《中国电影市场》2014 年第 10 期。

优惠也有借鉴意义。韩国文化园区将文化产业相关的技术研究、产品开发和制作、人才培养集于一体,优化了资源组合,实现设备共享,提高了集约化程度,迅速形成规模优势。在文化园区的建设上,韩国是将制造业工业园区建设模式引进文化产业。韩国《文化产业振兴基本法》规定,对园区建设业者免除耕地保护负担金,免除山林、草地复植费,并对相关投资给予税收减免优惠,对相关设备的进口免除关税。在政府的这些税收优惠政策下,韩国的各种文化园区迅速发展起来。截至 2005 年,已建成大田尖端影像及多媒体园区、春川动漫业园区、富川电影漫画业园区、光州工艺设计及卡通业园区、全州数码影像及音像业园区、清州学习用游戏业园区等七大园区。

(二) 完善中国影视产业发展的税收政策

中国目前对于电影企业的税收优惠政策主要是在《电影管理条例》中规定的对新成立的电影制作、发行或者放映企业免征一年至三年的企业所得税。虽然近年来中国电影产业得到了较快的发展,但是与美国、韩国等影视大国相比,仍缺乏大资金的流入,这与中国至今没有较明显的财税倾斜政策有关,中国有关影视产业发展的税收政策目前仍存在很多不完善之处。比如相关税收立法系统性不强,目前涉及电影产业的具体税收政策还比较少;中国促进电影产业发展的税收政策力度也还不够,税负相对较重;对影像制品常见的退回特殊性并没给予足够的重视。对中小型影视企业的重视程度不够,在中国的文化产业中,多数企业作为小规模纳税人在购进固定资产等方面享受不到"增值税转型"所带来的实惠;促进高端影视产业发展的税收政策缺失,在数字技术、新媒体等高端文化产业缺乏体现行业针对性的税收优惠政策,这对中国影视产业的长远发展有不可忽视的影响。为此,中国仍需加大税收优惠,制定更加优惠、更有针对性、更加有力的财政税收政策,吸引更多优秀人才和资金进入影视产业,以增强中国影视产业国际竞争力。具体来说,完善影视产业的税收优惠政策主要可以从以下几个方面着手。[1]

---

[1] 申国军:《发达国家促进文化产业发展税收政策及其借鉴》,《涉外税务》2010 年第 4 期;陈莹莹:《我国文化产业税收政策研究综述》,《经济研究参考》2012 年第 36 期。

1. 完善影视产业税收制度体系

政府部门将扶持影视产业的发展作为国民经济发展的重点，从制度层面确立影视产业优先发展的战略方向，给影视企业提供长期稳定的外部发展环境。中国影视产业税收制度体系的建立应遵循公平税负、平等竞争的原则，改变以往按所有制性质制定税收优惠政策的传统思路，结合近年来税收工作实际，借鉴发达国家通过税收政策促进影视产业发展的经验，完善业已有的税收优惠政策，建立起规范统一、具有针对性的促进影视产业发展的税收制度体系。

2. 降低影视产业相关的税率

在中国目前的税制环境下，文化产业（包括影视产业）主要涉及增值税、营业税和企业所得税。在增值税方面，中国可以效仿发达国家，下调文化企业的增值税适用税率；在营业税方面，可以顺应营业税税制改革的大趋势，以文化产业为试点，改征增值税；在企业所得税方面，可考虑对文化企业适用高新技术企业所实行的 15% 的优惠税率。另外，可以延长临时投资免税制。并且，正视影视产业的特殊性，制定适用于影视产业长期发展的税收优惠政策。如为增加影视企业对未来发展的确切性，以制定企业中长期的发展规划，可将目前的相关税收优惠条款适用年限由一般的 2—3 年延长至 5—10 年。

3. 制定吸引优秀人才的税收优惠政策

影视产业是资金密集型产业，但同时也是智力密集型产业，好的制作人、导演、演员对影视作品的成功都至关重要。美国文化部门就利用雄厚的资金和具有针对性的税收政策，从世界各地吸收大量优秀影视人才，给美国好莱坞带来了无数优秀演员和导演。韩国对在国内文化产业工作的外国人给予 5 年的所得税减免。中国可以借鉴他们的做法，对本国优秀影视从业人员的所得税等做出相应调整，对外国到中国来参加影视制作的人员也给予一定税收优惠政策，从而吸引广大优秀从业人员，提高中国影视产业的竞争力。

4. 制定针对中小型影视企业的税收优惠政策

这类企业由于规模小、技术落后等原因，在市场竞争中处于弱势地位。政府应该出台针对中小型影视企业的税收优惠政策，例如可以给予中小型影视企业各种政策、资金支持；可以给予其所得税抵扣、减免等优惠；或给予其税收担保，以增强其竞争力，扶持其快速成长和发展。

5. 制定促进高端影视产业发展的税收政策

目前，日本生产的数字技术和动漫制品占全球出口总份额的65%，高端文化产业的年产值占到文化产业总产值的80%以上。发达国家为鼓励文化产业利用高科技发展和壮大自身，推行了一系列促进高端文化产业发展的税收政策。如英国对本国生产的数字技术和动漫产品免征增值税，对网络游戏产品出口实行50%退税；法国政府规定对在境内举办的会展活动全部免税。中国应该借鉴发达国家的做法，应以《财政部国家税务总局关于扶持动漫产业发展有关税收政策问题的通知》（财税〔2009〕65号）的出台为契机，不断补充和完善有助于高端文化产业发展的税收政策，为高端文化产业发展铺路。未来的电影发展趋势不可避免要走数字化技术的道路，立体电影（3D电影）浪潮一浪高过一浪，只有促进高端文化产业发展才能为影视产业长远发展铺好路。

6. 制定吸引外资的优惠税收政策

以法国为例，为吸引更多外国电影公司，特别是美国大牌影星来法国拍片，并努力扭转法国电影公司纷纷前往低消费的东欧国家拍片的现状，法国文化部、财政部对来法拍片的外国电影公司都推行优惠税收政策，按照投资数额，给予减税20%的优惠。英国伦敦、德国柏林也对外国电影公司在其城市投资拍片实行优惠税收政策，尤其是针对资金投入大的美国电影公司。中国应该学习发达国家的做法吸引外国电影公司来华投资，以促进竞争并且为中国影视产业带来更多资金。

二　投资融资渠道的扩展

对于任何一个产业而言，投融资体制的建设问题都是制约产业发展的瓶颈问题，对于电影这类资金密集型的产业更是如此，资金供给就是电影产业发展的"血脉"。中国电影产业要发展，必须有资金的大力支持。近年来，国家政策相对改善了中国电影投融资环境，使电影业的投融资能力得以增强，但影视业发展资金的短缺问题仍然是业内关注的焦点。据调查显示，中国影视产业的融资来源大约有90%是自有资金，7%来自政府投入，而社会资金投入只占 2% 。从这些数据可以看出，目前中国影视产业的投融资渠道比较单一，绝大部分资金是自有资金，社会资金的投入比例相当低，难以满足电影制作的资金需求。与此同时，美国、韩国等影视大国开始大规模整合电影文化资源，把投融资问题作为推进电影产业改革的重点，推动了新一轮电影资本投资浪潮的形成。对于中国而言，借鉴影视大国吸引业内外多渠道的资金源进入电影业，推动中国电影产业的纵深发展，已是电影产业发展的必然要求。

（一）发达国家的经验

1. 政府带头引导资金进入电影产业

在电影业投融资方面，发达国家政府起到积极带头作用，采取鼓励政策。早在 1965 年美国就成立了国家艺术拨款委员会，向文化机构提供资助。但是，联邦政府机构并不为其提供百分之百的资金，而是在政策上采取了"杠杆方式"，各州、各地方都必须拨出相应的地方财政来与联邦政府的资金配套。一般联邦政府资助总额不超过项目所需经费的 50%，而另一半须由申请者从政府机构以外筹集。另外，美国政府还通过立法鼓励社会团体、企业和个人对电影等文化事业进行捐赠，美国的文化团体从社会各界得到的捐赠相当于政府财政拨款的 10 倍，实际上这也可以看作是另一种形式的政府投入。除此之外，在电影业的融资方面，美国还发扬了其一贯的金融创新的精神，为电影产业注入了大量资金。1995 年，美国将投资组合的理论运用于电影投资。其运作原理为，一个投资组合中通常包括 20—25 部风格不同的电影，极大地降低了投资人的风险，使得保险资金和退休资金纷纷涌向电影产业。[1] 2004 年，华尔街的私募基金也加入到了电影投资中，以电影投资基金的方式出现。例如，2005—2006 年，冈希尔路（Gun Hill Road）分别向索尼和环球提供 7.5 亿美元和 5.15 亿美元，华纳兄弟获得来自传奇影业（Legendary Pictures）的 5 亿美元资金。

韩国政府也为引导资金进入影视产业做出巨大努力。韩国电影振兴公

---

① 张彬、杜晓燕：《美国文化产业投融资模式分析及启示》，《中国文化产业评论》2011 年第 1 期。

社 2001 年启动了"电影专门投资组合",该投资组合采取动员社会资金为主、官民共同投融资的运作方式。① 2001 年,该投资组合融资 3000 亿韩元风险投资资金,为电影产业的发展提供了重要的资金保障。与此同时,韩国政府开辟了几个投资基金管理机构,如中小型商业投资管理委员会(简称 SMBA)、韩国电影振兴委员会(简称 KOFIC)等。自 2000 年以来,来自各渠道的组合基金投资电影行业的总额超过了 1 亿美元。充足的资金让韩国电影实力大增,他们引进好莱坞的先进制作技术,大力建设国内影院,使得韩国电影产业近年来在国际影坛上位置不断攀升。

2. 大财团的资金支持

美国的电影产业在国际上独占鳌头还得益于财团的资助。二战后,美国形成了洛克菲勒财团、摩根财团、第一花旗银行财团、杜邦财团、波士顿财团、梅隆财团等大财团,这些大财团大都与电影产业有着千丝万缕的联系。例如,美国国家广播公司(NUC)就是通用电器旗下的一家子公司,通用电器公司又是由美国老牌财团摩根财团控股的,所以美国国家广播公司背后的大财团是摩根财团。通过与大财团的合作,美国影视产业获得了发展所需要的大量资金。②

财团体制更是韩国经济发展中的一大特色。长期以来,韩国电影掌握在三星、现代、大宇等大型财团手中,这些财团纷纷投资电影业,为韩国电影业提供了雄厚的资金后盾。特别是 1997 年金融危机爆发,韩国企业发现投资电影是一个较有保障的投资方式,并且政府对大财团投资影视产业给予了税收优惠支持,鼓励他们进入电影业。这些大财团投资电影产业往往先买断版权,继而参与到影院的运营、制作、流通、配送等环节。大企业的资金投入对韩国电影产业的崛起无异于锦上添花,更进一步激活了韩国电影市场,使其向商业领域大大迈进。

3. 网络融资的兴起

韩国在电影产业融资方法上,除了政府扶持与社会投资相结合外,还有一个很有特点的融资方式,即普通民众参与到电影投资中,具体方法主

---

① 周正兵:《我国文化产业的风险投资研究》,《中国科技投资》2006 年第 2 期。

② 余晓泓:《美国文化产业投融资机制及启示》,《改革与战略》2008 年第 12 期。

要是依靠通过互联网上向社会募捐得来的资金进行拍摄。这种网络融资的方式属韩国特有的，虽然并不是主流的融资方式，但在韩国却受到了欢迎。网络融资方式的建立大受民众支持，目前韩国票房好的商业大片都曾建立网民基金，有的基金甚至不到一分钟就被抢购一空。韩国还有一种类似股票市场的网民基金网站，以"Simmani.com"为例，其基金开放至影片进入录像带市场的前三个月，网民可根据票房行情买卖自己的"股票"，基金关闭后核算影片总收益，投资者就可得到自己的投资回报。王家卫的《花样年华》成为"Simmani.com"的第一个试点，收益率为10%。① 这种网络融资方式将投资与宣传炒作融为了一体，全民参与投资既解决了资金问题，分摊了投资风险，又培养了民众对影片的热情，非常具有借鉴意义。

4. 银行信贷的支持

好莱坞电影具有强大的市场效益和很高的盈利能力，电影制作业的运作完全市场化，电影的生产及资金筹措大多都来自市场，借贷融资是在美国电影公司中风行的一种筹款形式。电影制片人必须有权威公司签发的发行影片的保证文件才能取得银行或其他借贷机关的款项。由于生产独立于资助者和发行人，且财务部门必须对规定的资金花费和对制片团体是否严格遵循影片预算行时执行有效监督，所以大多数公司愿意把这一任务交给银行。发行人执行发行保证是从上映之日起全部或部分地保证偿还借贷，期限为两年。从银行进行借贷融资还涉及担保问题，好莱坞的投资担保体系丰富而复杂，具体可以以电影版权、发行权预售、公司股份、优先债券等无形资产作为抵押物，最典型的是履约保证制度。履约保证制度即投资商请求第三方机构（完片保证公司）就制片商的影片制作完成提供担保，如果影片没有按期在预算范围内完成制作，第三方机构就要承担相应的责任。韩国政府于1997年后开始实行抵押版权融资制。1998年，韩国国有的电影振兴公司为包括林权泽参加戛纳电影节的《春香传》等10部电影做抵押版权融资，总共提供30亿元韩币。

---

① 王东、王爽：《我国电影产业融资方式发展研究》，《北京电影学院学报》2009年第1期。

（二）中国鼓励加大投资融资的启示

国产电影投资少是不争的事实，据调查显示，目前中国电影投资只占全球电影投资的2%—3%。中国影视产业投融资体制不完善，影视企业缺乏丰富、独立的经费来源，影视产业的投融资存在巨大的障碍。参考国外投融资成功的经验及中国电影产业的特点，对解决目前中国电影制作资金短缺以及如何拓展电影制作的投融资渠道提供以下几条路径。

1. 加大政府支持力度

目前政府对中国电影业的支持力度逐年加大，充分合理利用国家设立的相关资助资金是解决电影制作资金短缺的一个重要渠道。政府资助资金不仅使影片的制作人获得部分制作资金，还能同时使制作项目获取一定的信誉度，为制片人进一步的融资提供了一定程度的便利。但是一部电影的制作资金不可能只靠政府资助，单靠政府投资无异于杯水车薪。因此，政府要发挥其支持作用，应吸引各种资金提供者进入电影投资领域。政府在发展电影产业风险投资的过程中，可以提供启动资金建立风险投资公司，这样不仅可以壮大风险资本的实力，而且可以对风险资本市场和产业发展起到引导作用，吸引更多的民间资金参与电影产业的风险投资，从而大大推动电影产业的发展。除此之外，政府可以发挥其引导作用，利用少量的资金作为种子资金，吸引更多社会资金的进入，鼓励大型企业建立电影产业风险投资公司，鼓励民间兴办电影产业风险投资共同基金，如此既有助于集中社会闲散资金、发展电影投资业，又有利于社会资金的有效配置。允许一定比例的养老金和保险金进入电影风险投资也是一个有效渠道。随着中国养老基金制度的健全和保险业的发展，中国可以借鉴西方国家的做法，在相关政策和法律的支持下，吸引部分养老保险基金和社会保障基金投入中国电影产业，这不仅可以满足养老金和保险金保值增值的要求，还可以拓宽电影资金来源。

2. 利用资本市场融资

中国电影产业应该抓住资本市场迅速发展的时机，改善电影产业的投融资环境，促进多主体投资、多元化融资、多样化发展的活跃局面，促进金融资本与电影资源的共同发展。具体可以从以下几个方面入手。一是组建影视产业基金。调动各方面积极性，鼓励社会资本投资开发的同时组建影视产业投资基金，对于有市场前景的影视项目给予专项资金支持。二是上市融资。通过公司股票发行上市为电影企业提供集资途径，帮助其发展及扩展业务，扩大经营规模。企业上市融资，不仅能够解决资金问题，而且还可以提升企业的信誉和品牌，促使企业规模化发展。中国政府应积极创造良好的政策条件，积极推动符合条件的国有和国有控股电影企业重组上市。有条件的电影企业应积极申请上市融资，对于那些尚不具备进入主板市场的电影企业来说，可重点通过中小企业板、二板市场进行融资。例如创业板就较为适合中小企业从证券市场获得资金支持。三是大力发展电影企业债券市场。从根本上改革目前的公司债券发行审批制度，开启一条新的债券资本市场化的通道。与发行股票相比，发行债券所筹集的资金期限较长，资金使用更为自由，且债券投资者无权干涉企业的经营决策，现有股东对公司的所有权不变。发行债券在一定程度上弥补了股票筹资和向银行借款的不足。政府应支持具备条件的电影企业通过发行企业债券、短期融资券、中期票据和利用银行贷款等多种融资手段，多方面拓宽融资渠道，扩大规模，壮大实力。

3. 开发银行资源及完善信贷支持

企业进行生产或扩大再生产，一般都离不开银行的信贷支持。电影作为一种产业，要实现规模化生产，更离不开雄厚的资金支持，离不开银行信贷。鼓励金融机构加大对电影企业的金融支持力度无疑是支持一国电影产业的重要手段。对符合信贷条件的电影企业，金融机构应确定合理的贷款期限和利率，为国产电影事业提供积极支持。可以从以下几个方面改善目前电影企业间接融资的困难。一是建立电影产业的金融信贷保障制度。具体做法，国家广电总局可以从"电影专项基金"中拨出一定额度作为电影拍摄信贷保证金，替影片贷款提供政府信贷保证，协助电影投资者向银行申请贷款。由政府充当贷款保证机构，可以提高信誉，减少贷款阻碍。这项制度的核心是建立履约保证制度，在前面已经提到过该制度的概念，该制度在美国电影业内已经形成一套非常成熟的运作机制。在中国，保障机构可以由国家广电总局信贷机构兼任，也可以委托第三方行业机构或者协会执行。这一模式可以加强集资者的信贷能力，尤其有利于中小电影企业向银行借贷。二是建立、健全国家电影版权抵押贷款制度。尽快研究建立健全电影版权价值评估体系，制定有关无形资产价值评估标准。在有效防范信贷风险的基础上，积极探索股权、债权、知识产权等无形资产质押担保方式，增强电影企业的融资能力。三是促进电影行业公益性事业单位和经营性事业单位的分离改制。目前，影视行业事业单位还比较多，在争取银行信贷过程中往往遇到资产抵押不足的障碍。加快影视行业公益性事业单位与经营性事业单位分离改制，可以增强其在信贷政策方面的灵活性，从而提高影视企业在银行取得贷款的可能性。

三　财政支持与影视专项资金的成立

（一）发达国家的经验

国家对影视产业的投入从一个侧面反映出国家对文化产业的重视程度。一些发达国家或地区对本地电影生产给予了财政补贴，同时增加文化预算，以此保护其影视产业，提升其影视产业的国际竞争力。

在美国，补贴和捐助已成为电影制作的重要资金来源。无独有偶，法国政府长期以来也对电影文化事业给予不同形式的财政支持，[1] 例如中央政府直接提供赞助、补助和奖金等，从事该类文化事业的企业或民间协会可向文化部直接申请财政支持；还有来自地方的财政支持，法国的大区、省、市、镇政府都有支持电影文化事业发展的财政预算。从 20 世纪 50 年代起，法国政府便采取了"制片资金垫付法"，当时为每部影片的拍摄提供 100 万法郎的资金。90 年代，法国政府增加了文化预算，达到国家预算开支的 1%。据统计，自 2000 年以来，法国电影扶持资金一直保持在每年 4 亿—5 亿欧元，2003 年为 4.5 亿欧元，使法国电影在国际竞争中具有较强的实力。2005 年，法国国家电影中心（CNC）正式启动了新的影视产业的资助预算，这笔预算相当于 50 亿元人民币，用于 2005 年符合法国文化原创价值的电影、电视节目的创作、发行。欧洲的电影政策和扶持体系比较完善，欧盟对影视产业的补贴和资金支持主要有 "MEDIA" 和 "EURIMAGES" 计划。[2] "MEDIA" 计划即 "鼓励影视业发展的措施"，该

---

① 　叶非：《新世纪以来的法国电影产业》，《北京电影学院学报》2010 年第 1 期。

② 　谢珵：《服务贸易补贴的特点和各国做法》，《国际贸易》2009 年第 10 期。

计划从 1991 年开始，每五年一期，由欧盟拨出专款，用于支持影视生产和发行，但每期有各自不同的侧重点。"EURIMAGES"计划即"支持欧洲影视作品合作生产的计划"，该计划通过鼓励欧洲范围内的影视合作，促进欧洲电影产业的整体发展。

亚洲金融危机之后，韩国政府开始重视影视等文化产业的发展，政府对文化的财政预算逐年增加。据相关统计资料显示，仅釜山国际电影节一项，1999 年以来国库每次都拨款 10 亿韩元（800 万元人民币），足见韩国政府对影视文化产业的重视程度。从 1999 年开始的韩国电影的飞速成长，很大程度上受助于政府的文化产业支援政策。正是因为这些文化、影像产业振兴政策，金大中政府在 1999—2004 年由政府演出款组成的电影振兴金库财源多达 1670 亿韩元。韩国政府对电影电视的财政支持具体做法是，每年拿出相当于 4500 万元人民币的资金重点支持 20 部影片的拍摄，另外还设立电影辅助金制度。电影辅助金是政府交给电影振兴委员会让其分配用于辅助电影的资金，辅助金发放的主要目的是增加年轻的电影人成长学习的机会，其发放对象是电影学院学生或者进行独立电影制作的导演，最高可申请 4 亿韩元或制作费 30% 的辅助金。这笔资金无须归还，也无须以奖项或内容上的附和作为回报。除此之外，韩国还于 1994 年 2 月 1 日设立了专项电影振兴基金，目的是提供电影产业发展所需的资金，扶植电影产业。该振兴基金向电影制作商提供不高于 10 亿韩元的专项贷款，期限两年，利率因借贷方提供的担保方式不同而变化。中国香港也设立了专项基金，早在 1999 年中国香港就拨款 1 亿港元建立了电影发展基金，这笔基金的很大比例用于中国香港电影专业人才的培养。人才培养资金具体用于：资助中国香港电影导演会，用于开办中国香港电影编导制作人员训练班；开办中国香港电影配乐训练班，吸引有志于从事电影音乐工作的人士参加培训；给予中国香港动作特技演员工会，给在职的以及有志于从事电影动作特技事业的人士，提供培训服务。

（二）中国加大财政支持的措施

改革开放以来，中国政府出台了一系列政策措施来扶持影视等文化产业的发展，对中国电影产业的快速发展起到了重要作用。例如在党的十七大报告中提出了"文化软实力"的概念，指出文化软实力是综合国力和国际竞争力的重要组成部分；又如 2007 年，国家对文化事业的财政拨款高达 13 亿元。可以说，中国电影每前进一步，背后都有政府财政部门的帮助和国家财政的支持。尽管如此，中国的电影产业财政支持仍存在不少问题，中国电影产业的根基还相当薄弱，电影文化影响力还很不足，要尽快改变这种状况，政府对电影产业实施扶持尤为重要，应该加大对优秀电影的投入。要完善中国政府对电影产业的财政支持，需要学习影视强国的先进理论和经验，制定政府对电影产业的扶植政策具体的实施细则，以便落实和操作。

1. 加大国家财政投入

近十余年，中国政府也加大了对文化产业的投入，文化产业预算由 1998 年的 168 亿元增加到 2003 年的 1878 亿元，占文化事业总预算的比例由 3.5% 增长到约 17.9%。尽管增长很快，但与韩国等影视大国相比这一预算比例还远远不够，财政部应该进一步加大对文化产业的投入，通过贷款贴息、项目补贴、补充资本金等方式，支持国家级影视文化产业基地的建设，支持影视产业重点项目，支持影视企业的股份制改造，支持影视产品和服务的出口。

2. 调整补贴方向和策略

为促进中国电影的发展，政府应该对国产电影进行补贴。政府对影视产业关键和核心技术研发、影视内容原创等创新项目，应增加更多的财政投入，尽快缩短中国影视产业在创新能力上跟国外的差距。政府也应该注重对"文化折扣"的部分予以补偿。例如韩国政府特别成立了"影音分轨公司"，对韩文翻译为外语和制作的费用几乎给予全额补助，在很大程度上弥补了文化折扣对韩国文化出口的负面影响，促进了韩国影视作品的出口。[①] 除此之外，政府应该变明补为暗补，否则容易出现贸易摩擦。其中中国进出口银行的出口信贷就是一个较好的暗补途径。在财政方面给进出口银行更多的优惠，降低其出口信贷利率，对影视文化产品出口给予倾斜。

3. 设立电影专项基金并完善电影专项资金制度

政府应该依法建立各项电影专项基金，通过市场运作的手段促使国产

---

①　任民：《韩国版本的"文化立国"》，《今日浙江》2005 年第 10 期。

电影的创作生产走上良性循环的道路。中国的电影事业发展专项资金是1991 年 5 月 1 日开始提出建立的，主要用于鼓励国家的重点影片、少数民族影片、农村影片、儿童题材影片以及动画片的长期扶持；还从电视广告纯收入中提取 3% 建立了"电影精品专项资金"，用于支持摄制电影精品；2007 年 1 月，国家广电总局开始实施"青年电影导演创作资助计划"的专项基金，为有潜力、有创新精神、45 岁以下、取得过初步成绩的青年导演提供政府资金支持。这些专项资金的来源为财政预算资金和按国家有关规定批准的收费等预算外资金，财政部门应该做好专项资金的预算安排，有关部门要严格按照规定征收预算外资金，制定强有力的有效措施，保证国家电影专项资金的足额上缴，进一步完善专项资金制度。并且，资金管理部门应该按照有关财政法规的要求健全制度、加强管理，保证专项专用，并接受财政部和审计部门监督检查。另外，中国政府在评审项目、提供扶植资金方面应该改变以往较多考虑政治宣传效益，而较少考虑社会效益和市场效益的倾向，应该设立完善的机制来管理、监督受资助电影的资金回笼及市场效益情况，发挥资助基金的"造血"功能。对那些接受资助而市场回报率低的电影项目，吸取经验教训，在下一次资助电影项目时做更全面的考察。这又涉及扶植资金评审机制的变革问题，应完善电影基金评审机制。需要制定一整套对受资助影片的评估办法，就每部影片的政治、社会、经济等评价指标进行细化打分，定期向业内公布。确保专项资金用于那些值得资助的电影项目，使资金合理有效发放。

四　健全的影视保险制度及完善

（一）发达国家的经验

影视保险在影视大国发展影视产业的过程中起着十分重要的作用。在美国百年电影史中最伟大的 100 部影片里，大多数都有安排保险，例如《教父》《辛德勒的名单》《阿甘正传》等。发达国家保险产业很发达，很多保险公司都参与了影视保险的业务，例如美国国际集团（AIG）、丘博保险集团（Chubb）等保险公司都开展了影视保险业务。与此同时，西方国家还出现了一些专门从事影视保险的机构，这些机构为影视产业提供更加专业的服务，如英国的特殊风险保险计划代理机构（SISA）就专门针对影视行业不同的风险对象提供了各种不同的保险计划。国外影视保险的产品大致可以分为四类：制片人一揽子保险、制片人错误与疏忽责任保险、财产和责任保险以及完工保险。以完工保险为例，我们就可以清楚看到影视保险在国外的飞速发展。在亚洲，影视保险发展较好的例子是韩国，韩国电影振兴委员会与韩国贸易保险公司签订了协议，以共同促进韩国电影产业的发展。韩国的影视出口保险是指，由韩国贸易保险公司为个别电影总制作费投资和贷款，为电影基金的投资风险进行担保的保险制度。双方约定：共同研究摸索持续扩大文化出口保险（电影）的方案，由韩国贸易保险公司为电影振兴委员会推荐的电影或出资的电影基金实行出口保险优惠措施；同时，电影振兴委员会向贸易保险公司提供有关电影产业市场动向的信息，以确保贸易保险公司能较好监督已获得保险的影片的情况。有了贸易保险公司的保险，韩国电影的国外出口业务变得更加安全快捷。

（二）对中国影视产业保险制度的启示

2005 年 6 月，中国出口信用保险公司（以下简称中国信保）为华谊兄弟传媒股份有限公司（以下简称华谊兄弟）提供了 5000 万元人民币融资担保，支持投资拍摄影片《夜宴》，期限两年，并对其海外发行收入承保了出口信用险。这是中国信保支持文化产品和服务出口的首次尝试。由于有中国信保对其未来应收账款提供风险保障及担保，华谊兄弟还顺利从深圳发展银行获得 5000 万元人民币融资，解决了《夜宴》拍摄中的流动资金需求问题。尽管如此，与中国影视产业发展相比，中国影视保险起步较晚、发展滞后。目前，中国的影视保险基本上停留在为主要演员投意外伤害保险上，其他险种没有得到较好的发展。从国际上已有的事例来看，影视保险将在一国影视产业崛起中起到越来越重要的作用，因此，加快中国影视保险的发展，已成为促进影视产业健康发展的重要因素，具体可以从以下几个方面入手。

第一，加强影视保险宣传，进一步普及风险管理意识。缺乏风险管理的意识是导致目前中国影视保险发展较为滞后的重要原因，文化部门应该利用各种渠道和机会加强影视保险的宣传，强调影视保险的重要性和必要性，让影视企业和影视从业人员认识到影视制作过程中的各种风险，追求利益要建立在防范风险的基础上。

第二，创造影视保险发展的环境。一方面，要建立健全制度环境，政府应完善对影视保险的立法，明确影视制作单位以及演职人员、拍摄场所的法律责任。例如英国法律就规定，所有的影视制作单位都必须投保限额不低于1000万英镑的雇主责任险，中国政府和文化部门可以参照国外的做法，制定出影视保险的相关法律法规，如要求影视制作单位必须按照有关规定办理相关的保险。另一方面，政府应引导和推动影视行业的自我管理，例如通过建立演艺工会组织以维护演职人员的合法权益。工会组织可以集合个体的力量以维护群体的利益，在一些影视产业发达的国家和地区，通常就有演员工会等组织存在。例如英国、美国和中国香港的演员工会均规定：所有剧组必须为所有演员投保人身意外伤害保险，如果涉及出国拍摄，或危险场景的拍摄，还需要另外加保相应的保险，或者提高保险金额。

第三，根据市场需求提供保险产品。目前，中国影视保险产品的供给是短缺的，所谓的影视保险产品都是通用的保险产品，针对性并不强，不能满足影视行业的需求。保险行业应当借鉴国外先进经验的基础，结合中国的具体情况，开发和完善中国影视保险产品，例如，引进在国外已经成熟的完工险，等等。

第四，发挥中国信保的带头作用。中国信保应该积极贯彻国家政策，支持中国影视产品的国际化发展和竞争。例如为影视产品出口提供创新型保险服务；延长风险管理链条，加大支持力度；为影视企业提供信用风险管理服务，构建信息服务平台，等等。

综上所述，参考美国和韩国等影视贸易大国的经验，在税收政策、投融资渠道拓展、财政支持、出口保险、革新电影审查制度等方面进行自我修正和完善，一定可以使中国影视产品国际竞争力得到稳步提升，在国际影视中占据一席之地。

本章小结

本章的初衷是提供一个关于中国和韩国影视产品竞争力间对比分析的

文本解读，并通过中国培育影视产品竞争力方面的可借鉴经验的探讨，"以小见大"地对整个文化产品竞争力的提升提供经验借鉴。

影视产品是公众喜闻乐见的文化娱乐形式，也是文化产品中最具生命力和活力、最能体现竞争力优势的部分。以影视产品为鉴，可以在很大程度上反映出中国文化市场上政府与文化企业的作为以及不作为，以佐证前文的分析结论。就韩国而言，其在发展影视产业上并不具备"压倒"中国的比较优势，但其影视作品强势的表现却让我们惊醒，相似的发展模式、相似的文化底蕴以及远小于中国的国内市场规模，却产出了制作优良的影视作品，其中的原因值得我们深思。

第八章 政策建议与结论启示

很多研究工作的动力所在，无非是热切希望理解大自然，寻找那种隐匿在复杂性当中的秩序之美。我们一次又一次地发现，研究过程所产生的"没有用途"的真理，实际上对人类实践活动具有最为重要的意义。

——西蒙（H. A. Simon）

文化产品作为中国文化"走出去"的重要载体，在推动一国文化"软实力"和文化产业发展方面起着举足轻重的作用。随着中国加入世界贸易组织，其对外文化领域的不断开拓加之提升国家文化"软实力"战略的提出，近些年，中国文化产品竞争力在国际上的表现得到了快速的发展。以文化贸易为例，其整体发展速度超过了世界文化贸易的平均水平，我国文化"软实力"呈现出明显提升。在以文化为标志的新一轮国际竞争中，如何实现中华民族文化的伟大复兴，提升我国在政治、经济、文化等领域的整体竞争实力，改变以往国际社会对我国的旧认识，在世界市场树立起"形象上更加亲和、道义上更具有感召力"，成为中国提升文化产品国际竞争力的落脚点所在。因此，全面把握现阶段中国文化产品竞争力发展中存在的主要问题，探索出符合我国基本国情的对策与建议，将对新时期文化产品国际竞争力的提升具有深远的意义。

第一节 调整文化产品对外贸易的结构失衡

目前，我国文化贸易发展存在着"不平衡"现象。从我国文化贸易整体水平来看，根据联合国贸易和发展会议（UNCTAD）数据库的统计，2002—2011 年，我国文化贸易总额增长了近 2.9 倍，从 2002 年的 349.86 亿美元发展到 2011 年的 1352.24 亿美元。其中，我国文化产品的出口总额远远大于我国文化产品的进口额，存在并保持着大量的文化贸易顺差。值得注意的是，我国文化贸易中大部分出口均集中在文化内容含量较低的劳动密集型产品，如乐器制造、胶片录像带、手工艺制品等。如果文化内容含量较高的核心文化产品为统计口径的话，更能体现中国文化内涵和文化价值观的核心文化产品贸易额却处于较低的发展态势。

表 8-1 报告了 2008—2012 年，在中国核心文化商品的进出口贸易中商品结构变化的趋势。表中核心文化商品按照联合国商品贸易统计数据库（UN Comtrade）的分类标准，分为 4 大类 12 小类；统计指标则分为 5 类，分别反映了当年该类别核心文化商品的进/出口贸易额、净出口贸易额、进出口贸易总额，以及该类别商品进出口贸易总额在全部核心文化商品进出口贸易总额中的占比。表 8-2 反映了 2012 年，我国与最重要的 6 个贸易国家（或地区）之间，核心文化商品按商品类别分类的贸易情况。

从表 8-1、表 8-2 的数据反映了我国贸易结构的基本现状。从我国文化贸易出口结构来看，我国文化贸易出口中占比较高的是设计类产品，设计类产品在我国文化贸易比重上每年占比均在 70%以上。根据联合国贸易和发展会议的统计分类，"设计类的物品，如珠宝、玩具、玻璃皿等，主要为一些工业制成品"。除了设计类产品外，手工艺产品的出口、新媒体产品和视觉艺术品在我国文化产品出口中占比分别为 10%、5%到 10%之间。然而，上述文化产品均属于低附加值、低文化内容的劳动密集型产品，其根本的比较优势主要是来源于中国低廉的劳动力，而非中国深厚的历史与文化底蕴。相比之下，那些真正能反映我国核心文化竞争力的文化产品，如表演艺术、影视媒介与出版物等占比相对较小，三者之和不足 3%，说明我国文化出口贸易的贸易结构方面存在着严重的不平衡。

表8-1 中国核心文化商品贸易中商品结构变化趋势表

(单位：百万美元)

指标		年份	文化遗产		印刷品			视觉艺术			邮票/邮资(8964)	视听媒介		
			收集品(8965)	超过百年的古董(8966)	书籍(8921)	报纸和期刊(8922)	其他印刷品(8924)	绘画作品(8961)	平板雕刻(8962)	雕像/雕塑(8963)		摄影硬片及软片(8826)	电影胶片(883)	视频游戏机(89431)
进口贸易额	2008		1.52	7.00	126.31	139.97	167.12	4.98	0.28	2.59	5.70	8.08	25.36	321.12
	2009		0.93	1.64	137.58	146.17	345.37	1.94	0.08	1.52	4.66	9.89	33.17	152.41
	2010		2.21	10.02	163.20	215.22	470.21	3.87	0.18	4.90	4.57	19.96	27.39	129.75
	2011		3.71	10.05	184.83	219.59	467.98	16.42	1.06	4.26	6.64	25.12	18.10	143.97
	2012		4.09	51.33	209.08	237.90	419.49	9.10	1.28	15.12	7.03	32.64	4.92	396.84
出口贸易额	2008		0.86	1.58	1340.57	25.71	512.76	66.22	0.63	4.19	2.27	0.39	0.10	8230.91
	2009		2.20	0.52	1278.76	23.66	466.69	42.93	0.39	2.81	1.63	0.32	0.28	5011.25
	2010		4.98	0.57	1513.22	24.28	519.72	95.16	1.23	55.85	2.71	0.34	0.18	4687.67
	2011		1.08	0.12	1680.17	20.24	611.57	211.87	5.31	154.57	1.82	0.83	0.08	5089.23
	2012		0.57	3.67	1801.71	21.99	750.37	253.19	1.93	273.71	1.24	2.06	0.30	7253.07
净出口贸易额	2008		-0.66	-5.43	1214.26	-114.26	345.64	61.24	0.35	1.60	-3.43	-7.69	-25.27	7909.78
	2009		1.27	-1.12	1141.18	-122.51	121.32	41.00	0.32	1.29	-3.03	-9.57	-32.89	4858.84
	2010		2.77	-9.46	1350.01	-190.94	49.51	91.28	1.04	50.95	-1.86	-19.62	-27.21	4557.92
	2011		-2.63	-9.93	1495.34	-199.35	143.59	195.45	4.24	150.31	-4.82	-24.28	-18.02	4945.25
	2012		-3.53	-47.66	1592.63	-215.92	330.89	244.09	0.64	258.59	-5.79	-30.58	-4.63	6856.23

续表

指标	年份	文化遗产		印刷品			视觉艺术				视听媒介		
		收集品(8965)	超过百年的古董(8966)	书籍(8921)	报纸和期刊(8922)	其他印刷品(8924)	绘画作品(8961)	平板雕刻(8962)	雕像/雕塑(8963)	邮票/邮资(8964)	摄影硬片及软片(8826)	电影胶片(883)	视频游戏机(89431)
进出口贸易总额	2008	2.37	8.58	1466.88	165.67	679.88	71.20	0.91	6.78	7.98	8.47	25.46	8552.03
	2009	3.13	2.17	1416.35	169.84	812.06	44.87	0.47	4.32	6.30	10.21	33.45	5163.66
	2010	7.19	10.59	1676.42	239.50	989.94	99.03	1.41	60.75	7.28	20.30	27.58	4817.43
	2011	4.79	10.17	1865.00	239.82	1079.55	228.30	6.37	158.83	8.47	25.95	18.17	5233.20
	2012	4.66	54.99	2010.79	259.89	1169.86	262.28	3.21	288.83	8.27	34.70	5.22	7649.91
占比	2008	0.02	0.08	13.34	1.51	6.18	0.65	0.01	0.06	0.07	0.08	0.23	77.77
	2009	0.04	0.03	18.47	2.22	10.59	0.59	0.01	0.06	0.08	0.13	0.44	67.35
	2010	0.09	0.13	21.07	3.01	12.44	1.24	0.02	0.76	0.09	0.26	0.35	60.54
	2011	0.05	0.11	21.01	2.70	12.16	2.57	0.07	1.79	0.10	0.29	0.20	58.94
	2012	0.04	0.47	17.11	2.21	9.95	2.23	0.03	2.46	0.07	0.30	0.04	65.09

资料来源：根据联合国商品贸易统计数据库（UN Comtrade）分类数据整理得到。

表 8-2　　中国核心文化商品贸易国别结构特征表　　（单位：百万美元）

国家(地区)	指标	文化遗产		印刷品			视觉艺术				摄影硬片及软片(8826)	视听媒介		总计
		收集品(8965)	超过百年的古董(8966)	书籍(8921)	报纸和期刊(8922)	其他印刷品(8924)	绘画作品(8961)	平板雕刻(8962)	雕像/雕塑(8963)	邮票邮资(8964)		电影胶片(883)	视频游戏机(89431)	
美国	进口贸易额	0.67	0.70	67.59	117.43	6.82	1.68	0.10	0.80	0.62	8.01	3.83	0.81	209.05
	进口占比	16.48	1.37	32.33	49.36	1.63	18.42	7.80	5.29	8.80	24.53	77.92	0.20	15.05
	出口贸易额	0.43	0.00	453.70	1.73	289.16	92.54	0.31	8.64	0.33	0.10	0.00	2722.18	3569.10
	出口占比	74.83	0.01	25.18	7.85	38.53	36.55	16.15	3.16	26.78	4.99	0.57	37.53	34.44
	净出口贸易额	0.25	-0.70	386.11	-115.70	282.34	90.86	0.21	7.84	-0.29	-7.90	-3.83	2721.37	3360.05
	进出口贸易总额	1.10	0.70	521.28	119.16	295.97	94.21	0.41	9.44	0.95	8.11	3.84	2722.98	3778.15
	进出口占比	23.58	1.27	25.92	45.85	25.30	35.92	12.81	3.27	11.50	23.37	73.54	35.59	32.15
日本	进口贸易额	0.00	0.24	5.80	9.42	192.91	0.44	0.01	0.25	0.00	6.67	0.21	62.03	277.99
	进口占比	0.00	0.47	2.77	3.96	45.99	4.86	1.07	1.64	0.00	20.43	4.32	15.63	20.02
	出口贸易额	0.00	3.65	31.39	0.69	19.78	1.05	0.01	258.38	0.03	0.00	0.00	1185.56	1500.54
	出口占比	0.00	99.42	1.74	3.15	2.64	0.41	0.62	94.40	2.31	0.00	0.00	16.35	14.48
	净出口贸易额	0.00	3.40	25.59	-8.72	-173.13	0.61	-0.00	258.13	0.03	-6.67	-0.21	1123.53	1222.55
	进出口贸易总额	0.00	3.89	37.19	10.11	212.69	1.49	0.03	258.62	0.03	6.67	0.21	1247.60	1778.52
	进出口占比	0.00	7.07	1.85	3.89	18.18	0.57	0.80	89.54	0.35	19.22	4.08	16.31	15.13

续表

国家（地区）	指标	文化遗产		印刷品			视觉艺术				视听媒介			总计
		收集品（8965）	超过百年的古董（8966）	书籍（8921）	报纸和期刊（8922）	其他印刷品（8924）	绘画作品（8961）	平板雕刻（8962）	雕像/雕塑（8963）	邮票/邮资（8964）	摄影硬片及软片（8826）	电影胶片（883）	视频游戏机（89431）	
中国香港	进口贸易额	0.00	0.02	25.34	23.65	1.74	0.50	0.02	0.03	2.20	0.12	0.06	0.02	53.71
	进口占比	0.00	0.05	12.12	9.94	0.41	5.48	1.84	0.22	31.34	0.36	1.20	0.01	3.87
	出口贸易额	0.00	0.00	577.41	16.09	46.86	12.25	0.16	1.50	0.49	1.58	0.01	438.46	1094.81
	出口占比	0.00	0.00	32.05	73.17	6.24	4.84	8.34	0.55	39.42	76.65	4.68	6.05	10.56
	净出口贸易额	0.00	-0.02	552.07	-7.56	45.12	11.75	0.14	1.46	-1.71	1.46	-0.05	438.44	1041.10
	进出口贸易总额	0.00	0.02	602.75	39.74	48.59	12.75	0.18	1.53	2.69	1.70	0.07	438.48	1148.52
	进出口占比	0.00	0.04	29.98	15.29	4.15	4.86	5.74	0.53	32.55	4.89	1.40	5.73	9.77
德国	进口贸易额	0.12	0.24	8.18	23.22	68.01	0.17	0.00	0.15	0.01	0.01	0.07	0.00	100.16
	进口占比	2.91	0.46	3.91	9.76	16.21	1.87	0.00	1.02	0.09	0.03	1.34	0.00	7.21
	出口贸易额	0.07	0.00	77.97	0.03	13.35	9.76	0.72	0.50	0.01	0.00	0.00	778.79	881.20
	出口占比	12.09	0.01	4.33	0.14	1.78	3.86	37.20	0.18	0.62	0.00	0.00	10.74	8.50
	净出口贸易额	-0.05	-0.24	69.79	-23.18	-54.65	9.59	0.72	0.35	0.00	-0.01	-0.07	778.79	781.04
	进出口贸易总额	0.19	0.24	86.15	23.25	81.36	9.93	0.72	0.65	0.01	0.01	0.07	778.79	981.37
	进出口占比	4.03	0.43	4.28	8.94	6.95	3.79	22.32	0.23	0.17	0.03	1.27	10.18	8.35

续表

国家(地区)	指标	文化遗产		印刷品			视觉艺术				视听媒介			总计
		收集品(8965)	超过百年的古董(8966)	书籍(8921)	报纸和期刊(8922)	其他印刷品(8924)	绘画作品(8961)	平板雕刻(8962)	雕像/雕塑(8963)	邮票/邮资(8964)	摄影硬片及软片(8826)	电影胶片(883)	视频游戏机(89431)	
韩国	进口贸易额	0.00	0.00	1.39	1.43	11.40	0.17	0.00	0.11	0.00	9.11	0.02	79.77	103.41
	进口占比	0.00	0.00	0.67	0.60	2.72	1.86	0.01	0.75	0.06	27.90	0.50	20.10	7.45
	出口贸易额	0.02	0.00	12.28	0.07	12.34	0.82	0.00	0.10	0.00	0.00	0.00	674.93	700.57
	出口占比	4.05	0.00	0.68	0.33	1.64	0.32	0.16	0.04	0.34	0.00	0.00	9.31	6.76
	净出口贸易额	-0.02	0.00	10.88	-1.36	0.94	0.65	0.00	-0.01	-0.00	-9.11	-0.02	595.15	597.16
	进出口贸易总额	0.02	0.00	13.67	1.50	23.74	0.99	0.00	0.22	0.01	9.11	0.02	754.70	803.98
	进出口占比	0.49	0.00	0.68	0.58	2.03	0.38	0.10	0.08	0.10	26.24	0.47	9.87	6.84
英国	进口贸易额	0.51	0.80	46.51	42.26	60.93	0.26	0.91	4.23	1.74	0.05	0.03	0.00	158.25
	进口占比	12.50	1.57	22.24	17.76	14.53	2.89	71.08	27.96	24.79	0.16	0.66	0.00	11.39
	出口贸易额	0.00	0.00	163.96	0.14	126.01	17.56	0.05	0.51	0.04	0.00	0.00	245.83	554.10
	出口占比	0.00	0.01	9.10	0.62	16.79	6.93	2.62	0.19	3.13	0.21	0.00	3.39	5.35
	净出口贸易额	0.51	-0.80	117.46	-42.12	65.08	17.30	-0.86	-3.72	-1.70	-0.05	-0.03	245.83	395.85
	进出口贸易总额	0.51	0.81	210.47	42.40	186.95	17.82	0.96	4.74	1.78	0.06	0.03	245.83	712.35
	进出口占比	10.98	1.46	10.47	16.31	15.98	6.79	29.99	1.64	21.54	0.16	0.62	3.21	6.06

资料来源：根据联合国商品贸易统计数据库（UN Comtrade）分类数据整理得到。

从我国文化贸易区域结构来看，贸易区域结构主要体现了一个国家出口商品和进口商品的主要来源，反映了一国与其他贸易来往国家或地区的对外贸易的关联度。目前，我国文化贸易的贸易区域结构相对比较集中，主要以部分高收入发达国家为主，如在核心文化产品贸易进口方面，我国核心文化产品进口主要集中在发达国家以及高收入地区。以2012年为例，我国核心文化产品贸易进口主要集中在美国、日本、中国香港、德国、韩国、英国、澳大利亚、印度，其中，日本、美国成为中国核心文化产品贸易进口的主要来源地。在核心文化产品贸易出口方面，我国核心文化产品贸易出口贸易流向仍然以发达国家及高收入地区为主。2012年，我国核心文化产品出口贸易伙伴排在前10位的国家和地区有美国、日本、中国香港、德国、韩国、英国、荷兰、澳大利亚、阿联酋、新加坡。其中，美国、日本仍然成为我国核心文化产品贸易的两个最大出口国。

可见，我国核心文化商品贸易存在着明显的贸易结构不平衡的问题：贸易过于依赖出口、结构性逆差显著、商品种类过于单一、贸易市场过于集中。这表明我国文化创造能力被夸大，在绝大多数文化内涵商品贸易上，中国并不具备任何优势。

从根本上讲，一国文化产品的贸易结构说到底是和一国文化产业结构与产业基础密切相关的，它反映了一国文化产业的结构，是一国文化产业竞争实力的具体体现。作为全球制造业大国，近些年，中国凭借自己廉价的劳动力，在手工艺、设计类文化商品方面具备一定的比较优势。然而，值得注意的是，上述商品均属于劳动密集型与资源消耗型的传统文化产业。从长期的角度来看，以资源消耗为代价的传统产业与我国经济发展战略是相互违背的，不利于中国经济的可持续性发展。

为了扭转目前文化产业结构失衡进而导致文化产品贸易结构失衡的局面，若依靠传统的产业组织结构理论进行调整无异于"远水救火"。事实上，党的十八大报告中就已经提到了"发展新型文化业态，提高文化产业规模化、集约化、专业化水平"的发展思路，即促进文化与科技融合，发挥"后发优势"的模式。所谓的新型文化业态是指借助互联网和数字技术支持而衍生出来的与文化商品和服务相关的文化业态。具体来看，新型文化产业是将高新技术应用于文化产业中的产物，它通过利用数字技术、软硬件技术，对影像、图片、数字、语音等内容进行深度加工与整合，通过数字化创作、编辑、生产及传递，向消费者传递多方位、多层次的文化产品。同传统文化产业相比，新型文化产业摆脱了对资源与劳动力的过分依赖，是一种利用现代高新技术手段发展起来的创新型、综合型的文化产业，符合我国文化产业的长期发展战略，有利于我国文化产业结构的优化，对于推动我国文化产品贸易结构的均衡发展具有重大意义。

第二节　缓解文化企业面临的融资约束

文化企业融资难问题已经成为当今中国文化产业发展的一个老生常谈的问题。对于我国中小文化企业而言，目前获得资金支持的方式主要还是通过商业银行借贷得以实现，文化企业只有向商业银行提供资产抵押或担保，方可获得相应数额的贷款。但是，由于文化企业自身轻资产的特点很难提供一定数额的资产抵押或担保，加之目前我国金融机构对文化企业缺少深入的认识，缺少非常准确的对中小文化企业资产价值的认识，造成我国在文化类资产的知识产权评估方面的不健全及我国文化领域融资担保机制的不完善，产生文化与金融在对接中的破裂。另外，政府部门、财政部门和政策性金融部门在对文化企业的资金支持上审批程序过于严苛，政策导向主要集中在那些形成一定规模的文化企业。然而，我们应该看到的是，部分中小文化企业有着社会效益非常好的文化作品，但资金的缺乏成为它们未来发展的瓶颈，造成了我国文化企业普遍存在着融资难问题，阻碍了我国文化产业的发展，限制了我国文化产品竞争力的提升。

相比较国外经验，一些大型的文化经济实体凭借其巨大的融资优势，为本国文化企业的发展提供了巨大的资金支持，生产制作出世界一流的文化产品。以电影制片为例，2005 年美国制作一部电影的平均成本为 6000 万美元，而中国的电影平均制作成本只有其 1%。文化资金的缺乏成为我国文化企业快速成长的主要障碍，在融资方式逐渐多样化的今天，我国绝大部分中小文化企业依然面临着多方面的融资约束，无法得到资金的融通。究其原因主要有下述几点。

第一，金融担保机制的不健全。抵押贷款和担保贷款是我国文化企业获得资金支持的主要途径。但是，除了国有文化企业外，我国大部分文化企业都属于中小文化企业，固定资产数额相对较少，难以获得银行的资金支持。以中小影视企业为例，由于固定资产的数额相对较少，大部分中小影视企业普遍存在"租"的现象：影视公司的导演、演员是临时请来的，场地、道具、戏服都是临时租用的。因此，由于固定资产数量相对较少，使得我国大部分中小文化企业可用于抵押的资产过少，导致文化企业陷入融资难的困境，一些优秀的文化产品因缺乏资金，无法真正意义上走出国门。

第二，文化企业自身规范性较差。我国文化企业的管理者大部分都是从事文化艺术事业的人来担当的，同经济学科班出身的管理者相比，他们相对缺乏一定的投融资意识和能力，在企业资金运作方面，大部分是靠企业的自主资金支持，同时辅以少量的民间借贷。当缺乏资金的时候，大部分企业的选择依然是商业银行贷款，很少去考虑其他的融资渠道。此外，除了一些国有文化企业外，我国文化市场的主体仍然以中小型文化企业为主，这些企业普遍存在着内部管理的不规范问题。比如没有建立起规范的财务管理体系、盈利模式不清晰、企业内部存在财务混乱、账目不清的现象，很少有中小文化企业会去聘请社会上专业的审计机构对其进行审计。因此，在向商业银行申请贷款的时候，往往无法提供贷款时所必需的财务资料，无法获得资金支持。

第三，知识产权评估机制不健全。版权是知识产权，属于无形资产的范畴，是一种看不见、摸不着，没有实体且不具有流动性的一种无形资产。知识产权不像实物那样较容易判断其自身的市场价值，以影视产品融资为例，影视产品有其自身的规律，其商业模式和盈利模式均具有较大的不确定性，因此，加大了知识产权价值的评估难度。对于中小影视文化企业而言，由于没有强大阵容的明星团队、世界一流的导演，将影视剧本作为抵押成为其获得贸易融资最好的方式。但正如前文所述，由于目前我国知识产权评估机制不健全以及文化市场的不确定性，导致市场现在很难准确地评估一部剧作的真实市场价值，造成文化企业融资难问题。

第四，文化贸易融资门槛过高。目前，我国在产品的抵押或质押方面的法律仍有待完善，版权抵押或质押权作为无形资产变现能力较差，投资周期相对较长，加之文化市场的不确定性较大，无疑增加了我国文化贸易融资的风险。因此，我国商业银行在对文化贸易融资方面十分注重对融资风险的控制。以影视产品贸易融资为例，一般而言，银行在决定是否贷款方面经常考虑下述几点：影视作品是否有可靠的资金来源，影视集团的固定资产，是否有知名的导演和明星加盟等因素。因此，这就对中小文化企业获得贸易项目贷款提出了更为严苛的条件。此外，从政府专项扶持资金的角度来看，目前我国文化产业政府的专项基金仍然是在试点运营阶段。以文化部和中国进出口银行签订的《关于扶持培育文化出口重点企业、重点项目的合作协议》为例，一般获得政府专项资金支持的企业都要经过当地文化行政部门的申报，由政府组织相应的专家和业内人士进行评选而选出，企业或项目的市场表现成为评选的重要依据，而我国文化企业大部分以中小企业为主，由于受其规模和效应的影响，目前还难以大范围普及。

因此，未来我国政府应该加大对中小文化企业的资金支持力度，拓宽我国文化贸易的融资渠道。可借鉴以下几条思路。

首先，加强文化企业的内部管理，提升文化企业的融资意识。我国政府应该对中小型文化企业进行有效的政策引导，鼓励并监督我国文化企业完善内部管理，做到企业财务信息的规范化、可靠化。定期举办相关的文化企业培训讲座，邀请国内外知名文化企业的管理人员对我国中小文化企业内部管理进行相应的培训，为我国文化企业管理者提供一个交流与学习的平台。此外，我国政府还应该出台一些针对我国文化企业内部管理的相关规定，树立统一的、规范化的文化企业管理制度。在文化融资方面，我国政府可以成立相关的文化投融资部门，聘请专业的融资人士为我国文化企业提供相应的文化融资服务。在融资方式方面，我国政府应鼓励与引导我国文化企业积极开拓与非银行机构之间的合作，如信托公司等，拓宽我国文化贸易的融资渠道。

其次，建立文化企业融资的资金担保、保险机构，化解融资机构的后顾之忧。由于文化市场的不确定性较多，导致文化企业的融资风险要远远高于其他产业的风险，这也是许多银行不愿意为文化企业进行贷款的重要原因。正如前文所述，只有拥有一定数量的固定资产，拥有专业化、高水平化的制作团队的企业才具备贷款资格。因此，建立文化资金的担保机制成为化解文化企业融资难的关键。然而，除非是文化企业为此付出更高的代价，否则很多商业机构出于规避风险的考虑，都不愿意充当担保机构的责任。因此，我国政府应该尽早建立起政策性的文化担保机构，为我国文化企业融资提供一定的融资担保、保险基金，一定程度上降低文化企业融资的风险，从而增加企业获得融资的机会。

再次，完善与文化资产有关的知识产权价值评估机制。由于与文化资产相关的知识产权的价值无法做到合理估价，导致许多中小文化企业面临着资金获取较少或无法获取资金的情况。因此，我国政府应该进一步完善与文化资产相关的知识产权价值评估机制，吸收行业内具有专业鉴赏能力的专家，组成专业化评估团队，对版权类文化资产给予合理的定价，降低我国文化企业融资的门槛。

最后，拓宽文化融资渠道，鼓励文化金融创新。在文化融资方面，我国政府应鼓励金融机构加大文化金融创新，拓宽我国文化产业的融资渠道。具体而言，由于我国文化企业的资产大部分以无形资产为主，阻碍了其在金融机构的借贷，因此，金融机构应结合文化产品的自身特点，开发出更多新的文化金融产品。例如，可以借助投资公司这个平台，利用他们的信息量和资源，来吸引国内外的资金进入文化企业，为企业提供融资支持。此外，私募基金作为一种非公开宣传的、私下向特定投资人募集的一种合作方式，也可以成为我国文化企业进行融资的工具。特别是近些年我国经济高速发展，民间闲散资金较为充足，如果这些闲散资金可以以私募基金的形式进入我国文化产业，将在一定程度上缓解文化企业融资难的问题，尤其是那些正处于创业阶段的文化企业。文化金融创新不仅仅是上述两种，目前，我国已有许多商业银行针对文化企业的自身特点，设计出适合我国文化企业融资的相应产品，如北京银行的"创意贷"，是一款应用于电子出版物发行、影视产品制作与发行的金融产品，它主要依靠版权质押、版权质押打包贷款等融资方式来为文化企业实现资金的融通。可见，若想解决我国文化融资难问题，不仅需要企业层面考虑，还需要金融业自身的文化创新，以及政府的政策引导来解决上述问题，对拓宽文化企业融资渠道方面具有重要的意义。

第三节 拓宽文化产品对外交流的
形式与渠道

我国加入世界贸易组织以后，给我国文化企业带来的不仅仅是国外大型文化企业集团的挑战，同时也带来了国际文化市场的种种机遇。同国外企业相比，博大精深的中国文化是我国文化企业拥有的核心竞争优势。对于文化大国中国来说，未来如何立足于本国民族特色的文化，将我国民族的特色文化传播到世界各地，特别是那些不了解中国文化的西方国家，成为我国文化"走出去"的重要任务。作为文化传播的载体，文化产品将一国文化传播到世界每个角落，其中，文化产品的发行与营销则是文化对外交流中的重要环节。广泛的文化产品对外交流形式与渠道，对于中华文化的传播有着重要影响。

以前我国"文化"并没有成为一项产业经营，而是看成一项"文化事业"，市场化程度十分欠缺。从文化产品发行和营销角度来看，由于我国文化产业刚刚起步，产业运作资金和管理经验有限，真正能从事文化贸易的推广与营销的机构相对较少，文化产品的境外推广与营销网络尚未成熟。目前，我国文化产品的出口主要有两个渠道：一种是通过国内国外文化产业博览会；另一种是通过外国发行公司代理。这两个渠道在推广我国文化产品方面有一定的效果，但也存在着局限性。因此，总体来看，我国企业应该采用多种营销方式，如直销、代理、合作营销等，来迅速拓宽我国文化产品与服务的推广与营销渠道。此外，我国企业也应在理顺自身传播渠道的基础上，通过对现有产品与服务推广与营销的整合，实现各类营销渠道的协调与配合。具体来看，一方面，我国可以利用其他产业已有的相对完善的境外产品推广与营销网络，比如工业制成品的国际营销网络来获取信息或扩大我国文化的国际影响力，扩展文化产品对外交流的形式。另一方面，我国政府应当鼓励国内文化企业组建自己的专业化海外营销机构或收购国外现有的海外发行公司来推动本国文化产品的对外交流。同时，还可以依托其他行业有实力的跨国公司已经建立的海外网络营销渠道进行文化产品的增值服务。最后，我国政府应加强对营销网络的管理，重视对文化产品与服务知识产权的保护，避免在推广过程中盗版的产生。

从文化产品出口市场来看，我国文化产品出口市场主要集中在下述三个地区。第一，东亚地区、东南亚地区以及我国周边地区。具体而言，主要集中在日本、韩国和部分东南亚国家，如马来西亚、新加坡等。这些国家与我国地理相邻，同处于儒家文化圈，使得我国文化产品在这些国家中文化折扣相对较小，这些国家对于我国文化存在着一种长期的认同感。因此，双方在长期的文化贸易往来中无形地增进了对双方社会与文化的理解，使得这些国家和地区的消费者彼此接受对方国家的文化。第二，美国、欧盟成员国等西方发达国家。虽然我国文化贸易合作伙伴以发达国家居多，但从文化产品结构来看，除了文化核心产品外，我国向欧美等发达国家出口仍然以与文化相关的产品为主，即劳动密集型的非核心文化产品。从历史上看，美国、部分欧盟国家在现代化进程中都曾以殖民者的身份出现，所以，正是由于截然不同的历史与文化背景，使得中国的文化产品在这些地区很难像在东亚国家那样容易被接受，因为在那些西方国家眼里，只有它们才是世界真正的中心。第三，诸如非洲地区的发展中国家。这些国家由于经济水平相对较低，文化消费较少，难以形成具有一定规模的文化消费市场。特别是对于中东、南美地区的国家，除了文化背景的差异外，这些国家文化市场还存在着种种壁垒，阻碍了我国文化贸易对这些国家的出口。文化"走出去"目的是要实现不同地域、不同国家之间文化的交流与沟通，让世界更好地了解中国文化，我国出口市场的过度集中限制了中国文化对外传播的深度与广度，同时也阻碍了中国文化"走出去"的步伐。必须看到的是，虽然我国文化产品在日本、韩国以及其他东南亚国家得到了一定的接受与认同，也形成了一定的消费群体，但这些国家、地区不仅文化市场规模有限，而且还存在着诸多来自美国、欧盟国家的文化贸易的竞争者，从一定意义上来说，会削弱我国文化传播的速度。欧美等发达国家虽然成为我国文化贸易的主要贸易伙伴，但由于文化认同程度较低，导致真正反映我国核心文化的文化产品与服务无法被这些国家真正接受。中俄两国作为邻邦国家，多年来一直保持着良好的外交关系，我国文化产品在俄罗斯也有着很大的开拓空间。因此，我国不应该把文化产品对外交流仅仅集中在这些文化亲近的国家，应该进一步开拓文化贸易的区域范围，着力培育多元化的文化出口市场，推动中国文化在全球的传播。

第四节　促进文化产品形式、文化内涵的创新

　　科技创新是我国文化产品竞争能力提升的重要引擎，文化与科技的融合与创新在促进一国文化产品竞争力的提升过程中起到了显著作用。很多文化产业发达的国家，如美国、日本都十分注重科学技术在文化产品生产中的应用，将科学技术融合于文化之中，使之成为进一步推动文化产品发展的重要动因。相比之下，我国文化企业的相关科技水平较为落后，文化与科技并未实现真正意义的融合，文化产品整体缺乏科技创新，阻碍了我国文化产业竞争力的提升。以我国影视产品为例，我国电影行业、演出行业在影片、节目制作以及后期加工处理方面仍然停留在传统的技术手段，和发达国家的技术水平存在着较大的差距。2010 年，美国动画电影《阿凡达》掀起了一场数字电影的革命，连续创造了票房奇迹，其中科学技术创新与艺术表现效果的融合成为该电影取得成功的关键。3D 虚拟影像技术的应用不仅呈现出更具深度的场景效果，同时也带给了观众视觉上的盛宴，成功地开辟了 3D 电影的新里程。

　　创新的概念是熊彼特在其成名作《经济发展理论》中提出的。在书中，他将创新定义为新的生产函数的建立，是企业家对企业要素实行新的组合。根据熊彼特的定义，新产品的生产、新技术或新的生产方法应用、新的市场开辟、原材料的供应来源的发现与控制、新的生产组织方式的执行等，都应包含在创新的范畴之内。赵有广（2013）在《文化产品生产方式创新研究》一书中以熊彼特的定义为基础，将文化产品创新定义为在市场机制作用下，充分利用现代科学技术发展条件，有效地整合各种资源，不断进行机制、体制调整，最大限度地调动文化产品生产者的积极性、创造性，以生产出更多满足消费者需求的文化产品，从而获取最大的经济收益和社会效益的活动。

　　创新是一个民族的灵魂，为一个国家的经济发展提供源源不断的动

力，同样也是一国文化"走出去"的根本所在，是提高一国文化产品国际竞争力的重要途径。发展一国文化贸易不仅需要创新的文化理念，更需要的是在创新的文化理念指导下真正地实现一国文化产品的创新。创新的文化理念与文化产品、服务的创新活动的相互结合将成为一国文化走向世界的动力，因此，如何将创新的文化理念转化成为创新活动，成为文化产品竞争力发展的关键所在。然而，在中国文化产业的发展中最突出的问题之一就是我国的文化产品的生产缺乏中华文化的原创性与创新性，我国大部分文化产品仍处于模仿阶段，原创能力较低，缺乏文化产品内容性的打造，特别是对中国民族特色文化形象的树立与打造。此外，知识产权观念的淡薄，知识产权保障机制不健全，也从一定意义上阻碍了创新实践活动的发展，抑制了企业从事创新活动的意愿。文化产品创新的主体是企业和创作者，因此，若想提高本国文化产品的创新，势必需要从以上两个主体上进行下功夫。

从企业层面来看，我国文化企业在进行文化产品生产的过程中，应立足于本土的传统文化，充分挖掘我国丰富的文化资源，设计出具有鲜明中国文化的特色产品。一个国家的文化产品只有让外国人能看得懂，能够理解，才可能让对方喜欢，从而产生对文化产品的消费行为。因此，在文化产品的生产过程中，我国文化企业应该吸收并借鉴国外先进的文化，借用国外观众熟悉的文化样式，融入具有中国特色的本土文化、文化样式等，以此生产出更富有文化内容、文化创意且又能迎合国外文化消费者需求的文化产品。例如，美国曾经以《宝莲灯》《花木兰》等中国古代神话作品为题材，利用好莱坞自身的科技、资本、营销等方面的优势，在不失原著本意的基础上对上述作品进行了创新性打造，成功地打入了中国市场。

此外，随着互联网、多媒体等大众传媒的快速发展，整个社会的文化传播载体与传播方式正经历着一场深刻的变革，以电子传播、网络传播移动新媒体为主导的新型传播与传播工具纷纷地涌现。各式各样的新型媒体传播媒介为文化产品的创新、共享与交流提供了虚拟组织的最好的平台。互联网和多媒体技术的发展改变了以往单向、静止、平面的文化内容表现形式，使其表现形式向着交互、立体、跨媒体乃至多线索方向进行转变，使得文字、图像、语音、影像等原来以不同形式表达的文化内容得到了规整与统一。完全自由、平等的互联网平台也让每一个人成为潜在的文化产品创造者，为他们提供了文化创造的公平机会，自助出版系统、按需印刷等技术也大大降低了文化作品出版的门槛。同时，互联网和网络应用技术的发展使得大规模的协作创造内容成为可能，改变了以个体或团队为主体的创作模式。因此，对于我国文化企业而言，未来应该借助新型的传播媒介，提高对文化产品创作过程中科技的投入，加大对文化产品内容的创新，打造主流的文化产品，加大文化产品的服务模式的创新，不断提升我国文化传播中的时效性、先进性和生命力。同时，互联网的便捷性也为许多从事写作活动的人提供了发挥自己专长的平台，为文化产品的生产企业提供了更好的材料来源。文化企业可以与这些作者签约，以保证自己能够得到更加具有原创性、创新性的文化产品。

从创作者层面来看，内容作为文化产品的灵魂，不可能像商品一样进行批量生产，每一件文化产品都是独特的。同我们生活中的衣食住行不同，诸如影视作品、书籍等文化产品，除非特殊原因，消费者一般不会进行重复观看与阅读。因此，文化产品内容的独特性，决定了该产品是否能够吸引消费者，是文化产品创新的核心环节。作为文化产品的创作者，要想创作出有思想深度的文化作品，必须要求创作者具备一定的思想深度，所以如何使得创作者成为有思想的创作人成为我国文化产品创新的重点。思想家应该具备如下四种权力：意识形态的话语权、思想方法的主动权、先进文化的表达权以及表达方式的创新权。意识形态的话语权是指对主流意识形态的控制权。近些年意识形态日益显现出两大特点：一是作为新国家制度架构的观念基础而具有先导性；二是作为现代国家的"软实力"而具有核心性。对意识形态的控制权与国家的兴衰具有紧密的联系，而文化产品在掌握意识形态的话语权方面，具有不可替代的地位。在文化产品的生产过程中，思想方法的主动性往往具有重要的作用。文化产品的生命力就在于对文化产品核心内容的不断创新，如果没有一套有效的思想方法，总是将过去陈旧的东西进行翻来覆去的炒作与翻拍，那么，整个文化产品也就失去了自己的核心竞争力，最终会被市场淘汰。从文化产品内容来看，先进的文化是文化产品内容重要的表现，因此，如何将先进文化合理地表达出来对于文化产品的创新同样具有重要意义。未来我们应该加大对文化创作者在先进文化表达权方面的培养，使得更多中国先进的文化能够以文化产品的形式有效地传播出去。最后，表达方式的创新是指努力探索、充分想象，寻找出或者设计出更好的表达产品内容的方式，使自己文化产品变得与众不同，得到公众的认可与接受。表达方式的创新不仅是技术上的创新，而且是艺术上的创新。因此，未来我们不仅需要加大与文化产品有关科学技术的投入，还要对创作者自身的艺术修养进行培养。

除了上文所提及的文化产品创新外，"文化折扣"也成为制约我国文化贸易发展的重要因素。所谓的"文化折扣"是指由于文化差异与文化认知程度的不同，受众群体在接受陌生的文化产品时，对文化产品的理解、兴趣等能力方面会大打折扣。一般而言，"文化折扣"的产生主要是由以下几个因素组成：文化背景与审美预期、历史传统和语言。除了与周边国家如日本、韩国等国家处于同一个儒家文化圈外，我国与美国、欧洲等西方发达国家之间无论从语言、历史还是文化方面均存在着较大差异，如何有效地减少和化解"文化折扣"成为我国文化贸易发展的又一关键任务。具体来看，首先，我们应该采用本土化与国际化结合的方式，降低"文化折扣"，即坚持以本土文化为起点，吸收并借鉴国际化的诸多元素，生产出既具有本土化特色又与国际化接轨的文化产品。在国外经验借鉴方面，我们应该借鉴和平、奋斗、平等、爱情等人类发展的永恒元素，妥善处理传统文化资源与西方文化资源之间的差异，减少不同文化之间的距离。其次，应借助外国观众熟悉的文化样式，融入中国传统文化、艺术样式等内容，以此降低"文化折扣"。我们可以根据每一个地区或国家居民所熟悉的文化产品，以这类文化产品为载体，融入中国文化的内容，赋予其新的内容，以此来降低"文化折扣"。例如，《末代皇帝》是美国好莱坞以中国清朝最后一位皇帝溥仪的传记为来源，根据国际文化市场的需求，采用了好莱坞式的一套影视拍摄的技术、产品营销模式等，在中国市场取得了丰厚的收益。最后，选用"文化折扣"程度较低的文化产品类型，来降低"文化折扣"。例如，在影视方面，我国最早在商业上取得成功的主要以动作片为主，如曾经获得奥斯卡奖的《卧虎藏龙》。这说明与其他类型的影视作品相比，我国的动作片和武侠片中所存在的"文化折扣"相对较低。因此，未来我国应该以武侠片和动作片为龙头，以此带动我国其他方面的影视作品"走出去"。

第五节 重视文化品牌的培养与建设

在我国文化"走出去"的过程中，对本土文化企业的打造成为提升我国文化软实力，促进中国文化对外传播的关键环节。2006 年，中共中央、国务院出台了《关于深化文化体制改革的若干意见》（后文简称《意见》），《意见》强调了要将我国文化体制改革上升到提高我国综合竞争力的战略高度上来，并进一步指出在经济全球化的今天，文化与经济、政治相互交融，文化在一国综合竞争力中占据了重要的地位并拥有着积极的推动作用。作为文化产业链的核心环节，文化企业上承文化产品的创作者，下连衍生产品的生产、营销渠道与市场。因此，打造一批具有国际影响力的文化企业，培育我国文化市场的龙头企业，使之成为推动我国文化贸易发展、实施中国文化"走出去"的战略主体。

品牌不仅是一种符号结构，一种意象特征，更是企业、产品、社会的文化形态的综合反映和体现。对于现代化商品而言，品牌给企业所带来的附加值已经远远超过商品本身的价值。对于文化企业而言，品牌效应更是如此。就消费方面而言，文化消费从某种意义上来看是一种品牌的消费，它将使消费者自觉地将该品牌与文化产品或服务联系在一起，从而构成一种购买行为。例如，迪士尼主题乐园的米老鼠、唐老鸭以及芭比娃娃等产品，它们的品牌影响力所带来的经济利益已经远远超过了该产品本身的价值。鉴于上述特征，许多文化产业较为发达的地区或国家政府在打造本土优秀文化企业的过程中，都更加关注地文化品牌的塑造。例如，美国是全球文化产业最发达的国家，其文化品牌在国际上拥有最高的知名度。美国好莱坞电影占领了全球票房数的 2/3，美国控制了全世界 75%电视节目的生产和制作，其电视节目品牌在世界上独占鳌头。虽然美国是典型的市场型国家，在贸易上一直主张公平贸易，但在本土文化企业的培育、本土文化品牌的塑造方面，美国政府一直以来都在文化企业背后予以支持。在本土文化品牌的海外进程中，美国政府充分利用其在经济、政治方面的优势，积极地对本土文化品牌进行有力的扶持进而助其占领国际文化市场，并在文化立法、财政扶持、融资支持、政府采购等多个方面为本土文化企业提供了资金支持与法律保障。那么，在我国文化品牌的塑造，打造优质文化企业过程中，我国政府应该做到如下几点。

首先，我国政府应该引导本土文化企业树立正确的品牌意识，结合本国的具体国情，梳理我国当前具有竞争优势的相关行业，具有潜在市场实力的文化产品，特别是高附加值、高技术含量的文化产品。以此为基础，研究并制定既符合我国基本国情又符合世界文化市场需求的文化品牌战略。在文化品牌塑造方面，要明确一定时期内我国文化品牌发展的重心与目标，以文化市场需求为导向，有选择性地去扶持和培育本土文化品牌，塑造具有我国民族特色的文化品牌。

其次，在品牌塑造、企业培育方面，政府不仅要为我国文化企业的发展创造良好的市场氛围，还应该对我国中小文化企业进行财政、税收、信贷、技术等多方面的支持，特别是那些符合我国文化战略发展方向、拥有一定竞争实力的文化企业。长期以来，由于我国文化市场的主体都是国有文化企业，这些文化企业大部分都是提供公共文化服务的事业单位，导致我国出现有需求无市场的局面。即便是在我国大力发展文化产业的背景下，由于文化体制、法律制度等多方面的约束，使得许多我国优秀的本土文化品牌企业由于缺乏资金支持而被埋没。因此，我国政府应该针对那些具有市场前景、科技含量高、有社会效益的文化品牌给予政策、税收、资金等方面的优惠。此外，对于那些已经拥有知名品牌的文化企业，应鼓励它们以资本为纽带，通过兼并、收购、合并、租赁等方式，组建文化企业集团，并帮助它们实现文化品牌企业的战略重组和上市。推动我国文化品牌向集团化、规模化的方向发展。

由于政府具有较高的权威性，以政府为渠道向市场传达的信息从一定程度上可以对市场的生产者和消费者产生影响。因此，由政府出面来进行文化品牌的宣传与推广成为一国塑造本土知名文化品牌，培育具有国际竞争力的文化企业的重要途径。具体而言，我国政府应该利用各类传播渠道和对外经贸活动，如举办国际文化产品展销会，主动地向消费者宣传和推荐文化品牌，提高本土品牌在国际文化市场的知名度和美誉度，以品牌为窗口，来提升本国文化企业在国际的知名度与影响力。

第六节 加强文化产业人力资本累积，重视相关人才的培养

文化产品竞争力的核心发展动力是人力资本，然而从中国目前的文化产业发展来看，除了制度、企业自身、融资等因素外，文化产业人才的缺失成为制约我国文化产品竞争力提升的主要瓶颈。作为一门集传媒学、经济学、国际贸易、文化研究、传播学等知识为一体的交叉学科领域，在我国国际文化产品对外交流发展中，外向型和复合型的文化经营人才需求远远大于其供给的问题显而易见。

我国国际文化产业发展人才缺失主要源自以下两个方面的问题：一是我国高校对文化产业人才的培养不够重视；二是我国文化出口企业的人才制度问题。

从高校文化产业人才培养方面来看，2011年教育部在修订版本科专业目录中取消了国际文化贸易这门专业，将贸易经济与国际文化贸易统一归并为贸易经济，这从一定意义上降低了高校开设与发展国际文化贸易相关课程的积极性。目前，国内仅有为数不多的学校将国际文化贸易作为其人才培养的重点。在文化贸易的培养方式上，这些高校主要是将国际文化贸易作为一门课程纳入本科生教学，或者将国际文化贸易作为硕士和博士研究生的某一研究方向进行人才的培养。例如，北京第二外国语学院的经贸与会展学院将文化贸易作为服务贸易项下的某一研究领域进行硕士研究生的培养。中国传媒大学的经济与管理学院同样将国际文化贸易作为传媒经济领域硕士与博士研究生的某一研究领域进行培养。与文化贸易形成对比的是文化产业经营与管理，随着我国文化产业的蓬勃发展以及对文化产业人才的大量需求，不少高校都相继开设了文化产业经营与管理的专业。但是，从师资力量上看，很多高校的文化产业经营与管理授课教师大部分都来自文学、传播学专业，缺乏国际经济学、国际贸易等相关的学科背景知识，其所教授的课程大部分仅仅是从自己所属领域出发，缺乏综合性，使得从事文化经营与管理学习的学生由于缺乏经济学、国际贸易的基本专业常识，很难去胜任国际文化对外经贸交流领域的相关工作，造成我国文

化产业人才的短缺。

此外，从我国文化出口企业来看，我国文化出口企业从业人员结构整体不合理，其中行政、传播、艺术类专业的比重过高，而国际贸易、营销、管理类人才比重相对较低，企业内部缺乏复合型、国际型的文化贸易人才。究其原因主要是由下述几点造成。第一，我国文化产业发展较晚，文化企业内部缺乏有效的人才培养机制，大部分从业人员是计划经济管理下培养起来的，大多数习惯于过去的行政管理，而不熟悉国际贸易规则，缺乏产业的管理与经营经验。特别是对于文化出口企业而言，由于忽略了对文化贸易人才的培养，造成了文化出口企业从业人员结构过于单一。第二，现有文化企业缺乏人才激励机制，欠缺完善的人才管理制度。目前，同发达国家相比，我国文化企业缺少现代的企业管理经营，企业人才管理制度过于落后，特别是在人才激励机制方面，由于没有形成有效的绩效考核体系，使得我国文化企业内部不能建立起公平、公正、公开的竞争机制，造成我国人才激励机制的不健全，没有将文化企业员工的积极性完全激发出来。第三，我国大部分文化企业缺少对现有员工的专业知识的培养，文化企业内部没有建立起一套有效的企业员工培训的流程。对文化企业员工定期进行业务、技能等方面的培训成为解决企业内部人员比例过于单一的问题，提升文化企业从业人员水平，提高文化企业竞争力的主要环节。然而，目前我国大部分文化企业对于员工的培训仅仅停留在入职培训、任务式培训或应急型培训，而这些培训的内容绝大多数都与文化贸易无关。以入职培训为例，大部分入职培训主要都是针对公司文化、公司规定等方面对企业员工进行培训，而缺少文化贸易相关领域知识的培训。

针对上述问题，我们应该从以下几个方面进行改进。

首先，鼓励高校在现有教学资源的基础上，开设与国际文化经济学（贸易）相关的课程，提倡跨学科的教师交流与合作。为了克服文化产业专业教学内容过于单一的局面，我国政府应该鼓励那些已经开设文化产业专业课程的高校根据文化市场的需要推进高校文化产业相关课程的改革，在现有的课程体制下开设国际文化经济学，以及与国际文化贸易相关的课程，坚持理论指导实践、理论联系实践、实践反哺理论的原则，大力培养国际文化产业发展的相关人才。此外，针对目前我国高校文化产业相关专业师资结构的单一问题，未来我国高校可以采取师资力量的跨学科交流与合作。例如，在本专业缺乏经贸专业毕业的教师的相关学院，可以邀请本校或外校从事相关领域，特别是一直从事文化贸易领域研究的教师来为本校专业学生授课。这样不仅可以开拓本专业学生的知识面，从不同视角加深对国际文化贸易的理解，培养学生在文化产业领域的商业能力和企业经营管理能力，而且也符合国际文化贸易跨学科专业的要求，为我国培养既懂得与文化相关的理论与知识，又具备一定经济学功底，熟悉国际文化交流规则与商业惯例的复合型人才。

其次，高校应创新文化产业人才培养体制，鼓励"产学研"结合。由于我国高校教授与文化产业相关课程的教师大部分都缺乏实践操作经验，导致培养出来的相关人才更加偏重理论性而缺乏实践性。在这一方面，我们可以借助社会的力量，来加大对高校文化产业人才的培养。在人才培养方面，社会力量更具备一定的优势，其培训方式相对灵活，培训模式呈现多样化，培训目的往往具有一定的针对性。根据当前文化企业发展的需要，有意识地对人才进行培养，有利于我国文化产业实用型、复合型人才的培养。因此，我国未来应该进一步创新文化产业人才的培养体现，拓宽文化产业人才的培训渠道，加大社会力量在文化产业人才中的比重。例如，政府可以建立文化产业培训基地，吸纳优秀的文化企业经理和业内专家加入培训基地的讲学中来。同时，鼓励本地区相关文化企业人员定期参加文化产业的相关培训，为文化产业的从业人员提供知识、业务、经验等方面的培训，提高从业人员的整体水平。

最后，针对目前我国有部分文化企业为了确保自己的经济利益，而拒绝接收文化企业实习生或经验不足者的现象，未来我国政府应该加强文化企业在人才培养中的作用。在人才培养过程中，文化企业不仅应该注重对本企业员工的培训，而且应该加大与高校、研究所之间的科研实践活动，鼓励企业的员工进入高校、研究所进行深造学习，委托高校与企业开展文化企业从业人员的培训，并逐步规范化。同时，文化企业也应该与进行文化产业等人才培养的高校建立长期合作关系，为高校的大学生提供更多实习机会，强化学生的业务实践能力，打造更加符合文化产业发展需要的复合型人才。

此外，还需引入有效的文化企业考核机制和良好的激励机制。目前，我国文化企业在人才培养机制等方面存在着许多的不足，特别是在文化企业人才考核制度与人才激励机制方面尤其需要改善。对于一个企业而言，一个高效客观的人才考核机制可以为企业在职员工建立一个公平竞争的企业环境，不仅有利于调动企业员工的工作积极性，激发企业员工的工作热情，对促进企业员工主动学习和进步方面也发挥着重要作用，而且有利于增加员工对企业的忠诚度。在文化企业中，经营与管理类人才是文化企业发展的骨干与核心力量，对文化企业经营的每一个环节进行着统筹与规划，特别是在企业的重大决策方面发挥着重要的作用，在企业的绩效方面发挥着重要影响。因此，合理的企业人才激励机制成为文化企业留住优秀的经营管理人才，提高他们工作效率的关键。一个合理的企业人才激励机制首先应该具备针对性的薪酬设计。合理的薪酬设计应能够体现文化企业经营管理人才对文化企业发展的贡献与价值，通过向他们提供合理的薪酬福利来满足他们的生活等多方面的需求，对他们形成有效的激励，进而提高他们对工作的积极性，激励他们自我学习与进步的意愿，增强其对企业文化的认同度。同时，降低企业经营管理人才流动性风险，保持并提高文化企业经营管理人才结构的稳定性，使他们更好地为文化企业的未来工作与服务。具体来看，在薪酬设计方面，企业可以引入年薪制，并可以实行经营管理人才的股份制，将他们的薪酬与企业的发展联系在一起，以此来增加他们对企业的忠诚度。

本书的论题涉及经济学、统计学、社会学等多个学科的多种理论，因此对一些问题难免言之不全，论之不深。

首先，对于文化竞争力评价指标体系的构建可以进一步完善。受课题团队研究时间和数据采集成本所限，本书研究所构建的指标体系只是尽可能地反映竞争力的多个准则层面，这个评价框架和准则层可以在理论支撑下继续丰富下去，那么，得到的结论也将更加准确和更具有说服力。

其次，文化企业统计数据的严重缺失使得本书只能以上市文化企业作为样本进行分析。在国家完善文化企业统计数据后，更多异质性的样本、更大的样本容量也将会产生更为丰富的研究成果。

最后，政策建议是否现实有效，需要经过实践的检验。在未来的研究中，可以将某方面的政策建议细化，并通过试点研究或经济学实验的方法，对相关建议的有效性进行评价。

问题总是说不完的，只有行动起来，才能减少我们对未知世界感到的困扰。

参 考 文 献

1. Adams, R., Almeida, H. and Ferreira, D., "Powerful CEOs and Their Impact on Corporate Performance", *The Review of Financial Studies*, Vol.18, No.4, Winter 2005.

2. Albuquerque, R. and Miao, J., "CEO Power, Compensation, and Governance", *SSRN Working Paper*, September 2006.

3. Alderighi, M. and Lorenzini, E., "Cultural Goods, Cultivation of Taste, Satisfaction and Increasing Marginal Utility During Vacations", *Journal of Cultural Economics*, Vol.36, Issue 1, Feburary 2012.

4. Alesina, A. and Perotti, R., "The Political Economy of Budget Deficits", *IMF Staff Papers*, Vol.42, No.1, March, 1995.

5. Almeida, H., Campello, M. and Weisbach. M. S., "The Cash Flow Sensitivity of Cash", *The Journal of Finance*, Vol.59, Issue 4, August 2004.

6. Arellano, M. and Bover, O., "Another Look at The Instrument Variable Estimation of Error-Components Models", *Journal of Econometrics*, Vol.68, Issue 1, July 1995.

7. Baumol, W. and Bowen, W., *Performing Arts: The Economic Dilemma*, New York: Twentieth Century Fund, 1966.

8. Bebchuk, L., Fried, J., and Walker, D., "Managerial Power and Rent Extraction in the Design of Executive Compensation", *University of Chicago Law Review*, Vol.69, July 2002.

9. Bebchuk, L. and Fried, J., "Pay without Performance: Overview of the Issues", *Discussion Paper of Harvard University*, October 2005.

10. Becker, G. and Murphy, K., "A Theory of Rational Addiction",

Journal of Political Economy, Vol.96, No.4, November 1988.

11.Belot, M.and Ederveen, S., "Cultural Barriers in Migration between OECD Countries", *Journal of Population Economics*, Vol. 25, Issue 3, July 2012.

12.Belot, M.and Ederveen, S., "Cultural Barriers in Migration between OECD Countries", *CPB Netherlands Bureau working paper*, 2006.

13. Bergstrom, T. and Goodman, R., "Private Demands for Public Goods", *American Economic Review*, Vol.63, Issue 3, June 1973.

14.Boisso, D.and Ferrantino, M., "Economic Distance, Cultural Distance, and Openness in International Trade: Empirical Puzzles", *Journal of Economic Integration*, Vol.12, No.4, December 1997.

15. Chaloupka, F., "Rational Addictive Behavior and Cigarette Smoking", *Journal of Political Economy*, Vol.99, No.4, August 1991.

16.Cheng, S.J., "Board Size and the Variability of Corporate Performance", *Journal of Financial Economics*, Vol.87, Issue 1, January 2008.

17.Corral, G.M.and Poussin, G., Culture, *Trade and Globalisation*: 25 *Questions and Answers*, Paris: UNESCO Publishing, 2000.

18. David Throsby, *Economics and Culture*, London: Cambridge University Press, 2001.

19.David Hesmondhalgh, *The Cultural Industries*, London: SAGE Publications Ltd., 2002.

20.Deardorff, A., "Local Comparative Advantage: Trade Costs and the Pattern of Trade", Paper Presented at the Research Seminar in International Economics, No.500, University of Michigan, Michigan, 2004.

21.Degryse, H.and Jong, A., "Investment and Internal Finance: Asymmetric Information or Managerial Discretion?", *International Journal of Industrial Organization*, Vol.24, Issue1, January 2006.

22.Disdier, A.and Head, K., "The Puzzling Persistence of the Distance Effect on Bilateral Trade", *The Review of Economics and Statistics*, Vol.90, Issue 1, February 2008.

23. Disdier, A., Head, K., and Mayer, T., "Exposure to Foreign Media and Changes in Cultural Traits: Evidence from Naming Patterns in France", *Revised version of CEPR Discussion Paper*, November 2009.

24. Disdier, A., Tai, S., Fontagne, L. and Mayer, T., "Bilateral Trade of Cultural Goods", *Review of World Economics*, Vol. 145, No. 4, January 2010.

25. Dyen, I., Kruskal, J.B. and Black, P., "An Indoeuropean Classification: A Lexicostatistical Experiment", *Transactions of the American Philosophical Society*, Vol.82, No.5, 1992.

26. Eichengreen, B. and Irwin, D., "The Role of History in Bilateral Trade Flows", in Frankel J. (ed.), *the Regionalization of the World Economy*, National Bureau of Economic Research Project Report series, Chicago: University of Chicago Press, 1998.

27. Elsass, P., and Veiga, J., "Acculturation in Acquired Organizations: A Force-Field Perspective", *Human Relations*, Vol.47, No.4, April 1994.

28. Erramilli, M., "Influence of Some External and Internal Environmental Factors on Foreign Market Entry Mode Choice in Service Firms", *Journal of Business Research*, Vol.25, Issue 4, December 1992.

29. Faguet, J.P., "Does Decentralization Increase Government Responsiveness to Local Needs?: Evidence from Bolivia", *Journal of Public Economics*, Vol.88, Issue 3-4, March 2004.

30. Falkinger J., "Attention Economies", *Journal of Economic Theory*. Vol133, No.1, March 2007.

31. Fare, R., Grosskopf, S., and Norris, M., "Productivity Growth, Technical Progress, and Efficiency Change in Industrialized Countries", *The American Economic Review*, Vol.87, No.5, December 1997.

32. Farrell, M., "The Measurement of Productive Efficiency", *Journal of the Royal Statistical Society*, Vol.120, No.3, March 1957.

33. Fazzari, S., Hubbard, G. and Peterson, B., "Financing Constraints and Corporate Investment", *Brookings Papers on Economic Activity*, Vol.1988,

No.1, 1988.

34. Fieler, A., *Non-homotheticity and Bilateral Trade: Evidence and A Quantitative Explanation*, New York: New York University Press, 2008.

35. Finkelstein, S., "Power in Top Management Teams: Dimensions, Measurement, and Validation", *Academy of Management Journal*, Vol.35, No.3, August 1992.

36. Firth, M., Fung, P., and Rui, O., "Corporate Performance and CEO Compensation in China", *Journal of Corporate Finance*, Vol.12, No.4, September 2006.

37. Frey, B., "Has Baumol's Cost Disease Disappeared in the Performing Arts", *Journal of cultural economics*, Vol.50, No.2, June 1996.

38. Getzner, M., Glatzer, E. and Neck, R., "On the Sustainability of Austrian Budgetary Policies", *Empirica*, Vol.28, No.1, March 2001.

39. Getzner, M., "Determinants of Public Cultural Expenditures: An Exploratory Time Series Analysis for Austria", *Journal of Cultural Economics*, Vol.26, No.4, November 2002.

40. Grasstek, C.V. and Sauve, P., "The Consistency of WTO Rules: Can the Single Undertaking Be Squared with Variable Geometry?", *Journal of International Economic Law*, Vol.9, Issue 4, December 2006.

41. Hanson, H. and Xiang, C., "Testing the Melitz Model of Trade: An Application to U.S. Motion Picture Exports", *NBER Working Paper Series*, No. 14461, Ocotober 2008.

42. Guiso, L., Sapienza, P., and Zingales, L., "Cultural Biases in Economic Exchange", *The Quarterly Journal of Economics*, Vol.124, No.3, August 2009.

43. Grinstein, Y. and Hribar, P., "CEO Compensation and Incentives: Evidence from M&A Bonuses", *Journal of Financial Economics*, Vol.73, Issue 1, July 2004.

44. Grossman, S. and Hart, O., "Corporate Financial Structure and Managerial Incentives", in *The Economics of Information and Uncertainty*, Mccall,

J. (ed.), Chicago: University of Chicago, 1982.

45. Han, S.J. and Qiu, J.P., "Corporate Precautionary Cash Holdings", *Journal of Corporate Finance*, 13 (1), Vol.13, Issue 1, March 2007.

46. Hart, O. and Moore, J., "Default and Renegotiation: A Dynamic Model of Debt", *Quarterly Journal of Economics*, Vol. 113, No. 1, February 1998.

47. Hayashi, F., "Tobin's Marginal Q and Average Q: A Neoclassical Interpretation", *Econometrica*, Vol.50, Issue 1, January 1982.

48. Hofstede, G., *Culture's Consequences: Comparing Values, Behaviors, Institutions, and Organizations Across Nations*, Thousand Oaks: Sage Publications, 2001.

49. Hu, A., and Kumar, P., "Managerial Entrenchment and Payout Policy", *The Journal of Financial and Quantitative Analysis*, Vol.39, No.4, December 2004.

50. Hummels, D., "Toward a Geography Trade Costs", GTAP Working Paper, No.17, February 1999.

51. Inglehart, R. and Baker, W., "Modernization, Cultural Change, and the Persistence of Traditional Values", *American Sociological Review*, Vol.65, No.1, Feburary 2000.

52. Linders, G., Slangen, A., Groot, H., and Beugelsdijk, S., "Cultural and Institutional Determinants of Bilateral Trade Flows", *Tinbergen Institute Discussion Paper*, No.05—074/3, August 2005.

53. Kang, R.C. and Padmanabhan, P., "Revisiting the Role of Cultural Distance in MNC's Foreign Ownership Mode Choice: the Moderating Effect of Experience Attributes", *International Bussiness Review*, Vol. 14, Issue 3, June 2005.

54. Keen, M. and Marchand, M., "Fiscal Competition and The Pattern of Public Spending", *Journal of Public Economics*, Vol. 66, Issue 1, October 1997.

55. Kumbhakar, S. and Parmeter, C., "The Effects of Bargaining on

Market Outcomes: Evidence from Buyer and Seller Specific Estimates", *Working paper*, November 2005.

56. Marvasti, A. and Canterbery, E., "Cultural and Other Barriers to Motion Pictures Trade", *Economic Inquiry*, Vol.43, Issue 1, January 2005.

57. Maria, M., "New Evidence on Development and Cultural Trade: Diversification, Reconcentration and Domination", *Working paper from FERDI*, No.85, 2012.

58. Maystre, N., Olivier, J., Thoenig, M. and Verdier, T., "Product-based Cultural Change: Is the Village Global?", CEPR Discussion Papers, No.7438, August 2009.

59. Melitz, J., "Language and Foreign Trade", *European Economic Review*, Vol.52, Issue 4, May 2008.

60. Myers, S. and Majluf, N., "Corporate Financing and Investment Decisions When Firms Have Information That Investors Do Not Have", *Journal of Financial Economics*, Vol.13, Issue 2, June 1984.

61. Neal, M., *The Culture Factor: Cross-National Management and the Foreign Venture*, New York: Palgrave Macmillan Press, 1998.

62. Neck, R. and Schneider, F., "The Growth of the Public Sector in Austria: An Exploratory Analysis", *Contributions to Economic Analysis*, Chapter 11, 1988.

63. Peacock, A. and Scott, A., "The Curious Attraction of Wagner's Law", *Public Choice*, Vol.102, Issue 1/2, January 2000.

64. Plumper, T. and Troeger, V., "Efficient Estimation of Time-Invariant and Rarely Changing Variables in Finite Sample Panel Analyses with Unit Fixed Effects", *Political Analysis*, Vol.15, No.2, Spring 2007.

65. Rauch, J. and Trindade, V., "A Model of International Trade and Cultural Diversity", *NBER Working Papers*, No.11890, December 2005.

66. Peterson, R. and Berger, D., "Measuring Industry Concentration, Diversity, and Innovation in Popular Music", *American Sociological Review*, Vol.61, No.1, February 1996.

67. Redding, S. and Venables, A. J., "Economic Geography and International Inequality", *Journal of International Economics*, Vol.62, Issue 1, January 2004.

68. Rose, A., "One Money, One Market: Estimating the Effect of Common Currencies on Trade", *Economic Policy*, Vol.15, No.30, April 2000.

69. Roubini, N. and Sachs, J., "Political and Economic Determinants of Budget Deficits in the Industrial Democracies", *European Economic Review*, Vol.33, Issue 5, May 1989.

70. Sah, R., "Fallibility in Human Organizations and Political Systems", *Journal of Economic Perspectives*, (5), Vol.5, No.2, Spring 1991.

71. Silva, J. M. C. and Tenreyro, S., "The Log of Gravity", *The Review of Economics and Statistics*, Vol.88, No.4, November 2006.

72. Schmidt, P. and Lovell, C., "Estimating Technical and Allocative Inefficiency Relative to Stochastic Production and Cost Frontiers", *Journal of Econometrics*, Vol.9, Issue 3, February 1979.

73. Schulze, G. and Rose, A., "Public Orchestra Funding in Germany—An Empirical Investigation", *Journal of Cultural Economics*, Vol.22, Issue 4, December 1998.

74. Schulze, G., "International Trade in Art", *Journal of Cultural Economics*, Vol.23, Issue 1/2, March 1999.

75. Tabellini, G., "Culture and Institutions: Economic Development in the Regions of Europe", *Journal of the European Economic Association*, Vol.8, Issue 4, June 2010.

76. Tadesse, B. and White, R., "Does Cultural Distance Hinder Trade in Goods? A Comparative Study of Nine OECD Member Nations", *Open Economies Review*, Vol.21, Issue 2, April 2010.

77. Tiebout, C., "A Pure Theory of Local Expenditures", *Journal of Political Economy*, Vol.64, No.5, October 1956.

78. Tobin, J., "A General Equilibrium Approach to Monetary Theory", *Journal of Money, Credit and Banking*, Vol.1, No.1, February 1969.

79. Van der Ploeg, F., "Beyond the Dogma of the Fixed Book Price Agreement", *Journal of Cultural Economics*, Vol.28, No.1, Feburary 2004.

80. Wang, H.J., "A Stochastic Frontier Analysis of Financing Constraints on Investment: The Case of Financial Liberalization in Taiwan", *Journal of Business and Economic Statistics*, Vol.21, No.3, July 2003.

81. Whited, T., "Debt, Liquidity Constraints, and Corporate Investment: Evidence from Panel Data", *Journal of Finance*, Vol.47, No.4, September 1992.

82. Withers, G., "Private Demand for Public Subsidies: An Econometric Study of Cultural Support in Australia", *Journal of Cultural Economics*, Vol.3, Issue 1, June 1979.

83. Wooldridge, J.M., "Inverse Probability Weighted M-estimators for Sample Selection, Attrition, and Stratification", *Protuguese Economic Journal*, Vol.1, Issue 2, August 2002.

84. Meng, Y.H., "Determined Factors of International Trade in Cultural Goods of China: A Panel Data Analysis", *Applied Economics*, *Business and Development*, Vol.208, 2011.

85. Lian, Y.J., and Chung, C.F., "Are Chinese Listed Firms Over Investing?", *Working Paper*, November 2008.

86. 程恩富:《文化经济学通论》,上海财经大学出版社 1999 年版。

87. 陈莹莹:《我国文化产业税收政策研究综述》,《经济研究参考》2012 年第 36 期。

88. 丁菊红、邓可斌:《政府偏好、公共品供给与转型中的财政分权》,《经济研究》2008 年第 7 期。

89. [英] 大卫·赫斯蒙德夫:《文化产业》,张菲娜译,中国人民大学出版社 2007 年版。

90. [澳] 戴维·思罗斯比:《经济学与文化》,王志标、张峥嵘译,中国人民大学出版社 2011 年版。

91. 傅勇、张晏:《中国式分权与财政支出结构偏向:为增长而竞争的代价》,《管理世界》2007 年第 3 期。

92.蒋萍、王勇：《全口径中国文化产业投入产出效率研究——基于三阶段 DEA 模型和超效率 DEA 模型的分析》，《数量经济技术经济研究》2011 年第 12 期。

93.［荷］吉尔特·霍夫斯泰德、［美］格特·扬·霍夫斯泰德：《文化与组织：心灵软件的力量》，李原、孙健译，中国人民大学出版社 2010 年版。

94.［美］蒋中一、［加］凯尔文·温赖特：《数理经济学的基本方法》，刘学、顾佳峰译，北京大学出版社 2006 年版。

95.姜付秀、伊志宏、苏飞、黄磊：《管理者背景特征与企业过度投资行为》，《管理世界》2009 年第 1 期。

96.康小明、向勇：《产业集群与文化产业竞争力的提升》，《北京大学学报》（哲学社会科学版）2005 年第 2 期。

97.陈德金、李本乾、陈晓云：《中国传媒集团国际化目标市场选择模型研究——基于文化差异实证与 DMP 方法的分析》，《中国软科学》2011 年第 1 期。

98.李长春：《李长春发表十七届六中全会〈文化大发展大繁荣决定〉说明》，《人民日报》2011 年 10 月 27 日。

99.李东华：《文化产品价值分析》，《科技广场》2006 年第 6 期。

100.联合国教科文组织：《2009 年联合国教科文组织文化统计框架》，2009 年。

101.联合国教科文组织：《1994—2003 年文化商品和文化服务的国际流动》，2005 年。

102.李婉：《财政分权与地方政府支出结构偏向——基于中国省级面板数据的研究》，《上海财经大学学报》2007 年第 5 期。

103.连玉君、程健：《投资—现金流敏感性：融资约束还是代理成本?》，《财经研究》2007 年第 2 期。

104.连玉君、苏治：《融资约束、不确定性与上市公司投资效率》，《管理评论》2009 年第 1 期。

105.梁昭：《构建我国文化贸易统计指标体系之研究》，《国际贸易》2010 年第 11 期。

106.卢锐、魏明海、黎文靖：《管理层权力、在职消费与产权效率——来自中国上市公司的证据》，《南开管理评论》2008年第5期。

107.罗能生：《全球化、国际贸易与文化互动》，中国经济出版社2006年版。

108.曲如晓、韩丽丽：《中国文化商品贸易影响因素的实证研究》，《中国软科学》2010年第11期。

109.权小锋、吴世农、文芳：《管理层权力、私有收益与薪酬操纵》，《经济研究》2010年第11期。

110.任民：《韩国版本的"文化立国"》，《今日浙江》2005年第10期。

111.商忱：《国外电影产业融资模式的成功经验（下）》，《中国电影市场》2014年第10期。

112.申国军：《发达国家促进文化产业发展税收政策及其借鉴》，《涉外税务》2010年第4期。

113.唐雪松、周晓苏、马如静：《上市公司过度投资行为及其制约机制的实证研究》，《会计研究》2007年第7期。

114.汤玉刚：《人民币升值压力的"虚与实"》，《财经科学》2007年第12期。

115.谭秀阁、王峰虎：《基于DEA的我国公共文化投入效率研究》，《科技管理研究》2011年第3期。

116.童盼、陆正飞：《负债融资、负债来源与企业投资行为——来自中国上市公司的经验证据》，《经济研究》2005年第5期。

117.涂斌：《公共文化服务体系财政投入：规模、结构与效率——一个理论研究综述》，《当代经济》2011年第24期。

118.王东、王爽：《我国电影产业融资方式发展研究》，《北京电影学院学报》2009年第1期。

119.王立凤、郑一萍：《基于经济学视野的文化产品与文化资源论》，《海南大学学报》（人文社会科学版）2007年第3期。

120.王家庭、张容：《基于三阶段DEA模型的中国31省市文化产业效率研究》，《中国软科学》2009年第9期。

121.王岐山:《韩剧内核和灵魂是历史传统文化的升华》，腾讯新闻，2014年3月6日，http://news.qq.com/a/20140306/000439.htm。

122.王晓德:《全球自由贸易框架下的"文化例外"——以法国和加拿大等国抵制美国文化产品为例》，《世界经济与政治》2007年第12期。

123.王永钦、张晏、章元、陈钊、陆铭:《中国的大国发展道路——论分权式改革的得失》，《经济研究》2007年第1期。

124.[澳] 蒂莫西·J. 科埃利等:《效率与生产率分析引论》（第二版），王忠玉译，中国人民大学出版社2008年版。

125.吴晓刚主编、[美] 保罗·D. 埃里森等:《高级回归分析》，李丁译，格致出版社2011年版。

126.[日] 小岛清:《对外贸易概论》，周宝廉译，南开大学出版社1987年版。

127.谢理:《服务贸易补贴的特点和各国做法》，《国际贸易》2009年第10期。

128.严成樑、龚六堂:《财政支出、税收与长期经济增长》，《经济研究》2009年第6期。

129.杨京英、王金萍:《中国与世界主要国家文化产品进出口统计比较研究》，《统计研究》2007年第1期。

130.叶非:《新世纪以来的法国电影产业》，《北京电影学院学报》2010年第1期。

131.余晓泓:《美国文化产业投融资机制及启示》，《改革与战略》2008年第12期。

132.张彬、杜晓燕:《美国文化产业投融资模式分析及启示》，《中国文化产业评论》2011年第1期。

133.张海涛、张云、李怡:《中国文化对外贸易发展策略研究》，《财贸研究》2007年第2期。

134.张军、高远、傅涌、张弘:《中国为什么拥有了良好的基础设施?》，《经济研究》2007年第3期。

135.赵有广:《中国文化产品对外贸易结构分析》，《国际贸易》2007年第9期。

136.赵有广：《文化产品生产方式创新研究：基于中国文化产品对外贸易》，经济科学出版社 2013 年版。

137.臧秀清、游涛：《文化产品：特征与属性的再认识》，《探索》2011 年第 5 期。

138.周黎安：《晋升博弈中政府官员的激励与合作——兼论我国地方保护主义和重复建设问题长期存在的原因》，《经济研究》2004 年第 6 期。

139.周正兵：《我国文化产权交易市场发展问题研究》，《中国出版》2011 年第 17 期。

140.周正兵：《我国文化产业的风险投资研究》，《中国科技投资》2006 年第 2 期。